基本原理から
読み解く

租税法入門

増田英敏［編著］

Introduction to
Tax Law

成文堂

はしがき

　本書は，成文堂の『はじめての○○法』シリーズの一冊として刊行され，好評を博した『はじめての租税法』の後継の書に位置づけられます。
　ところで，皆さんは租税法という法の名称は聞き慣れないと思います。それもそのはずです。民法や憲法と異なり，租税法という名称の法律は存在しないのです。租税法とは，所得税法や法人税法のなどの租税に関する法律の総称を意味するのです。そのことをまず初めに確認しておきたいと思います。
　新聞に租税法関連の記事が載らない日はないほど，日常的に接する身近な法であるにもかかわらず，租税法は難解であるというイメージが先行して敬遠されてきました。
　このイメージを払拭すべく，難解とされる租税法を容易に学べるように工夫をしたのが『はじめての租税法』でした。同書のわかりやすさを継承しつつ，租税法の基本原則である租税公平主義と租税法律主義の視点から租税法を俯瞰し，体系的に理解できるようにバージョンアップを図ったのが本書です。基本原則と関連付けて法の趣旨や適用問題を学ぶことは，法の体系的理解に不可欠です。
　租税法の入門書は，すでに多数発刊されておりますが，本書の特徴は，読者に興味を持っていただけるように，難解な租税法をわかりやすく理解していただけるように随所に工夫を凝らしている点です。たとえば，各章の冒頭で学生と教授が登場する簡単な導入事例を配置しました。その章で学ぶ論点の一つが各事例のテーマとなっています。また，コラムや図表なども効果的に配置されております。
　また，法律のトレーニングを本格的に受けていない読者にも法的に租税法を学ぶことができるよう，各執筆者が細心の注意を払っている点も本書の特徴と言えるでしょう。
　租税法学者による入門書として，多くの読者の支持を得て版を重ねられ

る，息の長い書物としたい，というのが編者の願いです。

　そのためには，読者のみなさんが興味を持って読み進めることができるよう，単に所得税法等の租税法の説明に終始するのではなく，裁判事例などを素材にして，租税法を立体的に学ぶことができるように工夫されております。

　各章の執筆者は，租税法の学界を担う中堅もしくは若手研究者です。編者の意図を十分に理解し，しっかりとした研究に基づいて，わかりやすさとともに，入門教科書としての高い水準を維持することに執筆者は全力を傾注されました。編者としてその努力に心から感謝申し上げたいと思います。

　なお，編集の実質的作業を担っていただいた島根大学の谷口智紀准教授に謝意を表します。

　「さあ，みなさん，勇気を持って租税法の門を本書により叩いてみましょう。本書は必ず皆さんのご期待に添うことができるでしょう」

　最後に，本書の企画から刊行まで，成文堂編集部の飯村晃弘氏には執筆者間の連絡や調整など，ひとかたならぬ便宜を図っていただきました。執筆者を代表して厚くお礼を申し上げます。

　　　執筆者を代表して　　　　増田英敏

目　次

はしがき

第1章　租税法の基礎理論Ⅰ
――租税法の基本原理 …………………………………… 1
Ⅰ　租税法の意義 ……………………………………………………… 2
Ⅱ　租税法の基本原則
　　――その1　『租税公平主義』について理解しよう！ ………… 6
Ⅲ　租税法の基本原則
　　――その2　『租税法律主義』について理解しよう！ ………… 12
Ⅳ　検討課題とその解説 ……………………………………………… 19

第2章　租税法の基礎理論Ⅱ
――租税法の解釈・適用 ……………………………… 27
Ⅰ　租税法は他の法とどこが違うのか―租税法律関係の特殊性 ……… 28
Ⅱ　租税法の解釈・適用の論点整理 ………………………………… 31
Ⅲ　節税と租税回避そして脱税 ……………………………………… 35
Ⅳ　固有概念と借用概念 ……………………………………………… 44
Ⅴ　租税法と会計の関係性 …………………………………………… 45

第3章　所得税の基礎理論
――その1　所得税の課税対象となる「所得」………… 53
Ⅰ　所得課税の基本原則 ……………………………………………… 54
Ⅱ　所得概念と課税される所得
　　――宝くじの当せん金は課税される？ …………………………… 55
Ⅲ　所得分類――所得の性質の違いに応じた10個のポケット ……… 65

第4章 所得税の基礎理論
――その2　所得税の計算構造 …… 83

- I 「必要経費」の範囲
  ――収入を得るために必要な支出の控除 …… 84
- II 損失の取扱い――マイナスが出た場合の取扱い …… 88
- III 納税義務者と納税義務の範囲
  ――日本人メジャーリーガーは日本の納税義務を負う？ …… 90
- IV 課税単位――夫婦・家族と税 …… 93
- V 所得の人的帰属――共同経営者の所得は誰のもの？ …… 101
- VI 収入の帰属年度――いつ課税される？ …… 102
- VII 所得控除――人的控除 …… 107
- VIII 税額計算――税率と税額控除 …… 112

第5章 法人税の構造 …… 117

- I 法人税の歴史 …… 118
- II 法人税と所得税の二段階課税とその統合 …… 120
- III 納税義務者と課税所得の範囲 …… 123
- IV 課税所得計算の基本構造と企業会計との関係性 …… 127
- V 確定決算主義――課税所得計算と会社法会計との関係性 …… 129
- VI 「別段の定め」の代表例とその趣旨 …… 132
- VII 今後の課題 …… 139

第6章 法人税の論点 …… 141

- I 益金および損金の帰属年度 …… 142
- II 法人税法22条2項に基づく無償取引課税 …… 148
- III 同族会社をめぐる課税問題 …… 156
- IV 今後の課題 …… 161

第7章　相続税・贈与税の基礎理論
──その1　相続税・贈与税の概要 … 163

- I　相続税の概要 … 164
- II　相続税の課税方式 … 167
- III　贈与税の概要 … 169
- IV　制度上の問題 … 172
- V　課税財産該当性 … 175

第8章　相続税・贈与税の基礎理論
──その2　財産評価の問題 … 185

- I　財産評価の概要 … 186
- II　「みなし贈与財産」の問題 … 199

第9章　租税手続法の構造 … 209

- I　租税手続法とは … 210
- II　租税手続法と租税法の基本原則との関係 … 211
- III　租税手続法と行政手続法との関係 … 216
- IV　租税手続──租税確定手続，是正手続，租税徴収手続 … 218
- V　租税手続法の考え方 … 224
- VI　今後の課題 … 226

第10章　租税手続法の論点 … 227

- I　租税手続法をめぐる問題（論点整理） … 228
- II　税務調査とは … 232
- III　税務調査をめぐる問題
  （質問検査権の発動要件と税務調査手続規定） … 234
- IV　税務調査と国税通則法の改正 … 238
- V　「更正の請求」をめぐる問題 … 242

Ⅶ 「更正の請求」と国税通則法の改正 ……………………………………… **244**
Ⅷ 今後の課題 ………………………………………………………………… **246**

参考文献一覧 …………………………………………………………………… **248**
事項索引 ………………………………………………………………………… **251**
判例索引 ………………………………………………………………………… **256**

第1章 租税法の基礎理論Ⅰ―租税法の基本原理

導入事例

　今日から大学の租税法の授業が始まった。担当教授は大教室でも双方向の授業を展開することを目指している熱血 M 教授だ。マイケル・サンデル・ハーバード大学教授の白熱授業のような熱のこもった授業をすることを理想としているようだ。

　M教授の授業が始まった。

M教授　「君たちは，ファミレスで食事をすることがあると思います。食事後，レジで代金を払うと，領収書が発行されると思いますが，その領収書を受け取る人，手を挙げてください。やはりほとんどの諸君が領収書は受け取らないようですね。」

M教授　「それでは，手書きの領収書をあえてレジで請求している人を見かけたことがある人，手を挙げてください。レジが混んでいても手書きの領収書を書いてもらう人がいて時間がかかり，いらいらする経験をしたこともあるかな。」

M教授　「なぜ手書きの領収書をあえて書いてもらうのだと思いますか。」

学生T　「会社に戻り昼食代を請求するからだと思います。しかし，会社員でない人もいますし，会社が昼食代を負担するところばかりではないですよね。」

学生S　「税金の申告ために領収書が必要だと聞いたことがあります。」

M教授　「領収書の必要な理由はいろいろなケースがあると思います。その理由の中でも，S 君が指摘したように，領収書は税

金の計算上の必要経費算入の立証資料として大事な役割を果たします。領収書がないと原則として必要経費が認められません。営業車のガソリンを給油し，10000円を支払えば，その領収書により経費に落とすことができます。」

M教授 「父親がサラリーマンであるという人は手を挙げてください。約8割がサラリーマンのようですね。お父さんは領収書を集めたり，車のガソリン代の領収書を保管したりしていますか。」

学生S 「私の父は領収書など無頓着で気にしていません。それよりも母とお小遣いの増額交渉には熱心で，その理由づけとして大きな金額の飲食代の領収書などは母に見せていますが，交渉が成立するとゴミ箱に捨てているようです。」

学生T 「うちは，自営業です。母が丹念に領収書を整理し，ノートに張り付けています。そのうえでPC上の帳簿に金額を入力しているのをよく見かけます。」

M教授 「自営業者は事業所得者の場合には必要経費を実際に支出したことを領収書などにより証明すると収入から支出金額を控除できるのです。いっぽう，サラリーマンは給与所得者ですから，領収書があってもほとんどの場合は経費として控除できません。所得税法は事業所得者の経費は実額控除を認め，給与所得者の経費の実額控除は原則として認めていません。」

学生達は，それはなぜか腑に落ちないようで，中には，職業による差別であり問題だと思うといった意見が出てきました。教授は学生が問題意識を示したことに笑みを浮かべてこの問題について説明を始めた。

Ⅰ 租税法の意義

本書の読者の皆さんのなかには，租税法という法律名を初めて目にする方

第1章　租税法の基礎理論Ⅰ―租税法の基本原理

もおられることでしょう。租税法は六法の目次にも出てきません。租税法という名前の法律はないのですから当然です。

　皆さんにとって憲法や民法は新聞やテレビなどでよく目にする法律名ですね。これらの法は身近に感じる法といえるでしょう。しかし，実は，租税法も憲法や民法と同様に私たちの経済生活もしくは日常生活に密接に関わりを持つ身近な法なのです。

　本書を読み進めると，租税法が身近な法律であることに納得するでしょう。さらに勉強しがいのある法律であることを再認識することでしょう。

　まずはじめに租税法の意義について確認することにしましょう。租税法とは租税に関する法という意味です。租税に関する法といってもピンとこないかもしれません。そこで例示すると，たとえば所得税法や法人税法，相続税法，そして，消費税法が租税法の代表格としてあげることができます。これらの法は個別租税法ということができるでしょう。したがって，**租税法とは租税に関する法の総称**ということができます。

　コンビニでサンドイッチを買うと消費税が課税されます。消費税は消費税法に基づいて課税されます。大学を卒業して就職すると給与をもらうようになります。給与には所得税が課されます。通常は源泉徴収制度に基づいて所得税が給与から差し引かれますが，この仕組みも所得税法によって定められているのです。

　このように私たちは租税を避けて生きることはできません。したがって，租税法との関わりを避けることはできないという意味で，租税法は私たちにとって極めて重要な法といえます。

　租税法が所得税法などの租税に関する法の総称であることを学びました。次に，そもそも「租税」とは何かということを明確にしておきましょう。

　最高裁は，「租税は，国家が，その課税権に基づき，特別の給付に対する反対給付としてでなく，その経費に充てるための資金を調達する目的をもって，一定の要件に該当するすべての者に課する金銭給付である」（最（大）判昭和60年3月27日民集39巻2号247頁）と定義しています。平易に言い換えると，租税とは，①特別な給付に対する反対給付ではなく（対価性のない給

付），②国家運営の財源調達を目的とし，③法律の定めに基づいて国民に課す金銭給付であるということができます。

　所得税を例にとれば，所得税を納めたからといって直接的に納税者に反対給付を伴わないし（対価性がない），所得税は国家運営の財源とされるものであり，所得税法という法律の定めに基づいて課されるから，上記の①ないし③のすべてを充足しています。
　国家運営のための財源を国民から反対給付なしに強制的に徴収するのですから，租税は国民の財産権を侵害します。そこで，憲法は84条で，国民の承認を経た法律（租税法）によってのみ租税を国家は国民に課すことができると定めています。この規定は租税法の基本原則で**租税法律主義**を明確に定めた規定です。この租税法律主義の存在によってはじめて国家は，租税によって国民の財産権を侵害する，との批判から解放されるのです。
　租税法律主義については租税公平主義とともに以下で詳しく学びましょう。
　ところで，租税法は，①租税法序説，②租税実体法，③租税手続法，④租税争訟法，そして，⑤租税処罰法の５つの法領域に体系化できます。この体系は金子宏『租税法19版』（弘文堂，平成26年）に従っています。
① 　租税法序説とは，租税の意義と種類，租税法の意義と特質，租税法の基本原則，租税法の法源，租税法の解釈等，租税法の全体に関する基本的諸問題を扱う部分です。
② 　租税実体法（租税債務法）とは，租税法律関係のうち，租税債務関係の当事者，租税債務の内容，租税債務の成立・承継・消滅等を扱う部分であり，このうち，租税債務の内容をなす課税要件法の領域は，他のいずれの法分野でも研究の対象とされない租税法独自の領域です。
③ 　租税手続法（租税行政法）とは，租税債務の確定と租税の徴収の手続を扱う部分です。
④ 　租税争訟法（租税救済法）とは，租税法規に基づく各種の処分（更正・決定・滞納処分等）に対する不服申立や取消訴訟など，租税法律関係に関

する争訟を租税争訟といい，それに関する法を租税争訟法といいます。租税争訟法は，納税者の権利の保護のために重要な意味をもっています。

⑤　租税処罰法とは，租税犯とその処罰に関する部分であり，租税犯の種類，その構成要件，犯則調査等の諸問題を扱う領域です。

この租税法の体系を整理しておくことは重要です。

なお，税は以下の【コラム1】のとおり，「社会の会費」ととらえることができるでしょう。

【コラム1】税は「社会の会費」です

　年金，医療などの社会保障・福祉や，水道，道路などの社会資本整備，教育や警察，消防，防衛といった公的サービスは，私たちの暮らしに欠かせないものですが，その提供には費用がかかります。

　税は，このような公的サービスの費用を賄うものですが，みんなが互いに支え合い，共によりよい社会を作っていくため，この費用を広く公平に分かち合うことが必要です。まさに，税は「社会の会費」であると言えるでしょう。

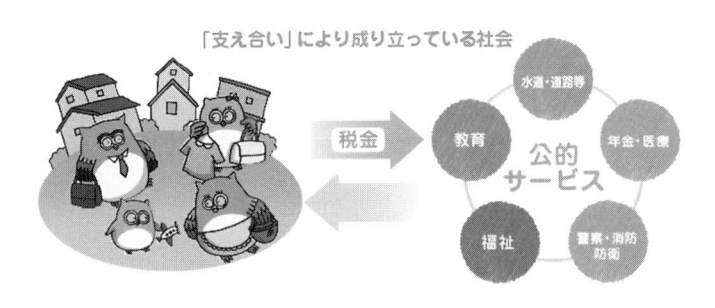

財務省　ホームページ（http://www.mof.go.jp/tax_policy/publication/brochure/zeisei 2507/01.htm）

Ⅱ 租税法の基本原則―その1
『租税公平主義』について理解しよう！

　我々が何か新しい事柄を学ぼうとするときに重要なことは，基本原則は何かを意識して学ぶことです。これはスポーツも含め学びの鉄則です。我々の生活に密接に関係するにもかかわらず複雑で難解とされる租税法を学ぶ場合には，とりわけ租税法の基本原則をはじめにしっかり理解することが重要です。租税法を正しく適正に解釈・適用するためには，租税法の基本原則を学ぶことが有益です。

　租税法の基本原則とは租税公平主義と租税法律主義を意味します。これらの二つの原則をこれから学んでいきましょう。

1　租税公平主義の意義―租税負担公平の原則と平等取扱原則

　租税公平主義とは，税負担は国民に公平に配分されなければならず，また，租税法は国民を平等に取り扱われなければならないという原則を言います。租税公平主義は近代法の基本原理である平等原則の課税の分野における現われであり，その直接的な法的根拠は憲法14条1項の「法の下の平等」規定に求めることができます。租税の公平な配分とは**「担税力に即した課税」**（taxation according to ability to pay）と租税の**「公平」**（equity）ないし**「中立性」**（neutrality）を意味します。

　租税公平主義は，租税法の立法の場面と執行の場面とに分けて考えると理解が深まります。

　租税公平主義は，立法の側面で，担税力に応じた租税負担の配分を求める租税負担公平の原則と，すべての国民に平等に租税法を適用することを要請する原則である平等取扱原則の二つの原則から構成されていると説明することができます。

2　担税力に応じた課税と租税正義の意味

　我々国民もしくは納税者の経済的能力に格差があることは事実であり，そ

の格差を無視してすべて国民に等しく税負担を強いることは，形式的には等しく平等とはいえますが，経済的能力の弱い人々には過酷な状況をもたらします。

そこで，租税負担の能力，すなわち担税力の弱い納税者には過酷にならないように租税負担をもとめ，経済力があり，担税力の大きい納税者には，その負担能力に応じて大きな租税負担を求めることが正義の理念に沿うはずです。

この正義の理念ともいえる「担税力に応じた課税」を実現することを目的として所得税法も法人税法も，さらには相続税法も立法されているのです。所得税法における累進税率構造は，租税法の立法原理としての「担税力に応じた課税」を実現するための制度ということができます。

次の重要な問題は，正義の実現を目指して立法された租税法が，すべての人々に平等に適用されなければならないということです。租税法の法的取扱いの平等が確保されなければ，せっかく正義の実現を目的とした立派な租税法ができたとしても，その法の目的が達成されることはありません。

担税力に応じた課税は，平等取扱原則が保障されてはじめて実現されるのですから，平等取扱原則は担税力に応じた課税の大前提といえる，という関係にあるのです。そして，この原則の実効性を担保する法的根拠は，憲法14条1項の『法の下の平等』規定に求めることができます。租税公平主義は憲法の中核的規定である14条1項の「法の下の平等」規定を根拠とした憲法原理です。この平等概念を確認することにより租税公平主義の意義はさらに明確になるでしょう。

3　憲法14条の『平等概念』の理解

大島訴訟（サラリーマン税金訴訟）最高裁昭和60年3月27日判決（民集39巻2号247頁）は，「憲法14条1項は，…この平等の保障は，憲法の最も基本的な原理の1つであって，課税権の行使を含む国のすべての統治行動に及ぶものである。しかしながら，国民各自には具体的に多くの事実上の差異が存するのであって，これらの差異を無視して均一の取扱いをすることは，かえっ

て国民の間に不均衡をもたらすものであり，もとより憲法14条1項の規定の趣旨とするところではない。すなわち，憲法の右規定は，国民に対し絶対的な平等を保障したものではなく，合理的理由なくして差別することを禁止する趣旨であって，国民各自の事実上の差異に相応して法的取扱いを区別することは，その区別が合理性を有する限り，何ら右規定に違反するものではないのである」と判示して，憲法が命ずる平等概念について明らかにしています。

憲法の平等概念は，合理的理由なくして差別することを禁止する，いわゆる相対的な平等概念を意味しているのです。私たちが通常用いる絶対的に等しくという意味での「平等」を意味するのではないのです。

法律上の平等の意味は通常は相対的平等概念を前提にしています。その理由は，国民に財産や才能など多くの事実上の差異がある以上，その差異を無視して絶対的に等しく扱うことは，結果として国民の差異の是正に法がなんら寄与しないことになるからです。差異があり等しくない状況にあるものを法が等しく扱うことは，法の存在意義を失わせることになります。法の目的が正義の実現である以上，法適用の結果，その差別なり差異といった不平等な状況を改善することが法の役割と言えるのです。

国民の間に富が偏在し，富める者と貧しい者の格差が拡大した場合には，その格差を縮減するために差別的取り扱いを定める法制度を樹立することは，憲法の平等概念に反しないのです。なぜならば，経済的格差が国民を不幸にしているとすれば，その格差を是正することは「合理的な理由」に該当するからです。

一方で，法適用の場面では，等しい状況にあるものを等しく法的に取り扱うという意味では絶対的平等概念を意味しているといえるでしょう。

したがって，すべての国民が豊かになり，格差が解消された社会では，格差是正の合理的理由がないのですから，累進税率の適用は合理的理由のない差別に該当し，平等規定に抵触するのです。

差別に合理性があるか否かは，社会の実態や価値観の変化に伴い変動していくことには注意を要します。消費税は逆進性が強く，累進税率構造を取り入れた所得税とは対極に位置します。消費税が許容されるのは，富の格差が

是正され，平準化された社会情勢の下で富の再分配が不要となった場合ということができるでしょう。

次に，担税力に応じた課税の実質的な意味を理解するために，水平的公平と垂直的公平の意味について考えてみましょう。

4 「水平的公平」と「垂直的公平」

だんだん難しい議論になってきましたがもう少し読者にはおつきあい願いたいと思います。以下の所得税法や法人税法の考え方は租税公平主義の考え方を基本にしていますから，公平の考え方をしっかり正確に理解しておくことが必要です。

さて，憲法の定める平等概念には合理的差別を認める相対的平等概念と，法的取扱いはすべての人々を絶対的に等しく取り扱うという絶対的平等概念を含みます。法律上の平等の議論をする時に，どの場面ではどちらの概念が用いられるのかをよく整理しておく必要があります。

そのためには，垂直的公平と水平的公平の考え方を理解しておくと便利です。

人間には生まれながらにして大きな差異があることを私たちはまず理解しておかなければなりません。大富豪の家に生まれた者，人一倍運動能力を備えた者，暗記力や思考力が秀でている者，というように我々には大きな差異が存在することは否定できません。そこで，法を適用することにより結果としての公平を目指すことが垂直的公平の考え方です。

課税問題に垂直的公平と水平的公平の考え方を当てはめると，次のような議論になります。

担税力に応じた課税の基本的な考え方は，等しい担税力を持つ人々は等しい租税負担を負い，大きな担税力を持つ人々は，小さな担税力の人々よりも，より大きな租税負担を負うというものです。前者が水平的公平を意味し，後者が垂直的公平を意味します。所得税における累進税率構造を想定して説明すると次のようになります。

すなわち，1000万円の所得を得たAには20％の税率を適用し，1億円の

所得を得たBには40％を適用する。これが累進税率構造（ここでは議論を平易にするために超過累進ではなく単純累進とする）です。1億円の所得を得たすべての人に等しく40％を適用する。1000万円の所得を得た人々には等しく20％の税率を適用する。等しい担税力を持つ者が等しい租税を負担する。これが水平的公平です。

一方，AとBは異なる所得を有するから，その相違に基づいて1000万円の所得のAには20％，1億円の所得のBには40％を適用する。富の再分配などの合理的な理由を根拠に，異なる税率（租税負担率）を適用しても，それは公平だと考える，この考え方が垂直的公平ということができます。

垂直的公平は所得の大きさにより租税負担率に差別を設けます。この差別は富の再分配は正義であるというコンセンサスを得ていることを前提に合理的差別として許されることになります。したがって，合理的差別を許容する相対的平等概念に適合します。

垂直的公平は差別的取扱いをするのですから，だれもが支持できるとは限りません。垂直的公平が支持されるのは，そのよう差別的取扱いに合理性がある場合に限られるのです。先の例に当てはめると，なぜAには20％，Bには40％の税率を適用してよいのか，そして，その差別の程度が妥当かどうか，といった価値判断が問われることになります。

富める者と貧しい者の格差が広がり，富の偏在の顕著な社会にあっては，「富の再分配」は肯定されますので垂直的公平が支持されことになります。他方で，職業選択の自由や競争（人々が努力すれば富を獲得できる社会）が保障され，「富の分配」が平準化された社会においては，垂直的公平の要請は弱まることになります。

垂直的公平は，合理的差別は認めるが不合理な差別を禁止することを定めた，憲法14条の「法の下の平等」の要請する平等概念とも符合します。

5 担税力の指標

担税力を測定する基準として，①所得，②資産，そして，③消費が支持されてきました。これらの担税力測定の基準は，それぞれ長短が存在しま

す。所得がこれまで最も優れているとされてきました。

　所得は累進税率構造の採用や，基礎控除などの人的諸控除を組み合わせることにより，課税最低限を設けることができ，最低限度の生活水準を維持するための所得には課税しないことを保証できる仕組みを構築できるなど，担税力に応じた課税をより可能にするものとして評価されてきました。さらには富の再分配機能をも併せて発揮することができるという点から高く評価されてきました。しかし，所得の捕捉を完全に行うことは不可能であり，この所得の捕捉率の格差の問題が欠点として指摘されてきました。

　資産は，実際に存在する資産を課税対象とするところから捕捉もれという所得の弱点を克服することが，より可能になりますが，一方で，資産の価値評価は難しく，さらに納税する際に資産を処分し換金化する必要があるという短所が存在します。

　消費は，消費の課税対象の選定によっては逆進的となり，担税力に応じた課税に反する結果を招きますので，担税力測定基準としては最も劣っているという評価がなされてきました。一方で，消費課税は徴税コストが最少であり，課税する側からは非常に便利な税金と言えます。

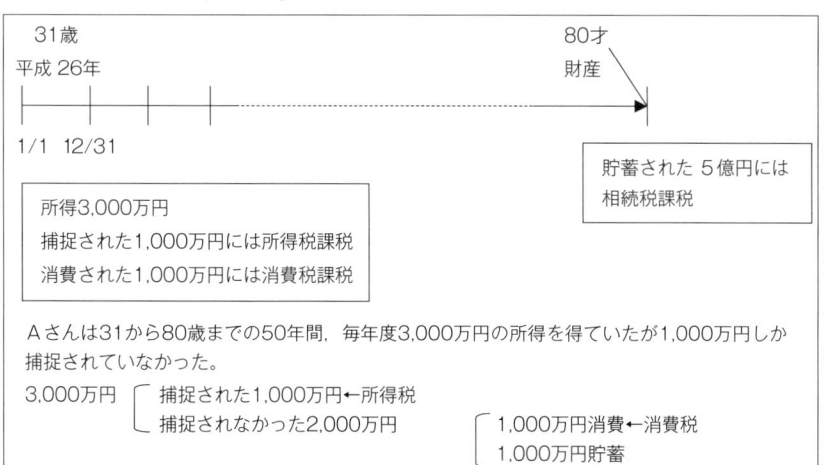

【図表1】　担税力の指標と租税制度の設計

```
31歳                                            80才
平成26年                                         財産
├─┬─┬─┬─────────────────→
1/1 12/31

                                          ┌──────────────┐
                                          │貯蓄された5億円には│
                                          │相続税課税         │
                                          └──────────────┘
┌──────────────────┐
│所得3,000万円              │
│捕捉された1,000万円には所得税課税│
│消費された1,000万円には消費税課税│
└──────────────────┘

Aさんは31から80歳までの50年間，毎年度3,000万円の所得を得ていたが1,000万円しか
捕捉されていなかった。
3,000万円 ┌ 捕捉された1,000万円 ←所得税
          └ 捕捉されなかった2,000万円   ┌ 1,000万円消費 ←消費税
                                       │ 1,000万円貯蓄
                                       └ （50年間で5億円貯蓄）←相続税
```

我が国では，それぞれの所得，資産，消費という担税力測定基準の持つ長所と短所を把握したうえで，所得を担税力とする所得税，法人税を中心に，資産に担税力を求める相続税，消費には消費税が租税制度として組み合わせられています。

　捕捉できなかった所得に対して，その所得を消費すれば消費税が課されるし，消費しないで最後まで手元に蓄財し，財産を形成しても人生の終局時点で相続税として課税されます。したがって，これらの租税をバランスよく組み合わせることにより，課税漏れを防ぐことができ，担税力に応じた課税が実現されるよう制度設計がなされています。

　所得税法や法人税法などの各個別租税法は，担税力を適正に測定するための法体系として構築されており，その立法原理は租税公平主義に求められるのです。

III 租税法の基本原則—その2
『租税法律主義』について理解しよう！

1 租税法律主義の意義

　国民は法律によらなければ租税を国家により賦課・徴収されないという原則を租税法律主義といいます。租税法律主義は近代法治国家の基本原則で，「代表なければ課税なし」(No taxation without representation) という，近代民主主義国家建設の基本思想に，その起源を求めることができます。我が国の憲法30条も「国民は，法律の定めるところにより，納税の義務を負ふ。」と定め，さらに同84条は「あらたに租税を課し，又は現行の租税を変更するには，法律又は法律の定める条件によることを必要とする。」と定めて，租税法律主義を憲法原理として明確に定めております。

　憲法30条は，国民に対して，納税の義務は法律の定めるところにより生じ，法律のないところに納税義務はないことを宣言したものであり，憲法84条は，「租税の創設・改廃はもとより，納税義務者，課税標準，徴税の手続

はすべて法律に基づいて定められなければならないと同時に，法律に基づいて定めるところにまかせられている。」（最（大）判昭30年3月23日民集9巻3号336頁）ことを国家に対して特に命じているのです。この二つの憲法規定は，国民と国家のそれぞれに対して租税法律主義の原則の尊重を命じたものと理解することができますが，とりわけ84条は，課税要件規定のみならず，租税の賦課・徴収手続規定までも法律により詳細に定めるべきことを求めていることに注意が必要です。

　この租税法律主義の原則の法的根拠として憲法が二つの条文をも用意しているのは，租税の本質が権力性にあることから課税権力を法により統制することを趣旨としているのです。

2　租税法律主義の沿革

　近代以前の国家においては，国王が恣意的な租税の賦課により，国民の財産権を侵害してきたという歴史があります。この歴史的教訓から，国王による恣意的課税を阻止する仕組みとして租税の賦課・徴収は法律によることを国家の最高法規に定め，国家運営の基本原理としたのです。したがって，この租税法律主義は民主主義国家の中核に位置する基本原則と言えるのです。

　租税法律主義の起源は，いわゆる「罪刑法定主義」とともに，遠く1215年のイギリスの大憲章（Magna Carta）にその萌芽をもとめることができます。その大憲章の12条には「一切の楯金もしくは援助金は，朕の王国の一般評議会（Commune Consilium）によるのでなければ，朕の王国においてはこれを課さない」とあり，そしてこの規定は1290年の「承諾なき賦課金に関する法律」第1章において，「承諾なき課税の禁止」と言う題目の下に一層明確な形で規定されております。そして，1628年の「権利請願（Petition of Rights）」の1条および10条，そしてまた1689年の「権利章典（Bill of Rights）」の1条4号等にもそれぞれ再確認できます。

　またフランスでは，1789年のいわゆる「人権宣言」の13条で「武力を維持するため，および行政の諸費用のため，共同の租税は，不可欠である。それはすべての市民のあいだでその能力に応じて平等に配分されなければならな

い。」と規定し，またその14条では，「すべての市民は，自身でまたはその代表者により公の租税の必要性を確認し，それを自由に承諾し，その使途を追及し，かつその数額，基礎，徴収および存続期間を規定する権利を有する。」と規定して，より近代的な形での租税法律主義が明確にされております。

そして，またアメリカでも，1764年にイギリス本国が自国の歳入増加をはかる目的で，アメリカ植民地の承諾なしに「砂糖条例」および「印紙条例」等により各種の租税を課すことに反対し，「代表なければ課税なし（No taxation without representation）」の原則を主張して，1776年の大陸会議では遂にイギリス本国からの独立を決議し，アメリカ独立の一つの要因がこの租税法律主義の実現にあったとされています（吉良実『租税法概論』23頁以下（中央経済社，平成2年））。

3 租税法律主義の機能

租税法律主義の沿革が示すように，租税法律主義は民主主義国家の形成過程において革命を経て国民自らが勝ち取った，もっとも重要な権利と位置付けることができます。

したがって，租税法律主義の機能は，国家が国民に恣意的に課税することを阻止し，**国民の自由と財産を保護**することにあるといえます。

そして，租税の課税要件及び賦課・徴収手続が法律に定められ，その法律により課税されるという原則が確立すると，租税負担の**予測可能性**と，租税法律関係における**法的安定性**が確保されます。これが租税法律主義の現代的機能といえるでしょう。

とりわけ，現代のように租税負担が増大すると，租税負担の予測可能性と法的安定性の確保の機能は，ますます国民に重視されることになります。

整理すると，租税法律主義は，国家もしくは国王に代表される時の権力者による恣意的な課税を阻止することにより，納税者である国民の権利は保護されます。租税法律主義は，租税正義の実現に不可欠な原則と言えるでしょう。

納税者の権利が十分に保障されるためには，租税法律主義が形骸化されて

はなりません。租税法律主義は次の4つの内容によりその機能が担保されることになります。

4　租税法律主義を構成する諸原則
(1)　課税要件法定主義

　罪刑法定主義を原型とした原則が課税要件法定主義です。租税は国民の財産の一部を収奪するものといえますから国民の同意が必要とされるのです。国会の承認を経て成立した法律によってはじめて国家に課税権が付与されるのです。課税要件法定主義は租税法律主義の内容の中核とされます。

　なお，課税要件とは，①納税義務者，②課税物件（課税される対象），③課税物件の帰属（課税物件はだれに結び付くのかという帰属），④課税標準（課税物件の大きさ），⑤税率，の5つのファクターを意味します。所得税法等の各個別租税法には，この課税要件が定められています。

【コラム2】課税要件法定主義と行政立法

　課税要件を行政立法に委任する場合には，「法律の留保の原則」と「法律の優位の原則」の二つ原則によって統制されています。「法律の留保の原則」とは，法律の根拠なしに政令・省令などの行政立法により課税要件を定めることは許されないというものです。

　「法律の優位の原則」とは，法律の定めに反する政令・省令はその効力を持たないという原則です。

　これらの原則は，国会の承認を経ない行政立法により租税法律主義を空洞化させないという，課税要件法定主義の実効性を確保する上で重要な原則です。

---

(2)　課税要件明確主義

　課税要件明確主義は，租税法の規定は一義的かつ明確な文言により定められるべきことを要請する原則です。

課税要件及び租税の賦課・徴収手続が法定されており，課税要件法定主義が充足されていても，その租税法の規定が一義的かつ明確さを欠けば，法定されていないに等しく，恣意的課税の余地は排除することはできません。

法定されていても不明確な租税法規定は，納税者の予測可能性と法的安定性の確保のために機能しません。

ところが，課税要件明確主義の原則が存在するにもかかわらず，租税法ほど明確さに欠ける，いわゆる「不確定概念」が多用されている法領域も少ないと思います。不確定概念の存在は，納税者の予測可能性を阻害し，文言が不確定であるがゆえに税務署などの租税行政庁に過度の裁量の余地を与えることになってしまいます。

たとえば，法人税法132条は「税務署長は，…その法人の行為又は計算で，これを容認した場合には法人税の負担を不当に減少させる結果となると認められるものがあるときは，その行為又は計算にかかわらず，…法人税の額を計算することができる。」と規定しています。下線部の「不当に減少させる」との文言が抽象的で不確定概念であるとの批判があります。条文の構成からすると，「不当な税負担の減少」に該当するか否かを判断するのは税務署長になります。

不当か否かの判断が税務署長に委ねられていることは，恣意的な判断の余地を残すことになるのではないでしょうか。

同種の疑義が認められる不確定概念ともいえる文言はほかにも多く存在します。たとえば，「不相当に高額」（法税34条2項，36条），「相当の理由」（所税145条2号等），「正当な理由」（税通65条4項等）などの不確定概念が課税要件規定に用いられています。

課税要件明確主義が要請されているにもかかわらず，不確定概念の存在が容認されるのはなぜでしょうか。

その理由は，租税公平主義の要請によることを理解しなければなりません。先の同族会社の行為・計算の否認規定に，50％といった具体的かつ明確な数値を要件として定めると，その具体的要件をかいくぐる租税回避行為が頻発しかねないと考えられるからです。租税回避行為の横行は公平な課税を

歪めるのです。そこである程度実質に即した判断ができるように幅のある不確定概念を用いることは租税公平主義の要請からその合理性が説明されます。

　課税要件明確主義の要請を厳格にすると，一方で租税回避行為の温床を提供することになり，租税公平主義を犠牲にするという不可避の問題に直面するのです。そこで，両基本原則間の調整が立法段階において図られていると理解すべきです。

【コラム3】不確定概念の2類型

　不確定概念は，①立法趣旨をも踏まえた法解釈により，その意味内容を明らかにすることができる不確定概念と，②法解釈により明らかにできない不確定概念の二つの類型があります。法解釈によりその意味内容を明らかにできない不確定概念は，租税行政庁の恣意の介入をもたらすものであり，課税要件明確主義に反し，違憲となります。

　すなわち，不確定概念が課税要件明確主義に抵触するか否かは，①不明確であっても立法趣旨を踏まえた趣旨解釈によりその意味を明確にできるか否か，②その規定によると公権力の恣意や乱用を招く恐れがあるか否か，そして，③その不明確な文言の使用に課税の公平を確保するといった合理的理由が存在するか否か，の3つの基準から判断されることになります。

---

(3) 合法性の原則

　合法性の原則とは，租税法が定める課税要件を充足する限り，租税行政庁にはその課税要件に対応する税額を徴収する義務があり，税額を減免する自由は認められないとする原則です。租税法が強行法であるところからすれば，租税法が定める以上の税を徴収することも，また，減額することも許されず，租税法が定めるとおりの税額を徴収することが要請されることは当然と言えます。

(4) 手続保障の原則

　租税法律主義の本質が租税行政庁による恣意的課税の阻止にあるのですか

ら，租税実体法である課税要件法領域ばかりでなく租税の賦課・徴収手続きといった租税手続法の領域にも法の支配が確立されていなければなりません。したがって，租税の賦課・徴収手続の手続保障が求められるのです。この手続保障の原則は租税争訟手続（納税者の権利救済手続）にも及ぶことは当然といえるでしょう。

5　租税法の法源と通達

　租税に関する法の存在形式を租税法の法源といいます。租税法の法源には，憲法・法律・命令・条例・規則等の国内法源と，条約・交換公文等の国際法源とがあります。この法源の中心的存在は，当然ともいえますが所得税法や法人税法等の法律です。

　租税法の法源に関して常に論じられる問題として通達があります。**通達とは，上級行政庁が法令の解釈や行政の運用指針について下級行政庁に対して発する命令や指令を意味します**が，租税法の領域でも国税庁長官が多くの税務通達を発しております。通達は法源には含まれませんが，税務署などの租税行政庁がこの通達に従って租税行政を遂行するために，租税の賦課・徴収といった実務上は重要な役割を果たしております。

　この通達は租税行政実務を拘束しますので，実質的には法律と同様に取り扱われております。税務署等の租税行政庁の職員は通達に拘束されますから，その影響力は強大です。

　そこで問題になるのは通達が所得税法等の根拠法の適正な解釈を逸脱している場合です。根拠法の解釈を拡大もしくは縮小している場合が問題となります。さらには，法律の変更によらず通達の変更により租税行政が遂行されるといった弊害が従来から指摘されてきております。

　通達が税務署の職員を拘束するばかりでなく，税理士などの税法の専門家までが通達を法のごとく無批判に受け入れる傾向があるのです。これは租税が法律に基づいて課されるべきことを求める租税法律主義に抵触する結果をもたらします。

　租税法の法源については，通達のほかに，慣習法（行政先例法）の成立の

余地があるかどうかについても争いがあります。租税法律主義の趣旨からして，国民に不利益を与えるような慣習法の成立する余地はない，と解されています。

何が租税法の法源かについて意識しておくことは租税法律主義の効力範囲を明確にするうえでも重要なことです。

IV 検討課題とその解説

1 検討課題1—租税公平主義

事例1—租税公平主義

Aは，コンピュータソフト会社の営業課長です。毎月25日に給与を会社から支給されますが，その給与明細書を確認したところ，源泉徴収（給与支給時に本人に代わり会社が所得税を差し引き税務署に納税する制度）により給与支払額の2割程度が所得税として事前に差引かれることを気にかけていました。

脱サラして自営業者として第2の人生を歩み始めた大学時代の同級生のBは，サラリーマン時代と異なり車のガソリン代や洋服代も必要経費として差し引くことができるので，最近は領収証をこまめに保存して帳簿に支出を記録していると話していた。

そこで，Aは，自分も営業の仕事上，スーツやワイシャツなどを新調した際の支出は必要経費であり，自営業者が必要経費として差し引くことのできる経費は，サラリーマンである自分にも存在するので，必要経費として自己の給与所得から控除してもらう権利があると考えました。所得税法上，実際にかかった必要経費を控除できないのであれば，所得税法が職業により差別的取扱いをしていることになると思えます。

そうすると，所得税法の規定が憲法14条の「法の下の平等」原則に反するのではないかという思いを強くしたので，領収書を準備して必要経費として控除するよう会社の経理課に申し出ましたがその申し出は受け入れられるで

しょうか。

(1) **A氏の必要経費控除の主張は受け入れられるか？**
　必要経費を実額で控除せよ，という主張は受け入れられません。まず，所得税法自体が，特定支出控除を除いて給与所得者の必要経費の実額による控除を認める規定を設けておりません。したがって，勝手に必要経費を控除すれば税務署により課税処分されます。

(2) **所得税法の内容自体が給与所得者に不合理な差別をもたらすものであり，違憲無効だという主張ができるか？**
　サラリーマン税金訴訟として有名ないわゆる**大島訴訟**では，所得税法はサラリーマンに対して不合理な差別をしているとして提訴された裁判でした。しかし最高裁は，サラリーマンが必要経費を実額で控除できないとする所得税法の規定は，以下の理由により合理的差別の範囲内であり，違憲ではないとの判断を示しました。
　最高裁は租税法の違憲判断の基準を，「①思うに，租税は，今日では，国家の財政需要を充足するという本来の機能に加え，所得の再分配，資源の適正配分，景気の調整等の諸機能をも有しており，国民の租税負担を定めるについて，財政・経済・社会政策等の国政全般からの総合的な政策判断を必要とするばかりでなく，課税要件等を定めるについて極めて専門技術的な判断を必要とすることも明らかである。②したがって，租税法の定立については，国家財政，社会経済，国民所得，国民生活等の実態についての正確な資料を基礎とする立法府の政策的，技術的な判断にゆだねるほかはなく，裁判所は，基本的にはその裁量的判断を尊重せざるを得ないものというべきである。③そうであるとすれば，租税法の分野における所得の性質の違い等を理由とする取扱いの区別は，その立法目的が正当なものであり，かつ，当該立法において具体的に採用された区別の態様が右目的との関連で著しく不合理であることが明らかでない限り，その合理性を否定することができず，これを憲法14条1項の規定に違反するものということはできないものと解するの

が相当である。」(最(大)判昭和60年3月27日民集39巻2号247頁)と判示しました。

この論旨を整理すると、上記の「①以下において、裁判所は租税法規の定立には専門技術的な判断が不可欠であることを確認し、②以下で**立法裁量論**を展開し、③以下の「著しく不合理であることが明らか」である場合にのみ、その違憲判断が下しうるという、いわゆる**『合理性の基準』**あるいは**『明白性の基準』**を憲法判断の具体的な審査基準として用いることを明らかにしました。

この違憲判断の基準は、その後の租税法の違憲判断の基準として踏襲されてきております。

所得税法は、給与所得者には給与所得控除制度を定めており、この給与所得控除制度は、必要経費の概算控除を認めたものであるとされています。給与収入金額に応じて控除額を自動的に算出できるよう規定を置いております。この**概算控除**により必要経費を控除できるようにしているのであるから、不合理な差別はないというのが裁判所の見解です。

(3) **必要経費を自営業者は実際にかかった金額で控除できるのに、なぜ給与所得者は実際にかかった費用を必要経費として控除できないのか、その差別の合理的理由はいずこにあるか。**

所得税の納税者に占める給与所得者の数の割合は極めて高いのです。給与所得者であるサラリーマンが、必要経費と思われる経費を実際にかかった実額で申告することは、その金額の適正さをチェックする税務署の行政コストが莫大になることが予想されます。そこで、自動的に概算で控除する制度を採用することにより、徴税コストを大きく縮減できるというところに差別の合理性が求められています。

2　検討課題2―租税法律主義

事例2―租税法律主義

A社(不動産会社)は、高層マンションの建設を計画し、着々と土地の買

【図表２】 岩瀬事件

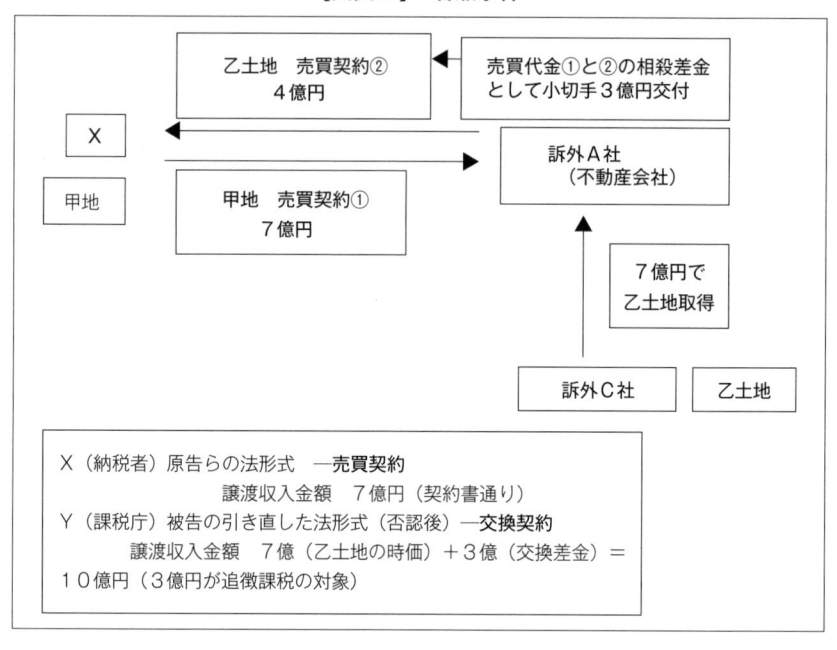

```
                 乙土地 売買契約②        売買代金①と②の相殺差金
                    4億円            として小切手3億円交付
    X  ←─────────────────         訴外A社
                                    （不動産会社）
   甲地        甲地 売買契約①  ─────→
                  7億円
                                    7億円で
                                    乙土地取得

                                   訴外C社      乙土地
```

X（納税者）原告らの法形式　─売買契約
　　　　　　譲渡収入金額　7億円（契約書通り）
Y（課税庁）被告の引き直した法形式（否認後）─交換契約
　　　　　　譲渡収入金額　7億（乙土地の時価）＋3億（交換差金）＝
10億円（3億円が追徴課税の対象）

収を進めてきました。Xの自宅土地も地上げ対象の土地でした。とりわけXの土地の地上げに成功すると建設計画の用地買収が完了します。A社はXの自宅土地（甲土地）の取得を再三Xに持ちかけました。しかし，駅も近く利便性の高いこの土地が気に入っているとしてXは売却に応じませんでした。そこで，A社は近隣に格好の代替地を見つけることに成功しました。幸い代替地（乙土地）を確保しました。そして，Xの甲土地と交換することを持ちかけました。すると，Xもその乙土地を気に入りました。XとA社は，当初は甲土地と乙土地を交換契約によることを考え検討しましたが，売買契約によるほうが節税できるとして，相互売買契約（二つの土地を一度に売買すること）によることにしました。売買契約に基づいてXは譲渡所得の申告を済ませたところ，税務署の調査があり，甲土地と乙土地の相互移転は，通常の法形式は交換契約によるべきだとして二つの売買契約は否認され，交換契約に引き直され，数千万円の追徴課税がされました。売買契約

は仮装でもなく実体があるのに課税処分されたXは国を相手に取消訴訟を提起しました。

【検討課題】
① Xはいかなる主張を展開すべきでしょうか。
② 訴訟において被告国Yはいかなる主張を展開するでしょうか。

この課題事例は、私法上の法形式の選択と課税問題について租税法律主義の視点から画期的な判断が下された、いわゆる岩瀬事件を素材としたものです。

(1) 岩瀬事件の事案の概要

実際の事実関係はかなり複雑ですが、できるだけこの問題の本質を理解しやすくするために金額も事実も簡略化したうえで【図表2】を用いて事案を説明します。

X(原告)は、甲土地等(実際には建物や借地権などを含む。なお甲土地を以下では「本件譲渡資産」ともいう)を所有していました。訴外A株式会社(以下「A社」という)不動産会社で、周辺土地の地上げの一環として甲土地等をXらに強く売却するように持ちかけたのです。Xらは、本件譲渡土地とほぼ等価の土地上に建物を新築し、諸経費、損害を賄うことができることを条件に次のとおり取引に応じました。

平成元年3月23日、Xらは、A社に対して、本件甲土地等を総額7億円余で売買する旨の本件譲渡資産の売買契約①を締結したのです。

同日、A社は、Xに対して、既に訴外C社から約7億円余で取得した乙土地(以下では「本件取得資産」ともいう)を、代金4億円余にて、売買する旨の売買契約②を締結したのです。

XとA社は、同日、右各売買契約の履行を行い、右各契約代金の相殺差金として、A社から3億円余の小切手がXに交付されました(以下においては、この小切手に係る金銭を「本件差金」といい、本件譲渡資産及び本件取得資

金の各売買契約及び本件差金の授受からなる行為を「本件取引」と総称する）。

Xは，平成2年3月14日，平成元年分の所得税として本件譲渡資産の譲渡収入金額を右売買契約金額7億円余として確定申告しました。これに対して，被告Yは，XとA社間の各売買契約は不可分一体の取引であり，本件譲渡資産と本件取得資産の差金付交換取引であると認定したうえで，本件譲渡収入金額を本件取得資産（乙土地）および本件差金の合計金額10億円余であるとして，Xらに対して，更正および過少申告加算税の賦課決定処分をしました。この処分を不服として出訴したのが本件です。

原告Xは，本件各契約は対価的にバランスの取れたものであるが，その形式においても関係当事者の認識においても，それぞれ別個に締結された独立の契約であると主張しました。したがって，本件譲渡資産（甲土地）の対価は，売買契約金額そのものの金額である7億円であると主張しています。

当該主張に対して，被告Yは，取引経過の諸事情を考慮すると，本件譲渡資産の譲渡と本件取得資産の取得に関する取引は，対価的にバランスが取れており，不可分一体の取引としての補足金付交換契約というべきであると主張しました。

したがって，本件譲渡資産の対価は，本件取得資産の対価7億円と本件交換差金の交付額3億円を合算した10億円であると主張しました。

(2) 東京地裁と控訴審である東京高裁の判旨
① 東京地裁平成10年5月13日判決（税資232号7頁）の判旨

「契約の内容は契約当事者の自由に決し得るところであるが，契約の真実の内容は，当該契約における当事者の合理的意思，経過，前提事情等を総合して解釈すべきものである。」としたうえで二つの売買契約は一方だけでは意味をなさないものであるから「本件取引は本件取得資産及び本件差金と本件譲渡資産とを相互の対価とする不可分の権利移転合意，すなわち，訴外A社において本件取得資産及び本件差金を，Xらにおいて本件譲渡資産を相互に相手方に移転することを内容とする交換（民法586条）であつたというべきである。」として被告Yの主張を認容

し，Xを敗訴としました。

② 東京高裁平成11年6月21日判決（確定）（高民集52巻26頁，訟月47巻1号184頁，判時1685号33頁）の判旨

　控訴審の東京高裁は，本件取引における当事者間の真の合意が本件譲渡資産と本件取得資産との補足金付交換契約の合意であるのに，これを隠ぺいして，契約書の上では本件譲渡資産及び本件取得資産の各別の売買契約とその各売買代金の相殺の合意があつたものと仮装したという場合であれば，違法であるから否認するまでもなく無効である。しかし，本件は仮装とはいえないから，「いわゆる租税法律主義の下においては，法律の根拠なしに，当事者の選択した法形式を通常用いられる法形式に引き直し，それに対応する課税要件が充足されたものとして取り扱う権限が課税庁に認められているものではないから，本件譲渡資産及び本件取得資産の各別の売買契約とその各売買代金の相殺という法形式を採用して行われた本件取引を，本件譲渡資産と本件取得資産との補足金付交換契約という法形式に引き直して，この法形式に対応した課税処分を行うことが許されないことは明かである。」と判示してXの主張を認容しました。

③ 最高裁平成15年6月13日決定（上告不受理）（税資253号　順号9367）

　①の東京地裁判決では，Yの主張が認容されて7億円＋3億円の10億円が譲渡収入金額とするとしました。一方，②の東京高裁は租税法律主義を根拠にXの主張を認容し，7億円が譲渡収入金額となるとしました。最高裁はYの上告を不受理として本件は高裁の判断により確定したのです。

(3)　租税法律主義の射程とリーガルマインドの展開

　本件の争点は，契約自由の原則が支配する私法関係において，納税者が選択した私法上の法形式を課税庁が否認し，別の法形式に引き直して課税することが租税法律主義の原則が支配する租税法の解釈・適用過程において許容されるか否かが争点とされました（拙著『リーガルマインド租税法第4版』265

頁以下参照（成文堂，平成25年））。

　ここでまず検討しなければならない点は，課税庁が，本件事案について，当事者の選択した私法上の法形式を否認して，別の法形式に引き直して課税できるとした場合の否認権行使のための法的根拠は何かということです。契約自由の原則を覆して当事者が選択した法形式を引き直すにあたっては明確な法的根拠が必要とされます。租税法律主義の要請の下では法律に基づくことなしに租税行政庁が契約書の存在を無視した**みなし課税**は許されません。
　本件において納税者の行為に仮装行為や通謀虚偽表示，事実の隠ぺい行為が存在すれば，事実を偽り虚構したことを立証し，課税庁がその違法性を根拠に納税者の申告行為の無効を主張できます。
　本件取引の経過を検討すると，そこには仮装行為や通謀虚偽表示に該当する行為を見出すことはできません。
　本件では，租税行政庁は納税者の契約の選択行為を**実質主義**を根拠に，もしくは契約解釈の名の下に契約を引き直して否認したものです。
　東京高裁判決は，租税法律主義の下では否認規定が個別具体的に存在しない限り，租税回避であるからといって課税庁が納税者の行為を否認することはできないことを明確に判示しました。この同高裁の判断を最高裁も支持したところから，租税回避であるとしても個別の法規定によらない否認は租税法律主義の下では許容されないことを明確にしたという点で画期的な判断として高く評価されているのです。今日の租税法の解釈適用と租税法律主義の関係性を確認する意味でも極めて重要な裁判例として本事件は位置づけられております。
　したがって，導入事例は，租税法律主義を根拠に課税処分が違法であるとの主張が可能であるということになります。

第2章 租税法の基礎理論 II ─ 租税法の解釈・適用

導入事例

租税法の基本原則を学び，M教授の授業が始まった。双方向の授業は，前回と同様にテンポよく進んでいるようである。

M教授 「甲は2000万円で取得した土地を10年後に4000万円（時価）で乙に売却しました。売買当事者にどのような課税関係が生じますか。学籍番号100番のT君いかがですか。」

学生T 「2000万円で取得した土地を4000万円で売却し，2000万円の利益を甲が得たのですから，甲に何税かわかりませんが，課税されると思います。」

M教授 「そうですね。甲には所得税が課されます。次に売買価格を変更してみましょう。甲は娘婿丙に上記の時価4000万円の土地を贈与することを考えました。しかし，丙は贈与税を課されるから贈与は困るので100万円で譲渡してくれないかと申し入れました。甲は快諾し，贈与契約ではなく売買契約を選択し太郎に譲渡しました。さて，当事者の課税関係はどうなるでしょうか。T君どうでしょうか。」

学生T 「甲は取得価格より大幅に低額で売却したのですから利益は出ていませんし，丙はお金を支払い取得したのですから両者には課税問題は生じないと思います。」

M教授 「実は，甲には課税問題は生じませんが，著しく低額で取得した丙には贈与税が課されるのです。相続税法7条にみなし贈与に関する規定があります。この規定は著しく低い価額で土地等を売却した場合には，売主から買主に経済的利益が贈与され

> たとみなして贈与税が課されるのです。時価4000万円から売却価格100万円を控除した差額の3900万円を甲が丙に贈与したとみなして，丙に高額な贈与税が課されることになります。」
>
> 学生S 「なぜそのような当事者間には贈与契約も存在していないにもかかわらず，勝手に贈与契約があるとみなして課税できるのですか。贈与もしていないのに贈与税を課税するのは国家の横暴だと思います。」
>
> M教授 「S君の不当だという言い分は当然だと思います。しかし，税法の規定にはこのような想定外の規定が少なからず存在します。相続税法7条のみなし贈与規定は贈与税回避を防止し，課税の公平を担保するという，租税公平主義の要請に基づいて立法されているのです。」
>
> M教授 「租税法は租税公平主義と租税法律主義の基本原則に基づいて，独特の規定やその解釈適用に特殊性が存在します。この租税法の特殊性や特徴を初めに学んでおくことは，租税法の各論を効率的に学ぶ上で有益なことです。それでは租税法の解釈適用の問題を学んでいきましょう。」

I 租税法は他の法とどこが違うのか―租税法律関係の特殊性

　租税法律主義の下では，租税をめぐる国家と国民の関係は法律関係であるととらえることができます。この租税をめぐる国家と国民の法律関係を租税法律関係と呼びましょう。

　この租税法律関係の性質を権力関係ととらえるか，債務関係ととらえるかについては，かつて論争がありました。権力関係ととらえると，国家権力により国民は支配されるという，支配と従属の関係に構成されます。現在では，租税法律関係は，国民が国家運営の財源を負担するという債務を負い，

そして，国家は国民に対して租税債権を有するというように，租税債権・債務関係として基本的に構成されています。

このように租税法律関係は債権・債務関係と理解されますが，この関係は私法上の債権・債務関係とはその性質を異にします。その相違点は，次の3点に集約できます。この相違点を整理しておくことは租税法の本質を理解するうえで極めて重要です。

その第1は，私法上の債務が当事者の合意によって形成されるのに対して，税法上の債務は各個別租税法規定によって定められる法定の債務であるという点です。

第2は，租税法律関係は国家と私人というように公法上の法律関係であるという点です。

第3は，租税が公共サービスの資金調達の法的な手段ですから，その強い公益性を根拠に租税債権者である国家に種々の特権が付与されているという点が重要です。そのために租税法律関係においては，租税債権者である国家が租税債務者である国民に比して大きな優越性を持ちます。

たとえば，納税者の納税義務の具体的な確定は納税者の申告によるのですが，租税行政庁の更正・決定を通して納税者の申告による租税債務の内容が修正され，確定されるのです。また，その更正・決定のための情報収集手段として，税務職員には強大な質問検査権（税務調査権）が付与されています。また，裁判所によらずに自ら租税の徴収を図ることを可能にする自力執行権限も与えられております。さらには滞納処分の際に私債権に租税債権が優先される租税債権優先の原則が認められているのです。

ところで，この私法上の債務関係と租税法における債務関係との法律関係の性質の相違に着目することは重要です。とりわけ，私法上の債務関係は，債権者と債務者が対等な法主体関係にありますが，租税法上の債務関係は，実定租税法により国に対して優越的権限が付与されているので，対等な法主体関係にはないことに注意が必要なのです。そうすると，租税訴訟において私法上の債権債務関係をめぐる紛争を処理する場合と同様の取り扱いをすることは，裁判における攻撃防御のうえで，両主体間の実質的な公平を確保で

きないという結果を招きます（金子宏『租税法第19版』28頁（弘文堂，平成26年），なお，以下では金子宏『租税法』として引用します）。

この租税法律関係の特殊性を念頭にした著名な裁判官の見解をここで紹介しておきます。

裁判において訴訟指揮を執る際に，租税法律関係のこの特質に着目して，訴訟当事者の主張立証責任の分配について，藤山正行裁判官は「更正処分取消訴訟の立証責任については，安易に債務不存在確認訴訟に準じた取扱いをすることは許されず，その処分の性質が典型的な侵害処分であることに照らすと，…税額が更正処分の結論を下回るものでないことを全体として被告（国側，筆者注）が立証すべきであり，その例外を認めるには，租税法規の趣旨が当該事実の立証責任を納税者に負わせるものであると読み取れるものであって，しかもその定めが憲法に違反しない場合に限られるといえよう。」（同「行政事件と要件事実」伊藤滋夫・長秀之編『民事要件事実講座』（青林書院，平成17年）340頁以下）と述べられています。この見解は，租税法律関係の特殊性を考慮した合理的かつ妥当な見解といえます。

租税法は租税を国民に課すことにより，国民の財産権を侵害しますから，先に述べた国会の承認を経た法律によってのみ課すことができると憲法は租税法律主義を宣言しているのです。この侵害規範の解釈適用の是非を判断する裁判所では，基本的には国の課税処分の違法性が争点とされるのですから，租税法律関係の特色や，租税法が侵害規範であることを考慮し，正しい課税処分であることを立証する立証責任を国が負うべきであるという考えを示した同裁判官の考え方は尊重されるべき考え方と言えるでしょう。

租税法の解釈適用の是非は，租税法律関係の特殊性や租税法が侵害規範であることを常に前提にその検討がなされるべきであることを確認しておきます。

Ⅱ 租税法の解釈・適用の論点整理

1 租税法解釈の基本—租税法は侵害規範であるから文理解釈を原則とする

　我々は第1章において租税法律主義の意義を学びました。憲法30条は，国民は法律の定めるところによってのみ納税の義務を負うと規定し，同法84条は，課税の要件は法律に定められなければならないことを規定しています。租税は国民に義務を課すものであり，国民の財産権を侵害するところから，課税要件は明確でなければならないとする租税法律主義の内容の一つである課税要件明確主義の要請が強く働いています。課税要件明確主義により，国民の租税法律関係における予測可能性と法的安定性が確保されるのです。

　したがって，課税要件が明確に定められていることが前提とされますから，租税法の条文の解釈は，厳格な文理解釈によりその文言の意味内容を明らかにすることは可能なはずです。安易に拡張解釈，類推解釈，権利濫用法理の適用などの特別の法解釈を行うことは，租税法律主義の形骸化を招きます。また，特別の課税庁独自の事実認定を行って，租税回避を否認することは許されません。

　また，趣旨解釈は認められるという見解がありますが慎重に理解しておく必要があります。趣旨解釈が許容される場合とは以下のように理解すべきです。

　租税法律主義の下では租税法の規定はすべて一義的明確性が担保されているかと言えばそうではありません。租税公平主義の要請から，あまりにも一義的に文言を定めると担税力に応じた課税を歪めてしまう場合には，不確定概念と思われる概念を用いざるを得ない場合があります。たとえば，「著しく低額」，「必要があるときに」，そして「不相当に」といった文言が用いられる条文が確かに存在します。その場合には立法趣旨との整合性を考慮に入れ，社会通念をも反映して合理的解釈を導き出さざるをえません。

　この場合には，租税正義を目的として立法段階における租税法律主義の要

請と租税公平主義の要請の調整が図られているのです。あまりにも一義的な規定を置くことにより租税回避を容易にすることが想定される場合には，課税の公平を確保するために不明確と思われる文言を用いることが許容されるのです。

したがって，まず租税法の条文はすべて文理解釈によるべきですが，文理解釈をしても解釈に幅が出てくる場合があります。その場合には立法趣旨を踏まえていずれの解釈によるべきかを決定するという意味での趣旨解釈が許容されるのです。

租税法は侵害規範であるから，あくまでも文理解釈を追求しなければならないのです。

2　租税法と私法の関係―法的三段論法も踏まえて

租税法は種々の経済取引を課税の対象としています。勤務先の会社から給与を支給されると，その給与に対して所得税が課されます。金銭の授受が贈与契約によるものであれば，受贈者に贈与税が課税されます。金銭の授受が贈与契約でなく，金銭消費貸借契約に基づくものであれば基本的には課税関係は生じません。もちろん，利息のやり取りがあれば利息に対しては所得税が課税されますが，金銭の貸借には経済的利益は発生しませんから元本の移転には課税されないのです。

このように経済取引は通常の場合には民法などの私法によって規律されています。この私法上の法律関係を前提にして，所得税法や相続税法といった各個別租税法が適用されるのです。租税法の解釈適用は，租税法だけで自己完結しないというところに，租税法の解釈適用上の特殊性が存在します。この租税法と私法の関係性は，後に詳述しますが，租税回避の否認問題と関連して租税法研究の主たる論点の一つとされています。

租税法の解釈適用が，私法上の法律関係を前提に構成されていることを少し詳しく以下で説明します。読者の皆さんに，この問題を特に理解してほしいからです。

たとえば，相続税法は相続税を課税するための法です。相続が開始する

と，まず，民法の規定により相続における法律関係が確定します。相続税法の解釈適用は，民法の規定に従い相続人間で相続財産の分割が確定されて初めて相続税法が解釈適用されるのです。相続税の申告書には相続財産の分割が確定したことを立証する遺産分割協議書の添付が求められます。

　また，AからBに両者の契約により資産の移転が行われたとします。有償で資産の移転が行われた場合（民法555条の売買の要件を充足した場合）には，売主に所得税法33条が適用されて，譲渡所得として所得税が課税されることになります。一方，無償で資産の移転が行われたとすると（民法549条の定める贈与の要件事実を充足した場合），相続税法21条「贈与税は，…中略，贈与により財産を取得した者に係る贈与税額として計算した金額により，課する。」とする規定に基づき，受贈者に贈与税が課されることになります。

　このように，私法上の契約等の法律関係が有効に確定すると，その確定した法律関係を前提に課税要件事実が認定され，租税法の課税要件の当てはめが行われ，譲渡所得の課税や贈与税の課税といった租税法の法律効果が発生するという，二段階の法構造になっていることをまずここで確認しておきましょう。

　租税法は，種々の経済活動を課税の対象としていますが，それらの活動ないし現象は，第一次的には私法によって規律されているのですから，租税法律主義の目的である法的安定性を確保するためには，課税は，原則として私法上の法律関係に即して行われるべきであるということができます（金子宏『租税法』114頁）。

　この私法と租税法の関係性を理解したうえで，租税法の解釈適用の過程について明確にしておきましょう。

　租税法の解釈適用の過程は，通常，以下の①から⑥のプロセスを経ることにより行われるということができます。

① 事実認定作業
② 要件事実（主要事実）の抽出
③ 私法上の法律構成（契約解釈…売買，交換，贈与等）
④ 適用すべき租税実体法の発見（所得税法，相続税法等）

【図表1】法的三段論法と租税法の解釈・適用過程

```
①事実認定の作業 → ②要件事実の抽出 → ③私法上の法律構成 → ④租税実体法の発見 → ⑤租税実体法の解釈 → ⑥租税実体法の適用 → 申告・納税

第1ステップ          第2ステップ       第3ステップ
課税要件事実の認定作業   租税法の解釈      当てはめ
```

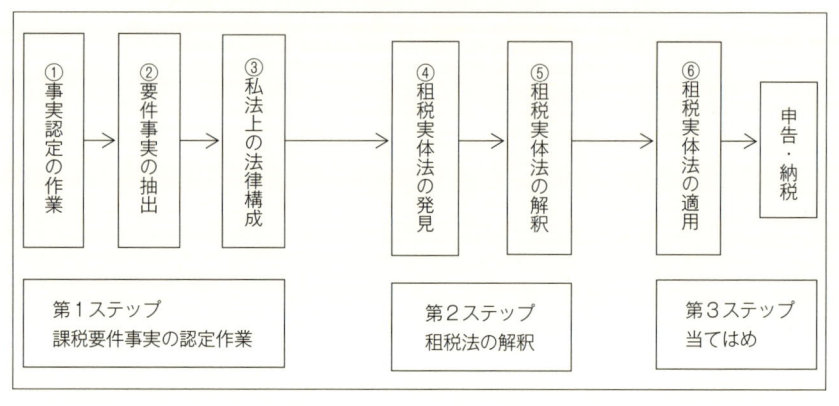

⑤　当該租税実体法の解釈
⑥　当該租税実体法の適用

　租税法の適用過程は，①の「事実認定」の作業から，③の私人間で行われた経済取引が民法上の売買の要件を充足しているのか，贈与の要件を充足しているのかといった「私法上の法律構成」がまずなされます。次いで，④のその法律構成に該当する課税要件規定が発見・選択され，そのうえで⑤該当する課税要件規定の適正な解釈を経て，⑥の課税要件の適用にいたります。重要な点は，私法上の法律関係を確定し，その法律関係に基づいて租税法の課税要件規定の当てはめが行われるという点です。

　論理上の順序としては，上述のように私法上の事実認定と契約解釈，そして，適用すべき租税法の課税要件規定を選択し，その規定を解釈することになります。実際には，学者も実務家もこれらの作業を同時併行的に行いながら法的な課税関係の結論を導き出していると考えられます。

Ⅲ 節税と租税回避そして脱税

1 なぜ租税法が侵害規範とよばれるのか？

　租税は財産権の侵害をもたらすので，租税に関する法である租税法は侵害規範と呼称されます。侵害の意味を簡単な事例により確認してみましょう。

　たとえば，500万円を貯金したAさんが，そのうち400万円で高級車を購入したとしましょう。Aさんの財産は減少しましたか。そうです。減少していません。財産の保有形態が現金から高級車に変更されただけです。

　次にAさんに所得税が400万円課税されたとしましょう。納税日にAさんの銀行口座から400万円が振替納税されました。そうすると，確実にAさんの財産は国庫に移転され，400万円の預金が減少しました。これがなぜ財産の侵害かというと，預金400万円がなくなり，その400万円相当の直接的な対価をAさんは得ていませんから確実に財産400万がAさんの手元からなくなりました。課税によりAさんの財産は侵害されたのです。

　そこで，国民の代表者からなる国会の承認を経た所得税法に従って課税されることにより，間接的に国民であるAさんは400万円を納税することに同意していたのですから法律に基づく課税を要件とする，租税法律主義により課税が許容されるのです。

　ところで，多くの国民は直接的な反対給付のない租税負担を最少化したいと考えているはずです。誰しも，自己の財産の侵害を最少にしたいと思うのは当然です。もちろん，国家運営の経費を負担する気概に燃えて，税金を負担することに生きがいを感じる国民も少なくないかもしれませんが。

　一方で，節税等の税負担の軽減行為をめぐる課税庁と国民の間の見解の相違は，紛争へと発展します。税負担の最少化を目指す納税者と，租税歳入の最大化を目指す課税庁との立場の相違は，税法の解釈適用を巡り対立をもたらします。その対立は訴訟に発展することもまれではありません。

　税負担を少しでも軽減させようと考えることは否定されるべきではないし，たとえば，利益極大化を図る法人の経営者は，主たる営業活動により積

極的に利益を獲得するとともに，合法的に税負担の最少化に努めるはずです。税負担の多寡は，手元のキャッシュフローにも直接的に影響を及ぼしますから節税は経営手腕の一つといえるでしょう。

納税者が税負担を軽減させる目的のもとに節税と信じて行った取引行為が，税務調査により租税回避や脱税であると課税庁に認定された有名企業が実名で新聞報道されることがよくありますが，これも見解の相違として取り上げられます。

たとえば，前述した岩瀬事件のように売買契約を選択すると，交換契約を選択するよりも譲渡収入金額を減額できる場合に，売買契約を選択した納税者の行為が節税であるのか，租税回避であるのか，その判別は容易ではありません。税務調査で節税と判断されるならばよいですが，租税回避に該当すると判断されると，否認されるリスクを負います。

この問題が厄介な点は，節税，脱税，そして，租税回避のいずれの行為にも税負担を減少させたいとする納税者の意図が存在することにあります。税負担の軽減の意図のもとにその法形式を選択したという点はいずれも共通しています。そもそも節税であれ，租税回避であれ，納税者は当初から税負担の軽減もしくは排除を目的として，その行為を選択したのですから，租税負担軽減の意図の存在を否定することはできないのです。

そこで問題となるのは，租税負担の軽減の意図が共通して存在しているのですから，その行為が節税にも租税回避にも評価しうるという点です。すなわち，租税負担の軽減を図る意図を重視した税務調査官により，節税ではなく租税回避と認定された場合に，その認定に反論するには，租税負担の軽減の意図は認めつつも，租税回避や脱税ではなく節税であることを説得力を持って主張することが必要になります。そのためには各行為の概念の正確な理解が不可欠です。

納税者の選択した行為が，節税か，租税回避か，さらには脱税とされるかにより，次の法的な対応は大きく異なります。節税であれば，適法で何の制裁も加えられませんが，租税回避に該当すると，租税回避の否認という引き直し課税がなされ，加算税が賦課されます。脱税であると認定されれば，刑

事罰が課されます。

したがって、この問題に関する紛争予防の第1歩は、まず、節税、租税回避、そして脱税の概念を明確に理解しておくことにあります。租税法は、脱税については定義規定を定めていますが、節税と租税回避については、租税法は定義規定を用意していません。そこで、それぞれの概念について通説的理解を以下では確認しておきたいと思います。この概念の整理は拙著『リーガルマインド租税法第4版』76頁（成文堂、平成25年）に従うことにします。

【図表2】 節税・租税回避・脱税の異同

	私法上	租税法上
節税	○ 合法行為	○ 適法行為
租税回避	○ 合法行為	△ 個別否認規定による否認
脱税	× 違法行為	× 仮装行為であり当然無効（刑事罰の対象）

2　節税と租税回避の意義を理解する

租税法学上は、租税負担を納税者が意図的に軽減する行為について①**節税**(tax saving)、②**租税回避**（tax avoidance）、③**脱税**（tax evasion）の3種に分類・整理して論じられています。節税と脱税については、前者は合法行為であり、後者が違法行為であるところから、その区別が容易ですが、租税回避は私法上有効な行為であるとされるものの課税庁に否認されるリスクを伴います。脱税とも節税とも区別されます。とりわけ、節税と租税回避はその境界線が明確ではないので実務上も問題が生じやすいのです。

そこで以下では、節税と租税回避の意義を明確にします。次いで、租税回避の否認について学びましょう。

節税とは、租税法規が予定した法形式を選択することにより租税負担を軽減する行為です。たとえば、土地を譲渡する場合に、その土地の取得後5年を経過して譲渡することにより経過を待たずに譲渡する場合と比較すると、租税負担を半減させることが可能となることを現行の租税法規により予測し

て，5年経過後に土地を譲渡する行為を節税行為ということができます。これは，租税法規が予定した行為であるので当然適法行為です。

次いで**租税回避行為**とは，私的自治の原則および契約自由の原則のもとにある私法上の法形式の選択可能性を利用して，(a) 異常な法形式を選択し（ここで異常という意味は通常用いられる法形式ではないということであり異常で違法な法形式を意味しないところに注意を要します），(b) 通常想定される法形式を選択したと同一の経済的成果を達成し，(c) その結果として租税負担の軽減を図る行為をいいます。この三要件を充足する行為を租税回避というのです。

たとえば，土地の所有者が，もっぱら譲渡所得に対する税負担を免れるために，土地を譲渡する代わりに，その土地上にきわめて長期間の地上権を設定して，土地の使用・収益権を相手方に移転し，それと同時に，弁済期を地上権の終了する時期として相手方から当該土地の時価に等しい金額の融資を受け，さらに右の二つの契約は当事者のいずれか一方が希望する限り更新すること，および地代と利子は同額としかつ相殺することを予約したとします。このように複雑で異常な法形式を用いることによって，土地所有者は，土地を譲渡したのと同一の経済的成果を実現しながら，譲渡所得の発生を免れることができますから，これは典型的な租税回避の例であるとされます（金子宏『租税法』122頁参照。なお，当該事例の原型とされる事案については，最判昭和49年9月20日訟務月報20巻12号122頁参照）。

このような通常用いられない法形式を選択する目的が租税負担の軽減以外に見出せず，ほかに異常な法形式選択の合理的理由がないところに租税回避の特徴があります。なお，特に注意しておくべき点は，租税回避行為は私法上は有効な法律行為であるという点にあります。

【コラム1】租税回避は国際的問題

「個人，法人の租税回避行為の広がりは，それを防止するため税制を複雑

化させ税務コストの上昇を招いているだけでなく，企業活動のコンプライアンスコストを上昇させている。また，タックスシェルターの活用を通じた個人の租税回避行動の広がりは，富裕層にその恩恵が偏り垂直的公平性の問題を引き起こしている。さらに，タックスヘイブン国へ逃避したマネーがリーマンショックの引き金となった投機的資金の温床であるとの問題意識が広がり，タックスヘイブン国との情報交換協定の締結等がG20での課題となっている。」

財務省　ホームページ（http://www.mof.go.jp/tax_policy/publication/brochure/zeisei2507/01.htm）

【コラム2】タックスヘイブン

タックスヘイブンとは？

　法人税などの税率を意図的に低くしている国や地域をいう。租税回避地とも呼ぶ。企業は実体のないペーパーカンパニーや銀行口座を作って，所得や資産をタックスヘイブンに移すことで，法人税の支払額を圧縮することができる。代表的なのはカリブ海地域の英領ケイマン諸島や欧州のモナコ，香港など。基幹産業が少なく，外貨の獲得源に乏しい小国や地域に多い。

　企業の課税逃れを防ぐため，日本政府は「タックスヘイブン対策税制」を1978年度に導入した。

主なタックスヘイブン
リヒテンシュタイン、モナコ、香港、ケイマン諸島、バハマ、バージン諸島、モルディブ、ニューカレドニア

https://www.nikkei4946.com/knowledgebank/
（平成26年9月5日）

3　節税と租税回避との境界線は何か？

　節税と租税回避は，先に述べた通り，税負担の軽減を図る行為である点，そして，適法行為である点で共通しています。

節税は，租税法が予定している通常の法形式を選択し，経済的成果を得つつ税負担の軽減の目的を達成するのに対して，租税回避は，租税法規の予定していない通常用いられない，という意味での異常な（私）法形式によって，通常の法形式による場合と同様の経済的成果を達成し，その結果として，税負担を減少させる行為です。
　両者の相違は，納税者が税負担を軽減させるために採用した法形式が租税法規が予定している通常の法形式によったか否かにあります。
　両者は，「節税が租税法規が予定しているところに従って税負担の減少を図る行為であるのに対し，租税回避は，租税法規が予定していない異常な法形式を用いて税負担の減少を図る行為である。もっとも，節税と租税回避の境界線は，必ずしも明確でなく，結局は社会通念によってきめざるをえない。」（金子宏「租税法」125頁）とされるように，両者の境界は不明確であるにもかかわらず，租税回避と認定されると，課税庁に否認されるリスクを負うことになります。
　租税回避の否認は，単に行為を否認するのではなく課税庁によって通常の法形式に引き直し，事実上存在していない法形式が存在しているとみなされて追徴課税されるという意味で大きなリスクを負うことになります。
　節税と租税回避の概念を明確にしておくことが否認のリスク回避に直結します。
　節税と租税回避は，適法である点が共通しており，節税が，租税法規が予定している通常の法形式の選択であるのに対して，租税回避は通常用いられない異常な法形式の選択である点に相違があります。したがって，両者の判別は，租税法規が予定した通常の法形式を選択した行為か否かにより判断されますが，実はその判断は簡単ではありません。
　そこで，租税回避か否かは，納税者の法形式の選択に租税負担の減少以外に正当な理由や事業目的といった合理的目的が存在するか否かにより，実質的には租税回避の該当性判断がなされることになります。
　通常用いられない法形式を選択しているかのように見えても，その法形式選択に税負担の減少以外の合理的理由が存在すれば租税回避とは言えないこ

とになります。なぜならば租税回避以外の合理的理由が存在するのであれば，異常な法形式の疑いから解放されるからなのです。

たとえば，香港に住居を構えその直後に株式を譲渡し，結果として所得税を免れたとしても，香港転居の目的が会社経営上の経営戦略にあるといった合理的理由が存在するのであれば（租税回避以外の合理的事業目的の存在が立証されるならば），租税回避行為に該当するとは言えないということになるのです。

租税回避の嫌疑は，その行為に事業目的等の合理的理由が存在することを立証することができれば排除されるのです。

4　租税回避行為の否認とは？

租税回避行為は，私法上は有効な法律行為であることはすでに理解されたでしょうか。しかし，租税回避行為を放置することは，課税の公平を歪めるから，その私法上の法律行為が有効なことを前提としつつも，納税者の選択した法形式を，**通常用いられる法形式に引き直し**，課税要件が充足されたものとみなして課税庁が課税を行うことを**租税回避行為の否認**といいます。

租税法律主義のもとでは法律の根拠なしには納税者の選択した法形式を課税庁が別の法形式に引き直し課税することはできるか否かについては，かつて以下のような論争がありました。しかし，現在ではたとえ租税回避であろうとも課税庁は個別否認規定が存在しなければ否認できないとする考え方が学説上，通説とされています。判例もこの考え方を原則として採用しています。

従来から租税公平主義の要請から，当事者が選択した私法上の法形式を，通常の法形式に引き直して課税する租税回避行為の否認を支持する立場（実質主義もしくは経済的観察法を根拠に支持する立場も含める）と，租税法律主義の支配する租税法領域においては，個別具体的な否認規定が存在する場合にのみ否認はでき，否認規定がない場合には，当事者が用いた法形式を尊重し，租税負担の軽減行為は許容されるとする立場とが，学説上および判例上も鋭く対立してきました。しかし，現在では租税法律主義重視の立場から，個別否認規定を必要とする立場が判例・学説の通説として受け入れられてい

ます。

　したがって，我々は，租税回避の概念を正確に理解したうえで，租税回避の個別否認規定をまず網羅し，その適用要件について十分な研究することが必要とされます。

5　脱税犯の構成要件に脱税の意図は必要か

　脱税とは，「課税要件の充足の事実を全部または一部秘匿する行為」をいいます。すなわち，本来課税所得等の課税対象となるべき課税物件を**「偽りその他不正の行為」**を用いて，仮装・隠ぺいする行為をいいます。たとえば二重帳簿を作成して売上の一部を故意に脱漏させたり，架空の領収書に基づいて経費を水増しすることにより，所得の一部もしくは全部を隠ぺいする行為をさします。脱税行為は，課税要件事実そのものを秘匿する行為であり違法行為であり，犯罪行為です。

　租税回避は法的根拠がなければ否認することはできませんが，脱税は「偽りその他不正の行為」により租税を免れ，または租税の還付を受けたことにより脱税犯という犯罪の構成要件を充足することになりますから，違法行為として無効になります。たとえば仮装行為により所得を隠匿した場合には，仮装行為が立証されると脱税犯を構成することになります。

　租税回避行為と脱税行為に対する租税法上の対応は異なります。前者が納税者の真意に基づく行為であり，私法上，適法有効な行為であることを前提として租税法上は否認する行政上の処分（更正・決定処分）であるのに対して，後者の脱税は，納税者の真意に基づかない仮装行為であり，そこには事実を偽り虚構する点に違法性を帯びる行為であり刑事罰の対象となるのです（松沢智「逋脱犯の訴追・公判をめぐる諸問題」租税法研究9号74頁，昭和56年）。この点に両者の大きな相違があるのです。

　この脱税犯の構成要件は，①「偽りその他不正の行為」の存在と，②租税を免れるか，その還付を受けたという事実の存在（国家の租税債権に対する侵害），からなります（松沢智『租税処罰法』35頁以下参照（有斐閣，平成11年））。

　この脱税犯の構成要件である**「偽りその他不正の行為」**の意義につき，判

例は,「逋脱の意図をもつて,その手段として税の賦課徴収を不能もしくは著しく困難ならしめるようななんらかの偽計その他の工作を行なうことをいう」(最(大)判昭和42年11月8日刑集21巻9号1197頁) としています。

偽りその他不正の行為とは,帳簿書類への虚偽記入,二重帳簿の作成その他社会通念上不正と認められる行為を意味し,単純な無申告はそれにあたりません(最判昭和24年7月9日刑集3巻8号1213号,最判昭和38年2月12日刑集17巻3号183頁)。

脱税の意図の存在が逋脱犯の構成要件とされますが,その意図の存否は逆説的になりますが,行為の形態により経験則に基づいて判断せざるを得ません。

所得の一部または全部を秘匿する積極的行為の存在が立証されることにより,逋脱の意図の存在も推認されるという関係にあるのです。所得秘匿行為という租税正義に反する行為は,国民主権の憲法に基づく申告納税制度に対する背信行為ともいえるのです。この脱税に対しては刑事罰をもって対処することを所得税法も法人税法も定めています。

6 まとめ

ところで,節税も租税回避も,そして,脱税も租税負担を軽減するか排除するという意図・目的のもとに行われる行為です。そうすると,これらの概念は何によって区別されるかといえば,結論は,単に租税回避の意図や脱税の意図の存否を,課税庁が恣意的に判断するものではなく,行為の形態により判断されるものであるということです。二重の契約書を作成するなど仮装行為を用いて所得を秘匿した場合には,逋脱の意図を推認できますから脱税犯の構成要件を充足し,一方,節税や租税回避は適法な行為形態により税負担を軽減しているのですから,行為形態から逋脱の意図を否定することができます。

Ⅳ 固有概念と借用概念

　租税法には固有概念と借用概念が存在します。固有概念は租税法の規定により新たに租税法独自の法概念として創造されたものです。たとえば，同族会社やみなし配当といった概念は固有概念に該当します。一方，「借用概念」は民法や商法といった私法上の既存の法概念で，租税法独自の「固有概念」とは区別されます。たとえば，売買，交換，贈与，相続，所有といった概念は借用概念といえます。

　租税法は，これらの借用概念を多く用いて課税要件規定を定めています。借用概念を用いた課税要件規定を解釈する場合に問題となるのは，この借用概念の意義を，借用元の法分野で用いられている本来の意義と同意義に解すべきか，租税歳入の確保ないし公平負担の観点から借用元と異なる意義に解すべきかという問題です。

　租税法律主義の法的安定性の要請を考慮すると，借用概念については租税法独自の意味に解することは避けるべきであるとの考え方が通説として受け入れられております。すなわち，「私法との関連で見ると，納税義務は，各種の経済活動ないし経済現象から生じてくるのであるが，それらの活動ないし現象は，第一次的には私法によって規律されているから，租税法がそれらを課税要件規定の中にとりこむにあたって，私法上におけると同じ概念を用いている場合には，別意に解すべきことが租税法規の明文またはその趣旨から明らかな場合は別として，それを私法上におけると同じ意義に解するのが，法的安定性の見地からは好ましい。その意味で，借用概念は，原則として，本来の法分野におけると同じ意義に解釈すべきで」（金子宏『租税法』115頁）であるされています。

　贈与税における贈与は民法からの借用概念ですが，その贈与概念については，本来の民法上の贈与と同意義であるので，贈与税の課税要件である贈与契約の要件の充足の可否については，民法上の贈与契約をめぐる要件事実の存否を検証することがまずなされるという関係にあります。

　最近，この借用概念の解釈が注目された裁判事例として，いわゆる武富士

事件があります（最判平成23年2月18日判タ1345号115頁，訟月59巻3号864頁）。

この事件は，消費者金融大手武富士の創業者夫婦が保有していたオランダ所在の子会社株式を香港居住の長男であるXに贈与したことに対して，課税庁（原処分庁）が贈与時点のXの主たる生活の本拠地は日本にあったと認定し，1157億円余の贈与税および加算税173億円余の課税処分を受けたことを不服としたXが出訴した事案です。本件株式の贈与時点において，受贈者であるXが国内に住所を有していたか否かが争点とされました。本件株式贈与時点でXが国内に住所を有していたと認定されれば，Xは我が国の贈与税の納税義務を負うことになるのですが，Xは当初からXは巨額の贈与税の回避を目的として住所を香港に移転していたと認定されました。

住所については，租税法には定義規定が置かれていませんから，民法22条の住所概念を借用したものであり，まさに借用概念です。この住所概念を借用元の民法と同意義に解すると，租税回避の意図や居住意思は住所認定の要件にはならないのですが，国側は租税回避の意図のもとに住所を香港に移転していたのであるから，租税公平主義の要請から租税回避の阻止を図るべく，居住の意図を住所要件に加えて解することができると主張しました。

最高裁は，租税法律主義の下では，借用概念は借用元の概念と同意義に解すべきであるとして国の主張を排斥しました。

このように，借用概念の解釈について，租税法独自の解釈が許容されるか否かは重要な論点として問題にされるのです。

V 租税法と会計の関係性

1 所得測定のツールとしての会計

租税法には，他の法律には存在しない特有の問題があります。主として次の二種に分類できます。

その第1は，租税法律関係は，私法上の法律関係確定が前提とされます。売買契約か，贈与契約か，もしくは交換契約かといった私法上の契約関係の

確定を前提にして租税法律関係が確定されるという点です。この問題について，私たちはすでに勉強しました。

次に，課税物件（課税される対象を意味します。所得税であれば個人の所得を課税物件とします）の帰属の問題は，実質所得者課税の原則に基づきながら納税義務者と課税物件の帰属を私法上の法律関係を前提に認定していくという問題です（ここに言う**帰属**とは納税義務者と課税物件を結び付けることを意味します）。

実質所得者課税の原則は，課税物件である所得の人的帰属関係という課税要件事実の認定についてのルールであり，帰属という課税要件を前提に，帰属の要件の充足の有無を判定するための事実認定の基準といえます（谷口勢津夫『税法基本講義第3版』248頁以下参照（弘文堂，平成24年））。この実質所得者課税の原則は極めて重要な原則ですのでここでしっかり理解しておきましょう。

実質所得者課税の原則については所得税法12条が，「資産又は事業から生ずる収益の法律上帰属するとみられる者が単なる名義人であつて，その収益を享受せず，その者以外の者がその収益を享受する場合には，その収益は，これを享受する者に帰属するものとして，この法律の規定を適用する。」と規定しています。法人税法11条も同様に実質所得者課税の原則を定めています。課税物件（課税対象）である所得の法律上の帰属について，その形式と実質が相違している場合には，実質に着目して帰属を判定すべきであることを定めた規定です。店舗の経営者Ａが単なる名義上の経営者で，実はその店舗の経営から生じる利益はすべて別人のＢが享受していたとすれば，形式と実質に相違があるから実質に即してＢに所得税を課すことを，実質所得者課税の原則として所得税法は定めているのです。

この実質所得者課税の原則は，担税力に応じた課税を求める租税公平主義の要請に対応する原則といえます。

我々がよく耳にする税務職員による税務調査も，所得の帰属の形式と実質の相違や担税力を適正性をチェックするための行政行為なのです。

第2は，所得税や法人税の課税標準の測定は，真実性の原則を順守した企

業会計の手法を採用することによりなされるという点です。所得の構成要素である収入と費用の範囲をいかに確定し，いかなる年度に帰属させるかという問題も，企業会計における期間損益計算の手法に準拠しつつ税法独自の法的基準を組み合わせて解決していくことになります。

ここでは，後者の問題である課税標準の測定の問題を，法人税に絞り，法人所得の測定の構造の視点から法人税法と会計の関係性を簡潔に明らかにします。なお，詳細は以下の法人税法の章（⇒第5，6章）により学ぶ予定です。

法人税法22条は課税標準の測定の構造と測定過程における租税法と会計の関係性について包括的に定めた条文です。同条1項は，各事業年度の所得の金額は，当該事業年度の益金の額から損金の額を控除した金額であると定め，課税物件としての各事業年度における法人所得は，当該事業年度に帰属する益金の額から損金の額を控除することにより，その範囲を確定すると定めています。

同条第2項の益金の額と第3項の損金の額は，23条以下で定める別段の定めがある場合を除き，「**一般に公正妥当な会計処理の基準**」に従って計算されるものと4項が規定しています。

そうすると，『一般に公正妥当な会計処理の基準』とは何を意味するかが大きな問題となります。ここでは，結論だけ述べますが，この基準は収入から費用を差し引くことにより所得が測定されますが，所得の要素としての収入と費用を法的に認定していく上での基準と位置付けることができます。（この点についても法人税の章で学びましょう。）

2 会計上の事実の認定―仕訳と法的三段論法

この法22条4項の「公正妥当な会計処理の基準」の意義は，まさしく所得測定のための事実認定の基準といえます。個別取引をいかに契約書等の証拠資料により認識し，測定し，記録するかについて，『公正妥当な会計処理の基準』により，法的に認定すべきことを命じたところに，この同条4項の意義はあります。

4項が定める『公正妥当な会計処理の基準』を，法は，当初から個別具体的な明文規定で定めていません。なぜならば，経験則や社会通念に基づく事実認定の問題は，租税法に限らずすべて法適用に共通する問題であり多様な要素を含んでおり，固定化できるものではないし，租税法独自の問題でもないから個別に税法が明文の規定により定義することにはなじまないのです。
　益金・損金の範囲を法的に確定していくプロセスは，裁判官の法的な批判に耐えうる程度の規範性を持ち，社会通念の視点からも容認されねばならないことを「公正妥当な会計処理の基準」として普遍化された基準を定めたものであるといえるでしょう。
　ところで，筆者は，忠佐市『企業会計法の論理』（税務経理協会，昭和52年）によって，法律学の視点から会計をとらえ，法と会計の関係を理解することの重要性を学びました。同書の第3章「会計上の事実の認定」の内容は，会計学の本質を法律の視点から理解する上で極めて有益ですから，その内容を紹介しましょう。
　まず，同書は**仕訳の三段論法**と題して，仕訳も**法的三段論法**と同様の思考を採用していることを次のように整理しています（読者の中には簿記を勉強したことのある方もいるかもしれませんが，勉強したことがない方は，仕訳の意味が理解できないかもしれません。仕訳とは，企業が日常的におこなう取引を借方，貸方として分類し整理する科学的な手法としてよいと思います。法人税法や所得税法を学ぶ上で不可欠な考え方と言えるでしょう。ぜひ税法と共に学んでいただきたいと思います）。
　「私の理解するところでは，その仕訳は，下記のような三段論法の形式によっている。
　（大前提）営業用自動車のタイヤの取替えは固定資産の修繕であり，固定資産の修繕に要した支出は費用である。
　（小前提）営業用自動車Bのタイヤ C を新タイヤ A に取り替えた。
　（結論）タイヤ A の買入代金は費用である。
　この大前提は，その内容は大部分が実質的原則なのであり，勘定科目などの部分は形式的原則なのである。そして，小前提が会計上の事実である。し

かし，ここでは事実の認定の結果が述べてあるだけで，いかにしてそれが認定されたかは述べていない。ただ，小前提に間違いがないとすれば，結論は三段論法によって証明された判断となる。…したがって，この小前提に間違いがないかどうかは，確かめられていなければならない。それよりも，前後の順序を並べなおしてみて，いくらで買ったタイヤAを，いつ，どこで，だれが，どういう操作によって営業用自動車BのタイヤCと取り替えたかを確かめておいて，上記の三段論法による結論に達することが本来のあり方のはずである。」として，証拠に基づく事実認定過程の存在が，結論としての仕訳判断の適正性を担保するという関係にあることを指摘しています。複式簿記の原理に基づく仕訳理論もしくは仕訳の基準が大前提であり，その大前提に小前提としての事実を当てはめ仕訳という結論が導出されます。その事実に間違いがないか立証できる仕組みの存在が仕訳の適正性を担保するというものであり，仕訳にもまさに法的三段論法が当てはまるとされています。

　この点について，「実際上は，それらの事情が現場で1つ1つ確認されるだけで足りるのではなくて，その当時現場で確認されるべきであったことが，後日になって第三者によっても間違いがなかったと追認されるように証明の手段が保存されていることが，期待されている。タイヤAを×円で買い入れたことは証明が成り立つが，タイヤCと取り替えられたのか，それとも横流しされたのかは，まだ確かめられていない，という場合もありうるわけである」から，タイヤAがタイヤCと取り替えられたことを立証可能な証拠によって証明できるということまでもが求められているのです。

　以上の通り，会計帳簿の客観性は，会計上の事実認定（証拠に基づく事実の確定）過程を経て担保されます。この事実認定の考え方は，税法ばかりでなく一般の法的思考の根底にある正義の実現のために基本的かつ不可欠な要素であることを，ここに確認しておきたいと思います。

　社会科学に属する法律学も会計学も，科学に共通する普遍性と客観性が求められる学問ですから，租税法と会計との関係性を意識しながら租税法を学ぶことは重要です。

【コラム3】仕訳

　仕訳（しわけ）とは，複式簿記において，発生した取引を貸借の**勘定科目**に分類することである。仕訳は**仕訳帳**に記入する。仕訳においては，**資産**，**損失**は**借方**，**負債**，**資本**，**利益**を**貸方**に分類し取引の貸借が分類されたとおりであれば，その勘定科目を増加し，逆であれば，その勘定科目を減少させるというルールがある。
　例えば，**現金**や**土地**勘定は借方（左側）が貸借対照表の終局的な位置であることから，

借方	貸方
土地　10,000,000	現金　10,000,000

と仕訳を行った場合，現金の減少と，土地の増加を表すこととなる。つまり，これは「**キャッシュ1,000万円で土地を買った**」ことを表すのである。
　また，**借入金**勘定などは貸方（右側）が終局的な位置であることから，

借方	貸方
借入金　5,000,000	現　金　5,000,000

と仕訳を行った場合，借入金の減少と，現金の減少を表すので，「**借金500万円を現金で返済した**」ことを表す。
　費用である**水道光熱費**勘定などは借方が損益計算書の終局的位置なので，

借方	貸方
水道光熱費　6,970	現金　6,970

は，水道光熱費の発生と，現金の減少を示すので，「**水道代・光熱費が6,970円かかったので現金で支払った**」ことになる。
　収益である**売上**勘定などは貸方が終局的位置なので

第 2 章 租税法の基礎理論 II—租税法の解釈・適用

借方	貸方
現金　10,000	売上　10,000

は，現金の増加，売上の発生を示すので，「**商品 1 万円分が売れて現金を受け取った**」ことになる。

　以上のようなルールを組み合わせて企業の取引を記述していくのである。

　借方と貸方に分ける，この仕訳という行為は，原因と結果を示していく行為と受け取れる。

　出典：フリー百科事典『ウィキペディア（Wikipedia）』（http://ja.wikipedia.org/）

第3章 所得税の基礎理論──その1　所得税の課税対象となる「所得」

導入事例

M教授　「所得税は，君たち学生のアルバイトの給料や，就職してから会社から受ける給料などに課される税だから，正確な知識を身に付けられるようにしっかりと勉強しよう。」

学生T　「僕はバイト代から源泉徴収された所得税の還付を受けるための申告をしたことがあるから，所得税はバッチリですよ！」

M教授　「ではT君，君が親御さんからもらっているお小遣いには所得税は課せられるかな？」

学生T　「えっ，小遣いに税金がかかるなんて聞いたことないですよ！もし課税されたら僕ら学生は困るから，かからないんじゃないですか？！」

M教授　「う〜ん。間違いじゃないけど，その説明は理論的じゃないな。租税法の基本原則は"租税法律主義"なんだから，法律上の根拠をもって説明しないといけないよ。」

学生S　「先生，競馬の当選金はどのように課税されるのですか？最近，ニュースで話題になっていますよね。」

学生T　「競馬はロマンを追求するスポーツだから，当たったからって課税しちゃいけないよ。」

M教授　「だからT君，法律学は論理性が大事なんだよ。」

学生S　「所得税って，身近であるだけでなく，面白い問題がたくさんありますね。もっといろいろ知りたいな。」

M教授　「ではまず，所得税の課税対象となる"所得"とは何かから考えてみよう。」

Ⅰ　所得課税の基本原則

1　純所得課税の原則

　「所得税」とは，「所得」に課される税です。当たり前のような説明ですが，所得税のしくみを理解する上で，この意味を理解しておくことは大変重要です。

　たとえば，個人で喫茶店を経営する自営業者Aさんを想定してみましょう。今月の売り上げが50万円あるとします。Aさんはこれだけの売り上げを得るために，コーヒー豆やミルク，サンドウィッチの材料（パンや具材）などさまざまな仕入れをしています。また，お店の入っている店舗のテナント料や電気・水道などの光熱費，アルバイトに支払う人件費，万が一のための保険料など，さまざまな支出をしてこれだけの売り上げを得ているわけです。これらの支出の合計額が10万円だとすると，Aさんの純粋な利益は40万円ということになります。もし，所得税が50万円の売り上げそのものに課されることになると，Aさんは，課税された残りの原資から事業活動を継続するための支出をしなければならなくなり，Aさんの資本は先細りしてしまいます。こうなると，税金のせいで事業活動に支障が出てしまうことになってしまって，**税制の中立性**という原則に反してしまうことになります。

　そこで所得税は，売り上げからそれを得るための支出（投下資本）を引いた残りの利益の部分に課税することにより，こうした事態を避けるというしくみを採っています。所得税では，上記の売上げ部分を「収入」，支出を「必要経費」，その差額である利益の部分を「所得」と呼んで，この「所得」の部分に課税をするという構造を採用しているのです。

　別の観点からみれば，Aさんは喫茶店の事業活動を通じて資産を増やしています。そして純粋に増加した資産というのは，「収入」から「必要経費」を引いた「所得」の部分です。これを「純所得」と呼び，所得税はこれを課税対象としていることから，**純所得課税**が基本原則とされているのです。この原則の下では，「収入」から「必要経費」を控除することにより「純所得」

に対する課税が可能となるため、「必要経費」の控除は不可欠のものと言えます。そして、この原則は「所得」を課税対象とする税に共通するものであるため、所得税だけでなく法人税にも当てはまるものです。

2　所得税の基本構造

このような「所得」を課税対象として、次のような過程で所得税額を算定することになります（所税21条参照）。

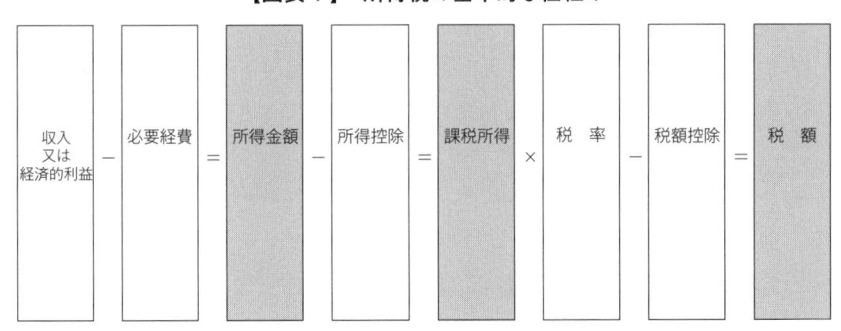

【図表1】　所得税の基本的な仕組み

収入又は経済的利益 － 必要経費 ＝ 所得金額 － 所得控除 ＝ 課税所得 × 税率 － 税額控除 ＝ 税額

財務省HP　http://www.mof.go.jp/tax_policy/summary/income/023.gif

それでは、以下、これらの税額計算をそれぞれ断面的に取り上げて、その基本的なしくみをみていきましょう。

Ⅱ　所得概念と課税される所得
——宝くじの当せん金は課税される？

1　所得概念

所得税の課税対象となる「所得」の範囲をどのように理解したらよいでしょうか。まず、そもそも所得税法や法人税法では「所得」とは何かについて定義していません。そこで、その範囲を確定するための基準を考える必要があります。いくつかの例を想定して、「所得」の定義をするためにどのよ

うな考え方が適切なのか，考えてみましょう。

① まず，給与のように働いて得たものだけが「所得」とする考え方です。これによれば，相続や贈与のように無償で手に入れた財産は「所得」ではないために所得税は課されないということになります。しかし，給与のように勤労の対価として獲得したものは「所得」に該当して課税されるのに対し，パチンコの儲けなどの不労所得は「所得」に当たらないので課税されないというのは不合理でしょう。また，学生が親から300万円もするスポーツカーを買ってもらったという場合，"働いて得たものではない"という理由で「所得」の範囲から外すのには抵抗を覚えます。したがって，"労務の対価か否か"ということは「所得」の範囲を確定する基準にはなりません。

② 次に，「所得」を獲得する頻度によって区別するという考え方です。たとえば，サラリーマンや自営業者のように継続的に所得稼得活動を行って得た給与や報酬は「所得」になりますが，宝くじやギャンブルのように一時的・偶発的な利益は「所得」にはならず課税されないということになります。この考え方によれば，一日限りのアルバイトをして得た給与は継続性がないために「所得」に当たらないことになりますが，継続的なアルバイトの給与との間に合理的な区別を見出すことは困難です。

③ また，現金で得たものが「所得」で，現物は「所得」ではない，という考え方もありえます。これによると，アルバイトの給与は「所得」であるのに対して，バイト生の特権として無料で食事を提供された場合には「所得」には含まれない，ということになります。しかしこの無料の食事の提供は，バイト先の店長から「好きなものを食べていいよ」と現金を渡されて，それを使ってバイト先でお客さんに提供されている食事と同じものを食べた，という場合と同じ結果になります。しかし，現金の場合には「所得」に当たるから課税され，現物を支給されたら「所得」には当たらないというのは不合理です。したがって，この基準も不適切といわざるをえません。

④ 利益が直接本人に帰属するかどうか，という基準はどうでしょうか。この例として，大学の授業料を親が負担してくれた，というケースを考えてみましょう。その授業料は，親御さんが大学に直接振り込むものですから，学

生本人の手には入りません。言い換えれば，授業料相当額の金銭は直截的にはその学生には帰属しません。しかし，授業料相当額を親御さんがその学生に手渡し，「自分で振り込んでおいで」と言ったとしたらどうでしょう。その金銭は学生本人に帰属すると考えられますし，そもそも授業料を払い込んだ対価として，大学からサービスを受けるのは学生本人です。したがって，この区別も相対的なものであり，「所得」を定義づける基準にはなりえません。

⑤ 「所得」を獲得する原因行為が適法なものかどうか，という基準もありえます。この考え方は，賭博や横領といった違法行為から生じた利益に課税することは，国家が違法行為を追認することになるため適切ではないとの考慮に基づくものです。しかしこの考え方は，上記①の場合と同様に，労務の対価である給与など，適法な活動から得られた利得は「所得」に当たり課税されるのに対して，違法な利得は「所得」に当たらず課税しないという不合理な結果を導くことになります。したがって，この考え方によっても「所得」を定義づけることは困難です。

⑥ さらに，金額の多寡によって判別するということも考えられます。たとえば，子どもが親から毎月1,000円ずつの小遣いをもらっているという場合，少額であるのことを理由に「所得」ではないと考えると，金額の多寡で「所得」の範囲を決めるためには，小遣いの額が月に1万円の場合はどうか，10万円の場合はどうかなど線引きが必要となります。しかし，「少額」と言えるかどうかは小遣いの額や年齢によって異なりますし，家庭状況など主観的な事情がかなり反映されてしまいます。そのため，これも適切な基準とは言えません。

　このように，上記の基準はいずれも「所得」の範囲を確定するための基準としては合理的であるとは言えません。その理由は，ある利益が"「所得」と言えるかどうか"という問題と，"所得税が課されるかどうか"という問題を混同して考えてしまっているということが挙げられます。所得税の考え方としては，まず(a)理論上「所得」に該当するかどうかというテストをクリアしたものが，次に(b)実際に所得税を課するかどうか，ということを別個に

考える必要があります。

【図表２】　所得概念の考え方

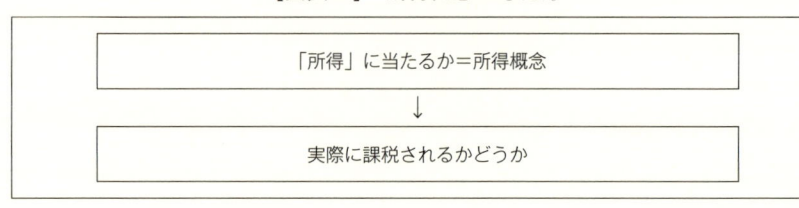

```
┌─────────────────────────────────────┐
│    「所得」に当たるか＝所得概念       │
└─────────────────────────────────────┘
                 ↓
┌─────────────────────────────────────┐
│      実際に課税されるかどうか          │
└─────────────────────────────────────┘
```

　この前者に関する問題が「所得概念」と呼ばれるもので，現行の所得税法（および法人税法）は**包括的所得概念**または**純資産増加説**という考え方を採用しています。これは，「所得」を"納税者の担税力を増加させる経済的利益"と定義する考え方です。この考え方は，「所得」を経済的価値の有無によってとらえるものです。そのため，利益の発生原因が適法か違法かということは関係がありません（上記⑤）。また，労務の対価として得たものかどうか（上記①），継続的に得られるものか（上記②）ということも無関係です。そして，"納税者に経済的価値の増加をもたらすかどうか"という観点でいえば，現金であろうと現物であろうと同じですし（上記③），金額が少なくても価値を増加させていることは間違いありません（上記⑥）。さらに，本人に直接その利益が帰属しなくても，その経済的利益を享受するのであれば「所得」を得ていることには変わりありません（上記④）。このように，包括的所得概念に基づけば，上記の例はいずれも「所得」に当たることになるのです。こうした所得概念を採用することにより，上述した不合理性はすべてクリアすることになります。

【コラム１】包括的所得概念と制限的所得概念

　日本では戦前，**制限的所得概念**が採用されていました。この考え方は，一時的・偶発的な利得は「所得」には当たらず課税対象にもしない，というものです。しかし，たとえばギャンブルなど一時的・偶発的な利得には課税さ

れず，労務提供の対価である給与などは継続的な利得であることを理由として課税されるとなると，不公平な結果を招くことになります。そのため，経済的利益を所得と理解する**包括的所得概念**の方がより課税の公平を実現することができると考えられているのです。

このように，所得概念の根底にも**租税公平主義**という原理があるのです。

2　「所得」ではあるものの，課税されない「所得」

包括的所得概念の下で「所得」に当たると判断された経済的利益は，基本的に所得税（または法人税）の課税対象となります。というのは，そのような利益は納税者の**担税力**を増加させるものであるため，課税しないとなると，課税される所得との間に課税の公平が保てなくなってしまうからです。しかし，「所得」の中にはさまざまな理由で実際には課税しないというタイプが存在しています。次の4つに類型化することができます。

(1)　未実現利益

あなたが所有している土地の価値が6000万円に値上がりしているとしましょう。あなたはその土地を5年前に1000万円で購入しています。「地価の値上り」というのは，国の公示地価や不動産鑑定士に依頼して評価をしてもらった結果，この土地の価格が上昇しているということです。つまり，この土地を今売れば相場としていくらで売れるか，という客観的な価格のことで，これを「時価」といいます。したがって，5年前に1000万円で買った土地の価値が6000万円に値上がりしているということですが，そこには5000万円の客観的な価値の増加が認められます。

もしあなたがこの土地を売れば，6000万円の「収入」を取得し，購入金額との差額の5000万円の「所得」を得ることになります。このように，現実に所得を得る可能性が高くなった状態を所得の「**実現**」といいます。しかし，あなたは実際にはこの土地を手放してはおらず，具体的な収入ないし所得を得ていません。ただ，"今この土地を売れば5000万円の所得を得ることができる"という意味で，抽象的な経済的利益を得る可能性があることは確かで

す（このような抽象的な利益を「**未実現利益**」といいます）。包括的所得概念の下では，こうした抽象的な経済的利益も所得と扱います。ただし，所得税法は実現主義を採用しているため（所税36条1項），こうした未実現利益には課税しないというのが原則的な取扱いとなっています（そのため，未実現利益に課税するためには，"時価相当額の所得を得たものとみなす"などの明文の規定が必要です。参照，所得税法59条1項，後掲Ⅲ2(8)①）。

(2) フリンジ・ベネフィット

会社の社員旅行に参加する従業員に会社から旅費の補助が出るような場合，その従業員は通常の旅費よりも安く旅行に行くことができるため，補助額分の所得を会社から得ていることになります。また，普通に賃貸すれば10万円の家賃を払わなければならないアパート（社宅）に6万円だけ支払って残りは会社から補助が出ている場合も，同様に所得の存在を観念することができます。このような利益を**フリンジ・ベネフィット**と呼びます。

フリンジ・ベネフィットとは，"従業員としての立場で雇用主から<u>給与以外に付加的に受ける利益</u>"と定義することができます。上記の例以外に，会社の保養施設を安く利用することができる利益や，会社が提携するフィットネス・クラブを割引料金で利用することができ利益などを挙げることができます。これらの利益は，従業員が雇用主に対し，雇用契約に基づいて労務を提供した対価として得る給与以外に，従業員としての立場で「付加的」に受ける利益です。したがって，フリンジ・ベネフィットの本質は，"現金・現物を問わず，給与以外に付加的に享受する利益"であると言えます。

これを雇用主の側からみれば，従業員に対して福利厚生を目的として支給するものです。つまり，そのような給付をすることにより，従業員の福祉を増進し，労働環境を整備することを目的としていますので，支出金額は原則，必要経費（所税37条）ないし損金（法税22条3項）に算入されます。

そして，フリンジ・ベネフィットがこのような目的であることに加え，比較的少額な利益であること，従業員全体を対象として支給されるものであることを理由として，一定範囲までは課税しなくてよいという取扱いが採られています。また，上記の社員旅行への補助のように，雇用主から従業員に提

供される利益であっても，従業員がその利益を自己のために自由に処分することができるわけではないことも課税しないことの根拠として挙げることができます（参照，岡山地判昭和54年7月18日行集30巻7号1315頁，大阪高判昭和63年3月31日判タ675号147頁）。

なお，フリンジ・ベネフィットは雇用主から従業員に対して支給される利益であるため，課税しなくてもよいという限度を超えた場合には「給与所得」として課税対象とされることになります。

(3) 帰属所得

Bさんが趣味の家庭菜園で自分で野菜を作り，家族で消費した，というケースを考えてみましょう。通常の家庭であれば，野菜を消費するためにはお店で対価を支払って購入しなければなりません。そこで通常の場合には，消費行為には市場を通じた支出が伴うと想定します。しかし，自分で野菜を生産して消費した場合には，野菜の対価相当額の支出をしていません。言い換えると，相当の対価の支払い（支出）をせずに消費という利益を受けることができたという意味で，"払わざるをえないものを払わずに済んだ利益"を得ています。こうした利益を**帰属所得**といいます。

このことは観点を変えてみると，次のようにも説明できます。Bさんは野菜作りという労働の結果生産した野菜を自分の家族に売って対価を得ていると観念することができます。したがって，Bさんには野菜の売却価格相当額の収入が帰属しているはずです。これはまさに，自己の労働の結果生み出した収入と言えます。しかし，実際にBさんが野菜の対価を家族から受け取ることはまずないでしょう。その一方で，上述のように，Bさんは野菜という消費行為を支出なしに行うことができたという利益を受けています。この利益はどこから来たのかといえば，Bさんが自ら生み出した収入に他ならないのです。したがって，Bさんは収入を生み出し，それを自ら消費しているので，実際には収入も支出もないという状態になっているのです。

このように，帰属所得とは，"自己の労働や資産の利用から，市場を通さずに得られる経済的利益"と定義することができます。そして，自ら生み出した利益を自ら消費しているため，現実の収入が存在しないことや執行上の

困難さから，現行法では原則として帰属所得には課税が行われていません（例外的に課税する例として，所得税法39, 40条等）。

別の帰属所得の例としては，大工が自分の家を建築した場合や主婦（夫）の家事労働・育児などが挙げられます。いずれも，自らの労働によって収入を生み出していると観念できるものの，それが自己に帰属し，それを自ら消費しているために実際には収入も支出もしていないという状態とみることができます。また，自己の資産の利用による帰属所得の例としては「帰属家賃」（自宅を自己使用している場合，その家を他者に貸し付けた場合に得られる家賃相当額の収入が帰属していると考えられる）があります。

【コラム2】帰属家賃に対する課税

帰属所得に課税するかどうかは立法政策上の問題です。そのため，「帰属家賃」に課税することも根拠規定を立法化すれば可能となり，そうした場合，むしろ住宅保有者に対する優遇措置となるのです。

「帰属家賃」は不動産の貸付けによる所得ですから不動産所得になります。不動産所得の金額を算定する場合，総収入金額から必要経費を控除します。この場合の総収入金額は家賃相当額，つまり帰属家賃となります。必要経費には，維持費・修繕費のほか，減価償却費が算入されますが，新しい住宅の場合，この減価償却費がかなり高額であるため，結果として不動産所得の金額がマイナス（損失）になる場合がありえるのです。その場合に生じた損失は損益通算（所税69条）の対象になりますから，給与所得等の他の所得との通算が可能となり，納付税額を減らすことができるのです。

税法は，課税という"オモテ"の面だけでなく，控除という"ウラ"の面まで注意を払うことが重要ですね。

(4) 法定の非課税所得

包括的所得概念の下で所得としての性質があると判断される利得であっても，課税に適さないものがあります。たとえば，生活保護給付などは経済的価値が認められる利得とはいえ，課税してしまうと生活保護法や憲法25条の

趣旨に反してしまいます。したがって性質上，課税になじまない所得については明文の規定によって課税しないという取扱いが置かれています。基本的には，所得税法9条に列挙されているものが**非課税所得**です。この規定にはさまざまな非課税所得が定められていますが，性質によって次のように分類することができます。

① 社会政策的配慮によるもの：恩給（所税9条1項3号），生活保護給付（生活保護57条）など
② 実費弁償的性格によるもの：サラリーマンの出張旅費，交通費（所税9条1項4号，5号）など
③ 担税力の配慮によるもの：学資金，扶養義務に基づく給付（所税9条1項15号）など
④ 二重課税の防止によるもの：相続または個人からの贈与等により取得した財産（所税9条1項16号）
⑤ 公益目的によるもの：ノーベル賞の賞金，オリンピックの報奨金（所税9条1項13号，14号），宝くじの当せん金（当せん金付証票法13条）など

このように，非課税所得は所得税法9条以外の個別法の規定によっても定められている場合があります。

上記④の「相続または個人からの贈与等によって取得した財産」についてですが，相続や遺贈，個人からの贈与によって財産を取得した場合でも，取得した側の資産が増加していますので所得を得ていることになります。しかし，相続等による資産の移転の場合，かなり高額な資産を取得するのが通常であり，そうした多額の所得を得ることは生涯のうちにめったにあることではありません。一方，所得税は継続的に取得する給与のようなものも課税対象として累進税率を適用するという構造を採用しているため，相続等によって得た所得を課税対象とすると不合理な結果となる場合があります。そこで現行法は，相続や遺贈によって得た所得に対しては相続税，個人からの贈与によって得た所得に対しては贈与税を課すというしくみを採用しています。そして，このような所得に対しては両税が対応することとしている関係上，

所得税を課すと二重課税となってしまうため，それを排除するため非課税所得として定められているのです。

　これに関して，年金払いの生命保険金受給権を相続によって取得した場合に相続税が課され，その受給権に基づいて保険金を受給した場合に所得税が課されるのは二重課税に当たるとして争われた事案があります。最判平成22年7月6日（判時2079号20頁）は，所得税法9条1項15号（現16号）の趣旨は，同一の経済的利益に対する相続税または贈与税と所得税との二重課税を排除したものであり，本件で争われている1年目に受け取った本件年金は非課税であるものの，2年目以降に受け取る「運用益」部分は非課税ではないとの判断を示しています。

【コラム3】なぜ宝くじの当せん金は"公益目的"によって非課税なのか

　ノーベル賞の賞金やオリンピックの報奨金が"公益目的"で非課税とされる理由は容易に推測できますが，宝くじの当せん金が非課税とされる"公益目的"とは何なのでしょう。

　宝くじの発行に関しては，当せん金付証票法4条1項が，「公共事業その他公益の増進を目的とする事業で地方行政の運営上緊急に推進する必要があるものとして総務省令で定める事業の費用の財源に充てるため必要がある」場合に，都道府県と政令指定都市に限って許されると定めています。つまり宝くじの発行目的とは，"地方公共団体の公共事業等の財源調達"なのです。次頁の【図表3】からもわかるように，売上金額の40％は公共事業等の財源に充てられています。財源調達手段なのですから，多くの人に買ってもらうために当せん金を非課税としているということなのですね。

　税は思いがけないところでさまざまな社会のしくみとつながっています。"宝くじ非課税の理由"は，まさに"税を知れば社会がわかる"と言える一例ですね。

第3章 所得税の基礎理論——その1 所得税の課税対象となる「所得」

【図表3】 宝くじ1枚の売上金額の内訳

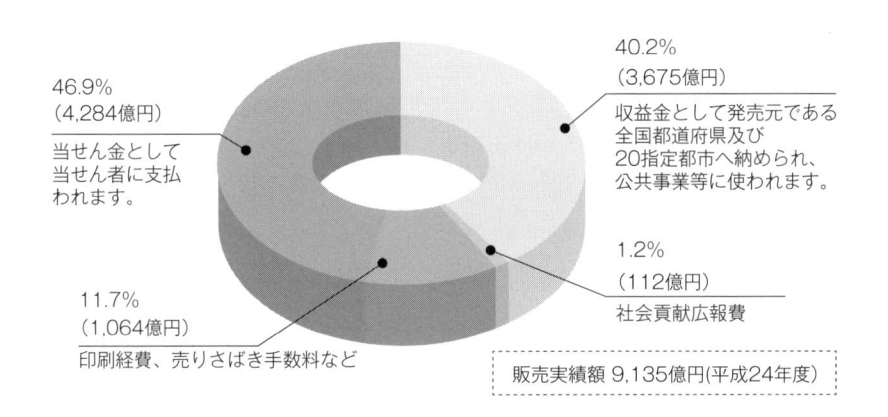

40.2%
(3,675億円)
収益金として発売元である全国都道府県及び20指定都市へ納められ、公共事業等に使われます。

46.9%
(4,284億円)
当せん金として当せん者に支払われます。

1.2%
(112億円)
社会貢献広報費

11.7%
(1,064億円)
印刷経費、売りさばき手数料など

販売実績額 9,135億円(平成24年度)

宝くじ公式サイト（http://www.takarakuji-official.jp/educate/about/proceeds/index.html）

Ⅲ 所得分類——所得の性質の違いに応じた10個のポケット

1 なぜ所得を分類するのか？

　所得とは，"納税者の担税力を増加させる経済的利益"です（前記Ⅱ参照）。では，アルバイトで得た給与の10万円と，パチンコで儲けた10万円とでは担税力は同じと言えるでしょうか。量的な担税力でいえば同額なので同じですね。でも，これらの金銭にかかる税額が同額だとすると，違和感を覚えます。それは，"働いて得たものかどうか"という所得の発生原因に違いがあるため，**質的担税力**が異なるからです。また，"継続的または確実に得ることができるかどうか"という観点からしても，両者の所得には性質上の違いを認めることができます。現行所得税法は，原則として，あらゆる経済的利益を所得として課税の対象としつつ，その性質上の違いに配慮して課税のしくみに相違を設けています。言い換えれば，所得の性質による質的担税力の違いを考慮して所得金額の計算方法に差を設けています。これが「所得

分類」です。

ここで考慮される所得の性質とは，(a)所得の発生原因，(b)所得獲得の頻度が念頭に置かれています。

(a) 所得の発生原因

ここでいう発生原因とは，①勤労によるもの（勤労性所得），②資産が生み出すもの（資産性所得），③両者の結合型（資産と勤労の結合所得）に分けられます。アルバイトの給与は労務提供の対価ですので勤労性所得（給与所得）であるのに対し，自己の不動産を貸し付けて得る賃料収入は資産性所得（不動産所得）です。また，自己の不動産を用いてアパート経営をする場合でも，自分で不動産の管理をするとか住居人に食事を提供するなどの労働が加わった場合には，両者の結合型（事業所得）と言えます。

この類型の中でみれば，勤労性所得は最も担税力が低く，資産性所得が最も高いということになります。なぜなら，勤労性所得はもし自分が働くことができなくなったら所得を得ることができなくなるのに対し，資産性所得は自分が働かなくても所有する資産が所得を生み出してくれるからです。つまり，安定的に所得を獲得できる方が担税力は高いと考えられるのです。

(b) 所得獲得の頻度

さらに，所得を獲得することができる頻度によっても担税力に違いが生じると考えられます。アルバイト収入は継続的に獲得することが見込めるのに対し，パチンコによる利益は獲得することができるかどうかは不安定であるのが通常です。このように，継続的・恒常的に所得を得ることができるか（回帰性所得），一時的・偶発的な所得か（非回帰性所得）を比べた場合，前者の方が担税力は高いと考えられます。

こうした性質上の相違を考慮して，わが国の現行所得税法は，所得を性質ごとに10種類に分類しています。その類型と所得金額の計算方法をまとめると次の表のようになります。

第3章　所得税の基礎理論―その1 所得税の課税対象となる「所得」

【図表4】　所得類型と所得金額の計算方法

所得類型		所得金額の計算方法
利子所得（23条）		収入金額
配当所得（24条）		収入金額－負債の利子
不動産所得（26条）		総収入金額－必要経費
事業所得（27条）		総収入金額－必要経費
給与所得（28条）		収入金額－給与所得控除
退職所得（30条）		（収入金額－退職所得控除）×1／2
山林所得（32条）		総収入金額－（必要経費＋山林所得特別控除額）
譲渡所得（33条）		総収入金額－（取得費＋譲渡費用＋譲渡所得特別控除額）
一時所得（34条）		総収入金額－（収入を得るために支出した金額＋一時所得特別控除額）
雑所得（35条）	公的年金以外	総収入金額－必要経費
	公的年金	収入金額－公的年金控除額

　この表を理解するうえで重要なことは，こうした所得金額の計算の位置づけを知っておくことです。所得税額の計算方法は，前掲の**【図表1】**の通りですが，この所得類型ごとの計算は，最初の3つの"「収入金額又は経済的利益」－「必要経費」＝「所得金額」"という部分で行われるものです。そして，この段階での計算方法が所得類型ごとに異なるということです。計算方法が異なれば算出される所得金額も違ってくるので最終的な税額にも違いが出ることになります。"所得の性質に応じた質的担税力の配慮"がこのような形で行われるのです。

　所得類型ごとに所得金額を計算すると，それぞれ10種類の所得金額が算出されることになりますが，原則としてこれらは1人の納税者の所得として合算されたうえでさらに税額の計算へと移ります。次頁の**【図表5】**はこの関係をイメージ化したものです。すなわち，1人の納税者には1つの財布があり，その財布の中身は所得の性質ごとに10個のポケットに分かれているた

め，所得計算がそれぞれ行われる。そして，それぞれの所得金額は最終的には1つの財布で行われているものとして合算されて税額を算出する，ということを意味しています。このような課税のしくみを**総合課税**と呼びます（なお，退職所得と山林所得は分離課税の対象とされています。所税21条参照）。そして，総合課税のしくみを採用している帰結として，ある所得類型において生じたプラス（所得）と別の類型で生じたマイナス（損失）とが相殺されることになります。これを損益通算といいます。ただし所得税法は，損益通算の対象となる損失として，不動産・事業・山林・譲渡という4つの類型（下図の網掛け）に限定しています（所税69条。第4章Ⅲ(1)②参照）。

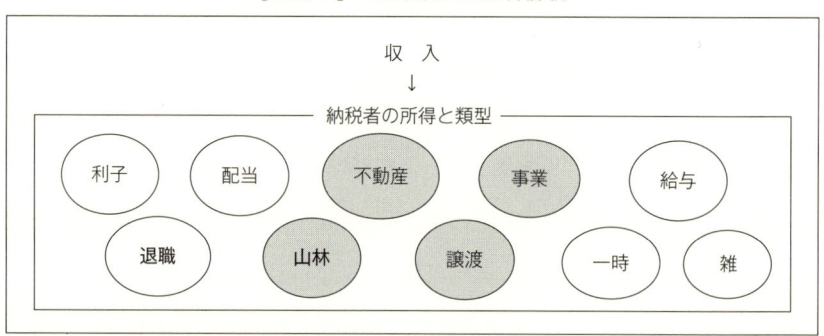

【図表5】 所得類型と総合課税

収　入
↓
納税者の所得と類型

利子　配当　不動産　事業　給与
退職　山林　譲渡　一時　雑

2　各所得類型の概要

では，各所得類型の定義と特徴をみていきましょう。

(1)　利子所得（23条）

所得税法は利子所得の範囲を，(a)公社債（所税2条1項9号）の利子，(b)預貯金（同項10号）の利子，(c)合同運用信託（同項11号）の収益の分配，(d)公社債投資信託（同項15号）の収益の分配，(e)公募公社債等運用投資信託（同項15号の3）の収益の分配に限定しています。つまり，典型的には預貯金等の利子のような一定の貯蓄の果実が中心ですが，経済的に類似する性質のものが含まれている一方，貸付金の利子など一般的に"利子"と考えられているものは除外されています（事業所得や雑所得になります）。

みなさんが通常目にする利子所得とは，自分の銀行口座などに預金または貯金している場合に付される利子がこれ当たります。利子所得は，収入金額がそのまま所得金額となります（2項）。お金を預けているだけで金融機関が付けてくれるものですから，利子所得を得るために納税者は何も支出していないために控除項目がないのです。

(2) 配当所得（24条）

配当所得とは，法人から受ける(a)剰余金の配当，(b)利益の配当，(c)剰余金の分配，(d)基金利息，(e)公社債投資信託以外の証券信託の利益の分配にかかる所得とされています。企業活動による利益処分として株主等出資者に対してなされる利益配当が典型ですが，出資者がその立場において受ける利益の分配の性質を有する利得を広く含んだ概念です。配当所得の金額は，収入金額から負債の利子（株式等を取得するための借入金の利子）を控除して算出します（2項）。

(3) 不動産所得（26条）

不動産所得は，(a)不動産，(b)不動産の上に存する権利，(c)船舶，(d)航空機，の貸付けによる所得です。これらの貸付けによる所得とは，勤労性の要素を含まない資産性所得の性質をもつものであり，事業として貸付けを行っている場合でも，事業所得ではなく不動産所得に当たります。他方，下宿のように食事を提供する場合の所得は，事業所得または雑所得に該当することになります（所基通26—2）。

不動産所得の金額は，総収入金額から必要経費を控除して求めます（2項）。また前述のように，その損失額は損益通算の対象となります。そのため，個人が組合に出資してその組合が航空機や船舶を購入し，その貸付けを行う事業を行っている場合，貸付けにかかる収入金額だけでなく減価償却費等の必要経費が出資割合に応じてその出資者に帰属することになります。これにより，多額の減価償却費を必要経費として計上して不動産所得にかかる損失額を生じさせ，給与所得等と損益通算することによって総所得金額を圧縮するという租税回避行為を否認できるかどうかが争われた事例があります。課税庁側は，納税者が締結した契約は利益配当契約に当たるとして（損

益通算の対象とはならない) 雑所得を主張しましたが, 判決は, 本件では民法上の組合契約が有効に性質しており, 租税法律主義の観点からこれと異なる課税上の効果を生じさせる根拠はないとして, いずれも不動産所得に当たるため損益通算を認める判断を示しています (航空機リースにつき, 名古屋地判平成16年10月28日判タ1204号224頁, 船舶リースにつき, 名古屋地判平成17年12月21日判タ1270号248頁)。

(4) 事業所得 (27条)

事業所得とは, 農業等の事業から生ずる所得をいいます。簡単に言えば, 自営業者が得る所得のことです。27条1項ならびに所得税法施行令63条が掲げる「事業」の範囲はあくまで例示であることから, 事業所得の要件は, 判例上, 次のように示されています。なお, これらの要件はすべてを満たさなければ事業所得にならないというものではなく, それぞれ区別が問題となる所得類型との間で問われるものであることに注意してください。

① 独立的労働の対価であること

勤務時間や場所等から経営方針等に至るまで, 事業活動についての決定を自ら行う労働活動の対価は事業所得として扱われます。この判断要素として, 事業に必要な施設等を自己負担しているということも含まれます。また, 対価の金額が自己の労働や仕事の内容に応じて決定される場合もこれに含めて考えることができます。したがって, 開業医や個人事務所を経営する弁護士が得る報酬がこれに当たりますし, プロ野球選手の年俸も事業所得となります (道具等は自己負担ですし, 個人の成績と人気によって年俸額が決まりますよね)。こうした要件は, 判例上, 「自己の危険と計算とにおいて行われる経済活動による所得」と表現されます。

なお, この要件は給与所得との区別において問われるものであり, 労務提供の態様として独立性が認められれば事業所得, 認められない場合には給与所得と判断されるのが一般です。

② 資産と勤労の結合による所得であること

自己負担で用意した自己の資産を用いて, 自己の勤労との結合により得られる所得が事業所得です。この点で, 純粋な資産性所得である不動産所

得や譲渡所得と区別されます。

　また，事業所得の金額は，総収入金額から必要経費を控除して求められます（2項）。このことは，資産と勤労の結合所得である事業所得の性質をよく表しています。つまり，事業に必要な施設等を自己負担して自らの労務と結合させて得る所得が事業所得であり，所得金額の計算上は自己負担分を実額で「必要経費」として控除するしくみが採られているのです。

③ 事業的規模が認められる経済活動から得られる所得であること

　作家が受ける原稿料と大学の教員が受ける原稿料とを比較してみましょう。前者は執筆活動を事業として行っており，その者の収入の大半を占めているのが通常です。これに対して大学教員の場合には，勤務する大学で授業等を行って得られる給与が主な収入ですし，必ずしも事業として執筆活動を行っているわけではありません。このように，事業的規模で活動を行っているかどうか，言い換えれば"本業"から得られる所得かどうかによって，前者は事業所得，後者は雑所得に分類されます。そのため，球団から事業所得として年俸を得ているプロスポーツ選手が，テレビに出演して受ける出演料は雑所得と扱われます。この要件は，雑所得との区別において問われます。

(5) 給与所得（28条）

　給与所得は，サラリーマンやアルバイトの給与などが典型ですが，賞与（ボーナス）や国会議員の歳費などもこれに含まれます。給与所得の基本的性格は，非独立的・従属的な労働の対価です（最判昭和56年4月24日民集35巻3号672頁［弁護士報酬事件］）。したがって，典型的には雇用関係に基づいて被用者が労務提供の対価として雇用者から受ける報酬がこれに当たりますが，必ずしも雇用契約（民法623条）によることを要しません。もし，"雇用契約に基づいて支払われる報酬はすべて給与所得に当たる"となると，実質的には委任契約や請負契約である関係において，形式上，雇用契約を締結することによって報酬を給与所得とすることにより，税負担の軽減が可能になってしまいます（後掲②参照）。したがって，「当該労務の提供や支払いの具体的態様等を考察して客観的，実質的に判断すべき」ことになります（最判平成

13年7月13日判時1763号195頁［りんご生産組合事件］）。また、労務の内容が専門的であることも要しません（裁判官の給与も国会議員の歳費も、給与所得です）。

① 源泉徴収

給与所得は源泉徴収の対象とされます（所税183条）。給与等の支払者は源泉徴収義務を負い（同条1項、6条参照）、配偶者控除などの所得控除の額が年中で変動を生じた場合には、年末調整を行います（190条）。そのため、給与所得者は原則、確定申告する必要がありません（121条参照）。

② 給与所得控除

給与所得の金額の計算は、収入金額から「給与所得控除」を控除して求めます（28条3項）。給与所得控除は、給与所得者に認められる必要経費と位置づけることができますが（最（大）判昭和60年3月27日民集39巻2号247頁［大島訴訟］参照）、その特徴は、「法定額控除」・「概算額控除」ということです。事業所得などに認められる「必要経費」（37条）が実額控除であることと対比されます。給与所得者は上述のように源泉徴収の対象となるため、源泉徴収義務者が全被用者の給与について一律に税額を算定して源泉徴収をするためには、必要経費として法定の概算額を控除することが必要となります。法定額控除ですから、給与所得者が実際の支出を行っていてもいなくても、給与所得の金額の計算上、自動的に一定の額が控除されます。その意味で、給与所得者は課税上、有利な扱いを受けていると言えます。

③ 大島訴訟

もっとも、給与所得者のうち給与所得控除を超える支出をした場合でも、控除できる金額は給与所得控除額で打ち止めにされてしまいます。これに対して、事業所得の場合の「必要経費」は実額控除ですので、理論的には上限なく控除が認められることになります。この制度上の違いが憲法14条に反するとして争ったのが、租税判例として有名な大島訴訟です（前掲、最（大）判昭和60年3月27日）。判決は、給与所得の場合、勤務上必要な施設等は使用者が負担するのが通常であること、そのような支出があっ

たとしても"収入を得るための支出"という意味での必要経費に当たるものは少なく，家事費との区別が明確ではないこと，給与所得者の数が膨大で実額控除を認めると税務執行上の混乱が予想されることなどを理由として，給与所得者に実額控除を認めなくても違憲とは言えないと判示しています。

判決が言うように，給与所得者が給与所得控除の金額を超えて"収入を得るための支出"をすることは，通常ほとんどありません。その意味で，実態としては給与所得者に実額控除を認めないとしても不合理な結果を招くことは少ないでしょう。しかし，これは「必要経費」の範囲をどのようにとらえるかに関わってきます。現行法上の解釈は，「必要経費」（所税37条）と「家事費」（45条）とを厳格に区別し，前者を"収入を得るためだけに支出するもの"ととらえています。家事費は私的な消費活動のための支出ですから，人間が生きていくうえでの支出や趣味・娯楽等の支出を指します。そうすると，たとえば給与所得者の昼食代を考えた場合，基本的に昼食をとらなければ仕事をすることができませんから「必要経費」に当たりそうですが，仕事のない休日でも昼食はとるわけですし，仕事をしておらず収入のない人でも昼ご飯は食べますので，"収入を得るためだけの支出"とはいえないのです。そのほか，自家用車で通勤する場合でも，私的に使用することも想定されるうえに使用者から自家用車での勤務を義務づけられていない場合には，車にかかる費用は「家事費」に当たると言わざるをえません（第4章Ⅰ1参照）。

このような解釈を前提としても，ごく例外的に，給与所得控除の金額を超えて支出をする給与所得者が存在しないわけではありません。大島訴訟における伊藤正己裁判官は補足意見の中で，そのような納税者に対して給与所得控除額までしか控除を認めないというのは不合理な結果を招くことを指摘しています。これに対応して立法化されたのが，特定支出控除です（所税57条の2）。これは，給与所得者が支出する通勤費，転居費，研修費，資格取得費，帰宅旅費等の合計額である特定支出額が給与所得控除額を超えるときは，給与所得控除に加えてそれを超える実額の部分を控除す

ることができるというものです。ただし，使用者から支給された額は除くことになっていますし，対象となる支出でも一定の制限が置かれるなど，非常に使いづらいものとなっています（実際にこの控除の適用を受けているのは，年間一桁しかいません）。

(6) 退職所得 (30条)

退職所得とは，(a)退職手当，一時恩給，その他の退職により一時に受ける給与，(b)これらの性質を有する給与をいいます。退職手当等の名義で一時に支払われる金員は，長期の勤務に対する報償であり，その期間中の就労に対する対価の一部の累積たる性質であるとともに，受給者の退職後の生活保障という機能を有するものであることから，勤続年数に応じた退職所得控除，2分の1課税（30条2項，3項），分離課税（21条）という優遇措置が講じられています。

判例上，上記(a)に当たるというためには，(イ)退職すなわち勤務関係の終了によって初めて給付されること，(ロ)長期間の勤務に対する報償ないし従来の役務の対価の一部の後払いの性質を有するものであること，(ハ)一時金として支払われることという要件を備える必要があると解されています（最判昭和58年12月6日判時1106号61頁［10年退職事件］）。この要件のうち最も問題となるのが(イ)の要件です。たとえば，5年や10年という期間の勤続者に対して退職金名義の金員を支給したとしても，その後，支給前と変わらない条件で勤務を継続しているような場合には，「勤務関係の終了」には当たらないと解されています（上記最判昭和58年12月6日，最判昭和58年9月9日民集37巻7号962頁［5年退職事件］）。

また，(b)については，形式的には(イ)～(ハ)の各要件を満たさなくても，実質的にみて課税上，「退職により一時に受ける給与」と同一に扱うことが相当と認められるものはこれに当たると解されています（大阪地判平成20年2月29日判タ1268号164頁等）。

(7) 山林所得 (32条)

山林所得とは，山林の伐採または譲渡による所得のうち，取得から5年以内に伐採または譲渡されたものを除く所得です。「山林」とは立木を表して

います。立木の伐採または譲渡による所得でも，その取得から5年以内のものである場合には事業所得または雑所得となります（所税32条2項）。これは，山林所得が長年にわたる山林経営の成果が一時に実現したものであるということに着目して設けられた類型であることに基因しています。そしてこうした考慮は，山林所得の金額の計算上，総収入金額から必要経費に加えて山林所得特別控除を控除し，さらに分離課税の対象としたうえでいわゆる5分5乗方式という特別な課税方式が適用される点に現れています（所税21条，特措30条）。現在では適用例が少ない所得類型です。

(8) 譲渡所得（33条）

① 譲渡所得の定義と課税の趣旨

譲渡所得とは，「資産の譲渡」による所得です（33条1項）。その本質は，保有している資産に生じた増加益であり，「その資産が所有者の手を離れて他に移転するのを機会に，これを清算して課税する」ものと解されています。これを**増加益清算課税説**といいます（最判昭和47年12月26日民集26巻10号2083頁）。たとえば，かつて1000万円で取得した土地が6000万円で売れたというケースでは，保有期間中に5000万円の増加益が生じており，対価を得ることによって現実のものとなる（＝実現する）ため，この増加益を譲渡のタイミングで課税することになります。

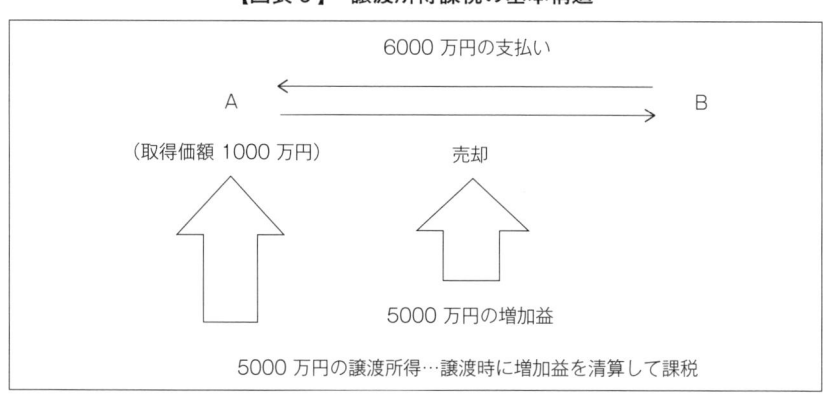

【図表6】 譲渡所得課税の基本構造

6000万円の支払い

A ←――――――――― B

（取得価額 1000万円）　売却

5000万円の増加益

5000万円の譲渡所得…譲渡時に増加益を清算して課税

譲渡所得の対象となる「資産」とは、33条2項で明確に除外されているたな卸資産等以外の一切の譲渡可能な経済的価値を指すと解されています。そのため、所有権はもちろん、借家権や行政官庁の許認可等により発生した事実上の権利も含まれます（所基通33—1）。ただし、保有期間中に増加も減価もしない現金はここでいう「資産」には含まれません。「譲渡」の意義に関しても、所有権その他の権利の移転を広く含むものと解されており、売買や交換のような有償譲渡に限らず、相続・贈与等の無償譲渡も含まれます。また、競売・収用・物納・法人に対する現物出資等も広く「譲渡」に該当します。離婚に伴う財産分与も「資産の譲渡」に含まれるとされていますが、分与義務者は財産分与により、分与義務の消滅という経済的利益を受けるとして、判例上は有償譲渡と解されています（最判昭和50年5月27日民集29巻5号641頁）。

　このように、33条1項における「資産の譲渡」は広く解されていますが、一方で譲渡所得は長期にわたる保有資産の増加益が譲渡された際に一挙に実現して課税対象とされる性質であることから、さまざまな特例措置が定められています。まず、保有期間5年超の資産の譲渡から生じた所得は「長期譲渡所得」として2分の1のみが課税対象とされています。また他方、譲渡所得は資産性の所得であるため、勤労性所得よりも担税力が高いと考えられますので、この点を考慮して保有期間が5年以内の資産の譲渡から生じたものは「短期譲渡所得」として通常の課税対象とされています。

② 実現主義とみなし譲渡課税

　ところで、時価1億円の価値のある土地を6000万円で売った場合、総収入金額はいくらでしょう。もしこの土地を購入したときの金額が1000万円だったとすると、抽象的にはこの土地には9000万円の増加益が発生していることになります。しかし、実際に対価として得たのは6000万円です。この場合、所得税法36条1項が「総収入金額に算入すべき金額は、収入すべき金額とする」と定めており、「収入」とは"外部からの利益の流入"を指すものであることから、このケースでは6000万円が総収入金額というこ

とになります。このように，所得税法上は実際に得る対価の額を収入金額として扱います。こうした取扱いは**実現主義**に基づくものです。

では，時価1億円の土地を相手に譲渡して，その対価として時価1億5000万円の土地を得た場合はどうでしょう。このように，「金銭以外の物又は権利その他経済的な利益をもつて収入する場合」には，それを享受する際の「その金銭以外の物又は権利その他経済的な利益の価額」を収入金額とするとされています（所税36条1項かっこ書き，2項）。この場合，時価1億円の土地を譲渡して，時価1億5000万円の対価が実現しているのです。

所得税法上，実現主義が採用されていますから，利益が実現していない段階（未実現利益）には課税できないことになります。すなわち，保有している土地の価値が客観的に値上りしているだけの状態では課税しません。所得税法上，包括的所得概念を採用していますから，この客観的な値上益も「所得」には該当します。しかし，この「所得」は抽象的であり実現していないため，この段階では課税しません。そして，この資産を譲渡し，この所得が実現するタイミングでそれまで発生・蓄積した増加益を清算して課税するのです。これが上述の「増加益清算説」であり，「実現主

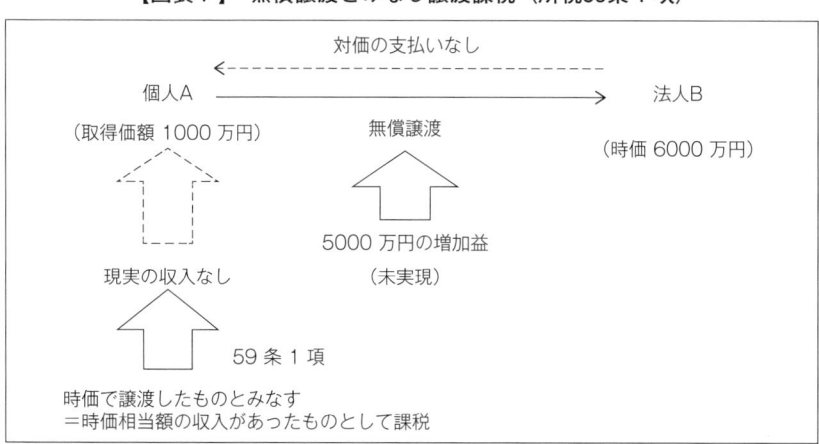

【図表7】　無償譲渡とみなし譲渡課税（所税59条1項）

個人A　←――――対価の支払いなし――――　法人B
　　　　　――――無償譲渡――――→
（取得価額 1000万円）　　　　　　　（時価 6000万円）

5000万円の増加益
（未実現）

現実の収入なし
59条1項
時価で譲渡したものとみなす
＝時価相当額の収入があったものとして課税

義」と合致するのです。したがって，譲渡所得の「発生」と「実現」とは別の概念ですので区別することが必要です。

　実現主義との関係では，贈与などの無償譲渡を行った場合，資産の譲渡人（【図表7】ではA）は現実の収入を得ないため，増加益は所得として実現しません。しかし，これは所得税法36条が実現主義を採っているために課税できないのであって，明文の規定で収入金額が実現したものとみなすという規定がある場合には課税することは可能です。所得税法59条1項はこのことを定めており，(a)法人に対する贈与，(b)限定承認に係る相続，(c)法人に対する遺贈，(d)個人に対する包括遺贈のうち限定承認に係るものの4通りの場合に限って，"時価で譲渡したもの"とみなされ，"譲渡した資産の時価相当額"が収入として実現したものと扱われます。こうした取扱いを「みなし譲渡課税」といいます。

　さらに，60条1項が定める一定の無償譲渡の場合（個人間の贈与，限定承認に係るものを除いた相続，包括遺贈のうち限定承認に係るものを除いた遺贈）には課税が繰延べられることになります。下記の【図表8】では個人Aが個人Bに土地（取得価額1000万円，時価6000万円）を贈与しています。この場合，60条1項の規定が適用され，AからBへの贈与の時点ではAの保有期間中の増加益を清算しません。贈与を受けたBは贈与税が課されるとともに，Aの取得価額を引き継ぐことになります（取得価額の引

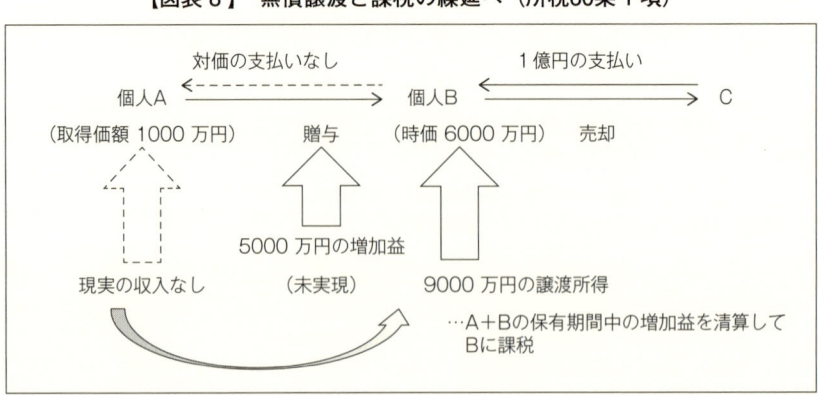

【図表8】　無償譲渡と課税の繰延べ（所税60条1項）

```
          対価の支払いなし              1億円の支払い
  個人A  ←--------------→  個人B  ←--------------  C
 (取得価額1000万円)    贈与   (時価6000万円)     売却

                      5000万円の増加益
                        （未実現）         9000万円の譲渡所得
   現実の収入なし                      …A＋Bの保有期間中の増加益を清算して
                                          Bに課税
```

継ぎ）。そのため，後にBがCにこの土地を1億円で売却した場合には，Bは9000万円の譲渡所得が実現したものとして課税されることになります。したがって，60条1項が適用されるケースでは，Aの保有期間中に生じた資産の増加益をBに引き継がせ，Bが譲渡した際にまとめてBに課税するというしくみを採っているのです。

③ **取得費と譲渡費用**

　譲渡所得の金額は，総収入金額から「取得費」と「譲渡費用」，さらに譲渡所得特別控除額を控除した金額です（所税33条3項）。「取得費」とは，その資産を取得した金額（「取得価額」といいます）だけでなく，設備費および改良費が含まれます（所税38条1項）。また判例上，取得費には「付随費用」が含まれるとされています。「付随費用」とは，資産の客観的価格を構成する金額ではないものの，登録免許税や仲介手数料など，その資産を取得するために付随的に要する費用のことをいいます。判例は，居住用資産の取得するための借入金の利子のうち，居住を開始するまでの部分（最判平成4年7月14日民集46巻5号492頁）や，贈与により取得したゴルフ会員権の名義書換手数料（最判平成17年2月1日判時1893号17頁）は，付随費用に当たると判示しています。

　「譲渡費用」とは，「資産の譲渡に要した費用」と規定されていますが（所税33条3項），それ以上積極的な定義規定は置かれていません。従来の下級審判決は，譲渡費用について，"資産の譲渡を実現するために直接必要な支出として実質的関連性があるもの"などの基準で判断を行ってきました（たとえば，東京高判平成15年5月15日訟月53巻9号2715頁）。しかし，農地の譲渡に関して，土地改良法の規定に基づき，土地改良区に対して支払った協力金が譲渡費用に当たるかどうかが争われた最高裁判決では，「客観的に見てその譲渡を実現するために当該費用が必要であったかどうかによって判断すべき」との基準を示しています（最判平成18年4月20日判時1933号76頁）。この判決は，譲渡費用について「客観的必要説」という判断基準を明示しただけでなく，「一般的，抽象的に当該資産を譲渡するために当該費用が必要であるかどうかによって判断するのではなく，現実

に行われた資産の譲渡を前提として」譲渡費用該当性を判断すべきとの基本的態度を示した点に大きな意義が認められます。

最近では，遺産分割手続に弁護士を委任した場合における弁護士報酬が，相続人が相続財産を取得するための付随費用に当たるかが争われた事案で，裁判所が「付随費用」の考え方について新しい見解を示しています（東京高判平成23年4月14日税資261号順号11668）。この判決では，「資産の取得者が資産の取得に必要な行為をするに当たり専門家の力を借りた場合の報酬等については，そのことが社会的に承認されているものについては，それが当該行為に必要とはいえなくても，資産の取得に付随して要した費用というべきであり，取得費に当たると解するのが相当」（傍点，筆者）とされています。この基準は「社会的承認説」ないし「社会的妥当説」と呼ぶことができますが，上記最判平成18年と同様に，「現実に行われた」資産の取得を前提とするものと考えられます（なお，この事案は最高裁が不受理決定をしたため，高裁の判断が確定しています。最決平成25年6月14日 TAINS Z888—1765）。

④ 譲渡損失の取扱い

ここまでは資産の値上益に対する課税という側面だけをみてきましたが，資産が取得時よりも値下がりしていて譲渡により損失を生じた場合にはどう扱われるのでしょう。こうした譲渡損失は，原則として譲渡所得との間で相殺されるほか，損益通算の対象となりますが（所税69条），不動産を譲渡した場合（特措31）や居住用資産の買換えの場合（特措41の5），上場株式の場合（特措37の12の2）など，さまざまな特例が定められています。

(9) 一時所得（34条）

一時所得とは，(a)利子所得，配当所得，不動産所得，事業所得，給与所得，退職所得，山林所得，譲渡所得以外の所得で，(b)営利を目的とする継続的行為から生じた所得以外の一時の所得で，(c)労務その他役務または資産の譲渡の対価としての性質を有しない，という3つの要件をすべて満たす所得をいいます。したがって，名前のとおり"一時的・偶発的な所得"というだ

けで一時所得に当たるわけではありません。また，労務等の対価ではないという性質から，不労所得として位置づけることができます。一時所得の具体例としては，懸賞の賞金品や福引の当選金品，競馬の馬券の払戻金，法人からの贈与により取得する金品などが挙げられます（所基通34—1）。

　一時所得の金額は，総収入金額から「その収入を得るために支出した金額」と一時所得特別控除額を控除して求めます（2項）。一時所得特別控除額は50万円で（3項），かつ一時所得の金額の2分の1のみが課税対象とされているのは（22条2項2号），一時的・偶発的所得の担税力の低さを考慮したものです。一方，「その収入を得るために支出した金額」は，2項かっこ書きで「その収入を生じた行為をするため，またはその収入を生じた原因の発生に伴い直接要した金額に限る」（傍点，筆者）との限定が付されています。そのため，たとえば競馬の払戻金でいえば，控除が認められるのは当選した馬券の購入金額のみということになります。

　最近の刑事事件で，継続的・包括的に馬券を購入して得た払戻金は，一時所得ではなく雑所得に当たると判断されています（大阪地裁平成25年5月23日，大阪高判平成26年5月9日，ともに裁判所ウェブサイト）。この事案では，一般的には一時所得に当たるとされる競馬の払戻金でも，その購入の態様や規模を全体として一連の行為としてとらえて「営利を目的とする継続的行為から生じた所得」に該当するのであれば，雑所得に当たると判示しています。さらに，外れ馬券を含めた全馬券の購入費用は，当たり馬券による払戻金を得るための投下資本に当たるため，外れ馬券の購入費用と払戻金との間には費用収益の対応関係があるとして，そのすべてを必要経費として認めています。

(10) **雑所得（35条）**

　雑所得とは，利子所得，配当所得，不動産所得，事業所得，給与所得，退職所得，山林所得，譲渡所得および一時所得のいずれにも当たらない所得です。その意味で，積極的に定義することができず，他の9種類の所得類型のいずれも当たらない寄せ集め的な類型と言えます。このように，いずれの類型に当たらないものでも雑所得として課税対象としていることが包括的所得

概念を採用していることの根拠と考えられるのです。その意味では，いずれの類型に当たらなくても所得である以上，課税対象とするのが雑所得であることから，いわば"受け皿的"な類型であるとも言えます。なお，公的年金による所得も雑所得として扱われています。

　雑所得の金額は，公的年金以外の一般の雑所得は，総収入金額から必要経費を控除して求めます（公的年金による所得は収入金額から公的年金控除額を控除して求めます）。これは事業所得の金額の計算と共通していますが，雑所得の金額の計算上生じた損失の額は，損益通算の対象から除かれており，この点に違いがみられます。

第4章 所得税の基礎理論──その２ 所得税の計算構造

導入事例

学生T 「"所得"についてよくわかりました！所得税は所得に課されるものだから，これでもうバッチリですね。」

M教授 「T君，租税法は"オモテ"と"ウラ"があることを意識しなければならないよ。たとえば，"所得"を算出するために控除される"必要経費"についてはいろんな考え方があるんだよ。」

学生T 「"オモテ"と"ウラ"ですか……。じゃあ，ウラ金を払って利益を得た場合，このウラ金は控除されるか，とかですか？」

M教授 「意外に鋭いね，T君。」

学生S 「"所得"というプラス面だけみてきましたが，事業を行ってもマイナスが出て赤字になった場合はどうなるのでしょう？」

学生T 「S君，事業をやるのに最初から赤字になることなんて考えちゃだめだよ。プラス思考でいかないと。」

学生S 「T君，君のポジティブさは評価するけど，もう少し慎重さが必要だと思うよ。」

M教授 「その問題は，"損失"が出た場合の税務上の取扱いという"ウラ"の側面だね。」

学生T 「"オモテ"と"ウラ"か。租税法は奥深いな～。」

M教授 「ほかにも家族で事業を行う場合の取扱いなど，重要な問題がたくさんあるよ。順番にみてみよう。」

I 「必要経費」の範囲
──収入を得るために必要な支出の控除

1 広義の必要経費と狭義の必要経費

　第3章でみた所得類型の違いは，所得金額の計算方法の違いに現れてきます。"所得金額計算の基本形"は，事業所得などにみられる「(総)収入金額－必要経費＝所得金額」です。給与所得の場合には「収入金額－給与所得控除」ですが，この給与所得控除は，"収入金額を得るための支出"という機能において，事業所得の「必要経費」と共通しています。しかし，所得税法における「必要経費」とは，"不動産所得，事業所得，山林所得または雑所得の金額の計算上，控除が認められる支出"のみを意味します（所税37条）。これを便宜上，「狭義の必要経費」と呼びます。

　これに対して，"収入金額を得るための支出"という機能が認められるものを「広義の必要経費」と呼びますが，その共通点は"所得金額を算出するために収入金額から控除が認められるもの"ということになります。所得類型によってその名称や内容に違いはみられますが，いずれの類型でもその控除が認められています（利子所得は除く）。

　では，「広義の必要経費」はどのように理解されているのでしょう。1つの考え方は，家事費（所税45条）との厳格な区別の必要性を根拠として，"収入を得るためだけに支出するもの"とする見解です。給与所得控除の項目で説明したように，この見解によれば，自家用車やスーツのように仕事にも使う，しかしプライベートでも使うというものに関する支出は，必要経費ではなく家事費または家事関連費に当たるということになります。したがって，必要経費の範囲を限定する見解であるといえます。一方，"職務に従事することがなければ生じないと考えられる支出"と理解して，必要経費の範囲を広くとらえる見解もあります。現在の判例は前者の立場に立つものと考えられます。しかし，次の2で紹介する最近の裁判例では，所得税法37条1項が定めていない要件を加えることによって必要経費の範囲を限定する解釈

方法を否定しています。

2 狭義の必要経費の内容

不動産所得，事業所得または雑所得の金額の計算上，必要経費に算入すべき金額（狭義の必要経費）は，(a)これらの所得の総収入金額に係る売上原価その他当該総収入金額を得るため直接に要した費用の額，および(b)その年における販売費，一般管理費その他これらの所得を生ずべき業務について生じた費用とされています（同条1項）。(a)の要件は商品や原材料の仕入金額などの売上原価にかかるもので，(b)は人件費や広告宣伝費，光熱費等の費用に関するものです。

これらの区別は，会計学上の**費用収益対応の原則**に基づいて，収入と支出との対応関係を根拠としています。たとえば，昨年，販売目的で製品（たな卸資産といいます）を仕入れて対価を支払っていたとしても，その支出はそれが売れたときにその収入と対応させて計上させることになります。これが上記(a)の必要経費であり，「直接対応・個別対応の必要経費」と呼ばれます。一方，上記(b)の費用は収入との直接的な関係はなく，事業活動を行ううえで継続的に必要となるものです。そのため，期間の経過に応じて必要経費として計上することになります。そのためこのタイプは，「一般対応・期間対応の必要経費」と呼ばれます。

一般対応の必要経費に関する最近の裁判例として，弁護士が弁護士会の役員として支出した会務活動が，当該弁護士の事業所得の金額の計算上，必要経費に当たるかどうかが争われた事案があります。第一審の東京地判平成23年8月9日（判時2145号17頁）は，「当該支出が所得を生ずべき事業と直接関係し，かつ当該業務の遂行上必要であることを要する」（傍点，筆者）という解釈を示して，必要経費に算入することはできないと判断しました。これに対して，控訴審である東京高判平成24年9月19日（判時2170号20頁）は，一般対応の必要経費について定める所得税法37条1項後段および所得税法施行令96条1号の文言上，支出と事業との「直接」関連性までは求めていないことを根拠に，こうした要件を追加することは適切でないと述べています。そ

のうえで，当該支出が"業務の遂行上必要であること"が判断基準であるとして，本件弁護士が支出した懇親会費の一部について必要経費に計上することを認めています。

　この判決は，一般対応の必要経費に関して，法令上の文言にない「直接性」を該当性要件に加える解釈を示してきた従来の実務や裁判例を明確に否定して，「業務関連性」がその要件であることを明示したという点で大きな意義があるといえます。これにより，一般対応の必要経費の範囲が従来の実務上の解釈よりも広く認められることになります。またこの後，最高裁は国側の上告受理申立てを不受理とする決定をしていますので（最決平成26年1月17日 TAINS Z888—1815)，この高裁の解釈が定着していくものと考えられます。

3　債務確定基準

　たとえば，新商品の販売促進目的でパンフレットの制作を依頼し，納品を受けていないものの，広告会社から金額の見積りが出た段階で必要経費として計上できるのでしょうか。このように，実際の支出をしていないばかりでなく，相手方からの役務提供等を受けていない段階で，見積りだけで必要経費に計上することを見越計上といいますが，所得税法37条1項はそのかっこ書きでこれを否定しています。この規定は，一般対応の必要経費について，「償却費以外の費用でその年において債務の確定しないものを除く」と定めています。これは，債務が確定している費用のみを必要経費として控除するという原則で「債務確定基準」と呼ばれています。

　では，具体的にどのような状態になれば債務として確定したといえるでしょうか。一般的には，(a)債務の確定，(b)具体的給付原因事実の発生，(c)金額の合理的算定可能性の3つの要件が充足された状態をいうと解されています（所基通37—2参照）。上記のパンフレット制作委託契約を例にとれば，(a)広告会社に対する業務委託料の支払い義務が確定し，(b)広告会社が制作したパンフレットを引き渡したり，その案を提示したりするなどの事実が行われていて，かつ(c)具体的な支出はまだ行っていないものの金額が合理的に算定

されている，という状態であれば，そのような広告宣伝費は必要経費として計上することができるということになります。

4　違法支出の必要経費該当性

　包括的所得概念を採る以上，原因行為が適法か違法かを問わず，獲得した所得に対しては課税されることになります。では，違法な所得を獲得するための支出は必要経費として控除できるのでしょうか。たとえば，賭場を開いて賭博を主催し，それによって利益を得たという場合を考えてみましょう。賭博を行うこと自体違法ですが，それによって得られる所得は課税対象となります。そしてそれを得るために，場所のレンタル代，スタッフに対する人件費，交通費等を支払ったとします。まず，これらの支出の性質自体は適法です。そして，そのような所得（収入）を得るために必要なものであれば必要経費としての要件を満たし，控除が認められることになります。そのように考えることは，**純所得課税の原則**に適合することになります。ただし，暴力団に支払う用心棒代やみかじめ料の類は，支出すること自体違法なので，控除は認められないと解されています。

　このように「違法支出」とは，(a)支出自体がそもそも違法だという支出と，(b)支出の内容自体は違法ではなくても，違法な所得の獲得に寄与する支出という2種類のものがあることがわかります。上記の取扱いは両者を区別しているものと考えられます。

　なお，"その支出の控除を認めると公の秩序に反する結果となると認められる場合には，その控除は認められない"とする**公序の理論**（パブリック・ポリシー論）によって，違法支出の控除可能性を否定する見解がみられます。しかし，ここでいう"公序"の内容が明らかではないばかりでなく，そもそもこの理論の明文上の根拠がないため，これを根拠として必要経費の要件に該当する支出の計上を否認することは租税法律主義に反してしまうこととなり，適切ではないと考えられています。

　また，所得税法45条1項各号には，必要経費の性質を持つと考えられる支出にもかかわらず，これを家事費等に当たるとして必要経費への算入を否定

しています。しかし，これも租税法律主義の観点からすれば限定列挙と考えるべきであり，ここに掲げられている項目を類推解釈して，必要経費として控除される支出を制限することは許されないと考えるべきでしょう。

II 損失の取扱い──マイナスが出た場合の取扱い

次に，所得金額の算定を行ううえで生じた損失の取扱いについてもみておきましょう。

その前提として「損失」と一口に言っても，(1)発生段階に着目した分類，(2)発生原因に着目した分類，さらに(3)対象資産の性質に着目した分類が可能です。

(1) 発生段階に着目した分類
① 所得金額を計算する過程で生じる損失

たとえば，過去に1000万円で取得した土地が600万円でしか売れなかった場合に生じる400万円の損失は「譲渡損失」と呼ばれます。こうした損失は，他に譲渡所得がある場合には，その譲渡所得の金額計算の過程（"譲渡所得のポケットの中"）で相殺されることになります。また，譲渡損失には特例が定められており，家具や食器などの「生活に通常必要な動産」から生じる譲渡損失はないものとみなすとされています（所税9条2項1号）。これは，所得税法9条1項9号において「生活に通常必要な動産」を売って（譲渡して）所得を得たとしても微々たる額にしかならないことが通常であるため，"少額不追及"という考え方から課税しないものと扱われていることに対応する取扱いです。したがって，自分が使っていた家具をリサイクルショップに売った際，買った時の値段よりも安くしか売れなかったために譲渡損失が生じたとしても，それはなかったものとみなされ，所得計算には反映されないことになります。

また，個人商店の建物に暴走した車が突っ込んできたために窓ガラスや棚などが壊れてしまったような場合や，売掛金や貸付金を回収できなくなってしまったような場合（貸倒損失），そのような損失は「資産損失」

と呼ばれ，所得税法51条によって必要経費の額に算入すると定められています。

この段階で生じる損失は，前述した"各所得類型のポケットの中"で生じたものですので，その中で処理されることになります。

② **所得金額を計算した結果生じた損失**

次に，"各所得類型のポケット"（第3章Ⅲ参照）で所得金額を計算した結果，損失が生じた場合の取扱いです。10種類の所得類型のうち，所得金額を計算した結果，損失が発生する可能性があるのは，不動産所得，事業所得，譲渡所得，一時所得，雑所得の5つです（一時所得も損失の発生はあり得ますが，その可能性が低いため検討の対象から外します）。これらのうち雑所得以外の4つの類型で生じた損失は，「損益通算」の対象となります（所税69条1項）。すなわち，他の所得類型における所得金額と相殺することができ，総所得金額を減少させることができるのです。

損益通算に関しては，例えば会社員が副業で行うマンション経営において生じた損失（不動産所得の金額の計算上生じた損失の金額）とその給与（給与所得）とが通算されて，総所得金額が減少することになります。ただし69条2項は，「生活に通常必要でない資産」から生じた損失額は損益通算の対象から除くとの規定を置いています。「生活に通常必要でない資産」とは，別荘など「主として趣味，娯楽，保養または鑑賞の目的で所有する不動産」などが当たります（所令178条）。これに関して，所有するリゾートマンションの一室の貸付けにかかる損失は「生活に通常必要でない資産」から生じたものであるとして，損益通算を否定した事例があります（東京地判平成10年2月24日判タ1004号142頁）。

(2) **発生原因に着目した分類**

① **自らの行為によって生じた損失**

上記(1)①でみた「譲渡損失」は，資産を自ら譲渡することによって損失を実現しています。また，上記(1)②の過程でも，自らの行為によって結果としてその所得類型に損失が生じるという場合があります。こうした損失の取扱いは上記のとおりです。

② 不可抗力ないし外在的理由により生じた損失

これに対して，上記(1)①の「資産損失」には，必ずしも自己の行為ではなく，他者の行為または外在的な理由によって生じた損失が含まれています。また，次にみる雑損控除の対象となる損失も，「災害，盗難，横領」という外在的要因ないし不可抗力による損失と言えます（所税72条参照）。

(3) 対象資産の性質に着目した分類

① 事業または業務の用に供される資産に生じた損失

上記の「資産損失」（(1)①）は，不動産所得，事業所得，山林所得または雑所得の金額計算上，生じるもので，対象となる資産は事業または業務の用に供される資産です。

② 生活に通常必要な動産等に生じた損失

上記(1)①のとおり，「生活に通常必要な動産」について譲渡損失が生じた場合，"少額不追及"という理由により，損失額はなかったものと扱われます。なお，「生活に通常必要な動産」や居住用建物等が，「災害，盗難，横領」により損害を被った場合には，雑損控除の対象になります（所税72条）。ここでは，同一の資産について生じた損失でも，その発生原因によって対応が異なっています。

③ 生活に通常必要でない資産に生じた損失

「生活に通常必要でない資産」に生じた損失は，損益通算の対象から除かれます（上記(1)②）。サラリーマンが通勤や業務，またレジャーのために使用していた自動車は「生活に通常必要でない資産」に当たるため，その譲渡損失は損益通算の対象とはならないとした判決があります（最判平成2年3月23日判時1354号59頁［サラリーマン・マイカー訴訟］）。

III 納税義務者と納税義務の範囲
―― 日本人メジャーリーガーは日本の納税義務を負う？

"どのような利益が「所得」なのか"，"どのような「所得」が課税される

のか"ということは前章でみたとおりです。次に,"どのような人が,どの範囲で日本の所得税の納税義務を負うのか"という問題をみていきましょう。

所得税法は,納税義務者を「居住者」「非居住者」に分けています。さらに「居住者」は,「非永住者以外の居住者」と「非永住者」に分けられています（所税2条1項3～5号）。このうち「非永住者」というのはかなり例外的な存在ですので,「非永住者以外の居住者」を単純に「居住者」と呼び,「非居住者」との対比を中心にみることにしましょう。この両者の要件と納税義務の範囲を表にまとめると,次のようになります。

【図表1】 納税義務者と納税義務の範囲

類 型	要 件	納税義務の範囲
居住者 （2条1項3号）	● 国内に住所があること 　　　　または ● 国内に現在まで引き続いて1年以上居住していること	全世界所得 ＝無制限納税義務 （7条1項1号）
非居住者 （2条1項5号）	● 国内に住所がないこと 　　　　かつ ● 国内に現在まで引き続いて1年以上居住していないこと	国内源泉所得のみ ＝制限的納税義務 （7条1項3号）

この分類の中で重要な要素は,「住所」の有無です。すなわち,日本国内に住所がある者は「居住者」に当たり,世界のどこで所得を得たとしても日本の所得税の納税義務を負うことになります。つまり,所得税法は納税義務者を判定するにあたり,国籍などではなく「住所」の有無を基準としているのです。

では,「住所」とは何でしょう。重要な概念であるにもかかわらず,実は所得税法には「住所」を定義した規定は置かれていないのです。そこでこのような場合には,他の法律で用いられている概念を参考にして,税法上の定義づけを行うことになります。税法で用いられていながら特段の定義が置かれておらず,他の法律で使用されている概念を**「借用概念」**といいます。

「住所」はまさにこの例です。そして借用概念は，基本的には他の法分野（特に私法）におけるものと同じ意義に解するのが，法的安定性の見地から好ましいと考えられています（統一説）。

「住所」については，民法22条が「各人の生活の本拠をその者の住所とする」と定義しています。判例はこの判定にあたり，「客観的事実をもとに，その者の"生活の本拠"と言える場所を実質的に判断する」という解釈を示しています（最判昭和29年10月20日民集 8 巻10号1907頁等）。そして，判例上，税法上の「住所」についても，この民法の解釈と同義に解するとされていますので，納税者の生活状況等の客観的事実から「住所」の有無を判断することになります（贈与税の事例につき，最判平成23年 2 月18日判夕1345号115頁［武富士事件］，所得税の事例につき，東京高判平成20年 2 月28日判夕1278号163頁［ユニマット事件］）。

この基準により，国内に住所があると判断された納税者は「居住者」に該当しますが，そうでない者は「非居住者」に当たることとなり，日本国内に源泉のある所得（国内源泉所得）のみ日本の所得税の納税義務を負うことになります。

では，日本球界で活躍した後，アメリカに渡った日本人メジャーリーガーは，どのように扱われるのでしょうか。居住者か非居住者かという区別のためには，国籍は関係なく，専ら「住所」の有無で判定することになります。その者の"生活の本拠"と言うためには，滞在期間が最も長い場所は有力な要素となりますが，職業などそこに長く滞在するための理由が伴っていなければ実質的に「住所」とは判断されません。住民登録地は一つの要素にすぎませんが，家族の所在地などは有力な手がかりになります。そうした総合判断の結果，「住所」がアメリカにあると判断された場合には，日本国内に源泉のある所得（たとえば，日本のテレビCM出演料など）のみが日本の所得税の対象となるのです。

IV 課税単位——夫婦・家族と税

1 課税単位——夫／妻の所得は夫／妻だけのもの？

あなたは結婚していて，配偶者が家事をしてくれるおかげで仕事に専念することができ，年間1000万円の所得を稼いでいるとしましょう。この場合，この所得についてどのように申告をしたいと思いますか？

> (A) 自分で1000万円稼いだのだから，すべて自分の所得として申告する。
> (B) 配偶者の協力があってこれだけ稼げたのだから，夫婦で500万円ずつの所得として申告する。

(B)の申告方法を採った場合，家事労働という"内助の功"に報いることができるので男女平等にも適うだけでなく，一般的に(A)の方法よりも納付税額が少なくなります（所得を分散した方が税額は少なくなりますが，そのしくみは後述Ⅷ参照）。しかし，わが国の現在のしくみでは，この方法は認められず，(A)の方法によって課税されることになります。

(A)のようなしくみを「個人単位主義」といいます。つまり，夫の所得は夫だけのもの，妻の所得は妻だけのもの，というように個人を単位として課税するしくみです。その根拠は，民法762条1項の「夫婦別産制」に置かれています。夫婦といえども財産の所有は個人に認められるというのが民法上の原則です。これは，戦前の家制度（家族の財産はすべて家長の所有物であり，それを引き継ぐのは基本，長男だけという家督相続）の反省に立ち，個人の尊厳（憲法13条）と両性の本質的平等（同24条）の理念を反映させたものです。したがって法律上は，夫婦といえども配偶者の財産を勝手に処分したり独占したりすることは許されないのです。こうした民法上の原則に依拠して，税法上の課税単位は「個人単位主義」が採られています。

一方，上記(B)の方法は「夫婦単位主義」で，具体的には「2分2乗方式」というものです（夫婦の所得を合算したうえでそれぞれが取得したものとして分

割し，それに基づいて計算した税額を合算するしくみ)。このしくみは，上記のように納税者にとって有利な面が多々あるのですが，最高裁はこれを認めていません。最判昭和33年9月6日（民集15巻8号2047頁）は，おおむね次のように述べて，2分2乗方式を認めない民法762条1項の違憲性を否定しています。

---

① 憲法24条は，<u>継続的な夫婦関係を全体としてみた場合</u>，両者が実質上同等の権利を享受することを期待した趣旨の規定である。そのため，個別具体的なすべての場面において，夫婦が常に必ず同一の権利を有すべきであるということまでを要請するものではない。
② 民法762条1項は夫婦別産制を定めているが，夫婦は一心同体であるため，配偶者の一方の財産形成に他方が協力・寄与する関係にある。そのため，夫婦間の実質的平等が守られるように配慮する必要がある。
③ もっとも民法は，<u>財産分与請求権</u>（768条），<u>相続権</u>（890条），<u>扶養請求権</u>（752条）等の権利が規定されており，これらの権利を行使することにより，結局において夫婦間に実質的不平等が生じないように立法上の配慮がなされている。
④ したがって，民法762条1項は憲法24条に違反するものではない。

（下線，筆者）

しかし，この判決には疑問があります。まず②で"一方の配偶者の財産形成には他方が寄与しているのが通常であるため，それに配慮する必要がある"ことを認めつつも，その具体的方法として，③では，財産分与請求権等を行使すれば，夫婦の実質的平等が保たれるよう民法上の措置が講じられていると述べています。

では，判決が挙げるこのような権利はどのようなものでしょう。財産分与請求権は離婚した夫婦間の財産を清算することを目的とするものですし，相続権は一方配偶者の死亡時に行使するもの，また扶養請求権を行使しなければならないような夫婦関係は正常とは言えません。したがって，判決は憲法24条の趣旨を，夫婦関係を「全体として」みて（上記①），夫婦間の実質的

平等が保障されることとしてとらえていることから，"夫婦の始まりから終わりまで"を通じてトータルで平等が確保されていればよい，と考えているのです。

しかし，憲法24条の趣旨をこのように解釈するとしても，2分2乗方式を積極的に否定する根拠にはなりません。確かに，判決が掲げるような民法上の権利を行使することによって，夫婦間の財産上の実質的平等の確保につながるでしょう。でも，これらの権利さえ保障されていれば夫婦間の実質的平等の保障にとって十分と言えるかどうかについて，判決は何も検証していません。むしろ，その手段としてどのような措置を講ずるかは立法政策上の問題であり，2分2乗方式を否定するための積極的な理由づけが必要なはずです。

その理由づけは，民法上の夫婦別産制により夫婦が取得した財産はそれぞれの特有財産となることから，所得の帰属もそれぞれの取得者となるため，課税単位としても個人単位でなければならない，というものです。つまり，財産の帰属と所得の帰属とを直結させて課税単位を理解しているのです。この理解を敷衍した判断として，夫婦間で"夫または妻が婚姻届出の日以後に得る財産は夫および妻の持ち分を2分の1ずつとする共有財産とする"という民法上の夫婦財産契約（755条）を締結して，夫婦の一方が得た所得を夫婦2分の1ずつの所得として課税することは許されないとする判決があります（東京地判昭和63年5月16日判時1281号87頁）。すなわち，雇用契約に基づく給与収入でいえば，雇用主に対して給与支払請求権を有するのは実際に労務を提供した者だけであり，その収入が夫婦の共有財産となるのは，いったん取得した収入を贈与によって一方が他方に移転することによるものと解しています。

しかし，財産の帰属と所得の帰属とは必ずしも一致するものではなく，また一致させなければならないものでもありません。たとえば，子ども名義で銀行に口座を作り，父親が管理をして利子も父親が享受するような場合，その所得は父親に帰属すると考えるのが通常です（所税12条［**実質所得者課税の原則**］，後掲Ⅴ参照）。

また，外国の例をみてみると，アメリカでは個人単位課税と夫婦単位課税の選択制となっています。それは，所得税は連邦法，財産法は州法が規律するという法制度が関係しています。アメリカでは，州ごとに財産法が定められており，夫婦別産制の州と夫婦共有財産制の州に分かれています。そうした夫婦の財産関係に違いがある中で，連邦全体を通じて同一の課税単位によって課税するとなれば，夫婦共有財産制の州に住む夫婦は実質的に2分2乗方式を採用することができるのに対し，夫婦別産制の州に住む夫婦との間で税制上の較差が生じてしまうことになります。そのため，アメリカでは夫婦の申告については選択制を採用しているのです。このように，アメリカ特有の事情も絡んでいますが，日本でも財産の帰属と所得の帰属との関係は立法政策上の問題であり，所得税法上，2分2乗方式を採用することも可能と言うべきでしょう。

【図表2】　日米の課税単位と夫婦財産関係の比較

	日　本	アメリカ
課税単位	個人単位主義	個人単位主義と夫婦単位主義の選択制
夫婦財産関係	別産制	別産制の州と共有財産制の州

　一方で，最近では，2分2乗方式を含めた夫婦単位主義，あるいはn分n乗方式といった「家族単位主義」の導入に向けた検討が政府税制調査会で始まっています。「n分n乗方式」というのはフランスが採用している方法で，nには子ども等を含めた家族の数が入ります。そのため，家族の数が多ければ多いほど家族間で所得を分散することができ，同じ所得金額でも税負担を軽減することができます。したがって，少子高齢化への対応策の一つとしてわが国でもこの制度の導入を検討する価値はあると考えられます。家族の形態や働き方の多様化といった社会状況の変化に伴い，税制のあり方も変化させる必要があるのではないでしょうか。

2　家族間の所得のやり取り

　これまでみたように，わが国の現在の所得税法上は，厳格に個人単位主義

が採られています。しかし，家族間の所得のやり取りに関しては家族単位主義的な扱いが原則とされています。この根底には，家族間では所得の分散が容易であることから，家族は"租税回避の温床"であるとする見方があります。

こうした取扱いを定めているのが所得税法56条です。この規定は難解ですが，次のように分解することができます。

【要件】
① 誰が＝居住者と生計を一にする配偶者その他の親族
② 何をしたとき＝その居住者の営む不動産所得，事業所得または山林所得を生ずべき事業に従事したことその他の事由により当該事業から対価の支払を受ける場合

【効果】
① 対価に相当する金額は，その居住者の当該事業に係る不動産所得の金額，事業所得の金額または山林所得の金額の計算上，必要経費に算入しない。
② その親族が支払を受けた対価の額およびその親族のその対価に係る各種所得の金額の計算上必要経費に算入されるべき金額は，当該各種所得の金額の計算上ないものとみなす。
③ その親族のその対価に係る各種所得の金額の計算上必要経費に算入されるべき金額は，その居住者の当該事業に係る不動産所得の金額，事業所得の金額又は山林所得の金額の計算上，必要経費に算入する。

この規定は，次のように適用することができます。まず，夫Hが個人事業を営んでおり，息子であるSを従業員として雇っているという例で考えてみます。また，Hはこの事業を妻Wが所有する建物を借りて営んでいるとします。この場合，要件における「居住者」とはHであり，「居住者と生計を一にする配偶者その他の親族」はWとSです。そしてSが労務提供の対価としてHから給与を受け，Wが建物貸付けの対価としてHから賃料を得ると，いずれも「事業に従事したことにより対価の支払いを受ける場合」に該当し，要件を満たすことになります。

この場合，HがSに支払った給与およびWに支払う賃料は，Hの事業所得の金額の計算上，必要経費に算入することができません（効果①）。また，Sが受けた給与とWが受けた賃料は，それぞれの収入としてなかったものとみなされます（効果②）。さらに，Wが支払った建物の維持費用や固定資産税などの支出がある場合，それはWが払ったものとは扱われず（効果②），Hの必要経費に算入されることになります（効果③）。すなわち，この規定によって，H→W・Sという所得の分散を一切否定し，Hに所得をすべて集約させるという効果を生じることになります。

【図表3】　所得税法56条の要件と効果

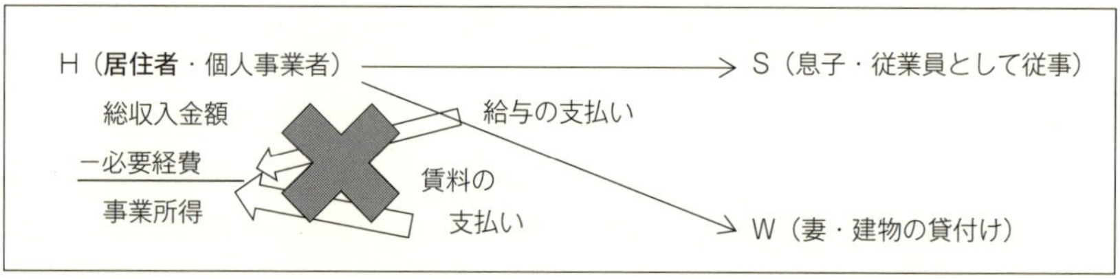

```
H（居住者・個人事業者）　　　　　　　　　　→　S（息子・従業員として従事）
　　総収入金額　　　　　　　給与の支払い
　ー必要経費　　　　　✕
　　事業所得　　　　　賃料の
　　　　　　　　　　　支払い
　　　　　　　　　　　　　　　　　　　　　　→　W（妻・建物の貸付け）
```

　ただし，これには一定の例外が設けられています。所得税法57条がこれに当たります。同条1項では青色事業専従者，3項では白色事業専従者について，それぞれ給与の額を支払った事業者の側の必要経費とし，受けた専従者の側の収入とするものとされています（1項の場合は全額，3項の場合は一定額）。実態としては57条が適用される方が多いと言えるでしょう。しかしながら，親族間で事業を行う場合の原則規定は56条であり，57条は例外であると言えます。なぜなら，57条が対象とするのは「専従者に対する給与」に限定されており，56条はそれを含むすべての親族間の対価のやり取りを対象としているからです。

　では，夫婦が独立して事業を営んでいる場合にもこの規定は適用されるのでしょうか。これが問題となった事例として，夫が弁護士で妻が弁護士というケース（最判平成16年11月2日判時1883頁）と，夫が弁護士で妻が税理士（最判平成17年7月5日税資255号順号10070）という2つの最高裁判決があります。これらの事案は，いずれも夫婦がそれぞれ独立して事務所を営んでお

り，夫が妻に対して業務を委託し，対価として報酬を支払ったという事実が認められています（したがって，妻は夫の「事業専従者」ではないため，そもそも57条の適用はありません）。納税者側は，56条は親族間で一つの事業を営んでいるケースを想定して規定されたものであり，本件のような両者が独立して事業を営んでいるような場面には適用されないと主張しました。これに対して最高裁は，両事案ともに，「居住者」と「その親族」との関係にかかわらず，56条の要件を満たす限りその適用があると判示しています。

しかし，この解釈には疑問が呈されています。すなわち，56条の立法経緯や立法趣旨に鑑みれば，１人の事業者が事業も家計も支配し，他の親族がそれに従属するような場面を想定して，そうした中で行われる親族間の所得の分散による租税回避を防止することを目的とする規制であって，本件のような独立して事業を営む親族間ではそのような租税回避に危険性はそもそも生じないため，形式的に適用すべきではないというものです。それに加えて，たとえば夫の同僚である弁護士が同様にこの妻に業務を委託して報酬を支払った場合には，この同僚は自己の必要経費に算入することができることは言うまでもありません。さらに，この"夫婦"が内縁関係にある場合には56条は適用されません。このように考えれば，夫婦という理由だけで56条を独立した事業者間に適用するのは不合理ですし，憲法14条の点から問題があるように思われます。したがって，56条の適用範囲を限定し，現行法における課税単位の原則である個人単位主義を貫徹させるような解釈を行うべきでしょう。

【コラム１】「従事」は「従属」か？

上記の２つの事案では，56条の要件である「事業に従事したことその他の事由」の解釈も問題とされています。上記の妻税理士事件の第一審判決である東京地判平成15年７月16日判時1891号44頁は，「従事」は法律用語ではなく，国語的にも「仕事に従う」「仕事にたずさわる」「仕事としてその事に関係する」等やや漠然とした意義にしか解されていないことを前提としつつ，57条の文言との関係でみれば「従たる立場で当該事業に関係してい

と」を指すと解しています。もしこの解釈を採るとすれば，上記の事案ではいずれも夫婦が"独立した事業者"であり，一方が他方に従属する形で事業に携わっているわけではないので，56条は適用されないということになります。

こうした結論は常識的であることから支持を集めやすいのですが，「従事」という言葉の意味は「従属」のみを指すかといえば，その根拠が弱いと言わざるをえません。

むしろ56条と57条の関係でいえば，56条が親族間の対価の支払い全般を規律対象とし，57条がそのうちの事業専従者に対する給与のみを規定しているとみるのが適切といえるでしょう。

本件最高裁は，文言のみに依拠せずその立法趣旨を根拠として判断をしています。その立法趣旨とは，シャウプ勧告が言うところの，親族間で所得を分散することによる租税回避を行おうとする"要領のよい納税者"の行為を封じることにあると言えます。しかし，そもそも立法当時に夫婦が独立した事業者として対価のやり取りを行うという状況を想定していませんでした。そのため，租税回避のおそれがないような本件のような場面には56条を適用しないという解釈も，租税法律主義の下で許されると解すべきではないでしょうか。そのように解釈した場合，56条が対象とする親族間の対価の支払い全般の中から，"専従者給与"という親族間の租税回避のおそれの低い対価の支払いを明示的に除外したのが57条だと位置づけることができます。

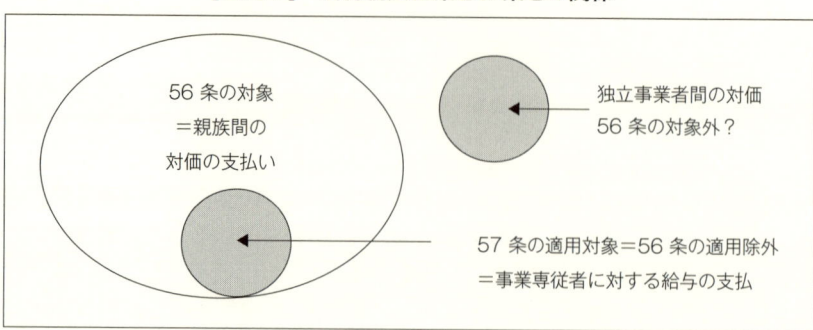

【図表4】 所得税法56条と57条との関係

- 56条の対象＝親族間の対価の支払い
- 独立事業者間の対価 56条の対象外？
- 57条の適用対象＝56条の適用除外＝事業専従者に対する給与の支払

Ⅴ 所得の人的帰属——共同経営者の所得は誰のもの？

　父と子が共同で歯医者をしています。この場合，2人は共同経営者として2人とも事業所得者になるのでしょうか。それとも，1人が事業所得を得て，他方は雇用されているものとして給与所得を得ていることになるのでしょうか。

　この場合，「所得の人的帰属」が問題となり，所得税法12条が**実質所得者課税の原則**を定めています。すなわち，所得の法律上の帰属者が単なる名義人である場合，別に実質上の帰属者がいる場合には，その者に課税すべきことを定めています。これに関して通達は，事業所得の帰属について「**事業主基準**」を採用しています（所基通12—2）。また夫婦や親子，親族間で共同経営によって事業を行っている場合には，その事業の経営方針の決定につき支配的影響力を有すると認められる者が当該事業の「事業主」に該当するものと推定して，その者が事業を行っていると判断する基準です（所基通12—5等）。

　判例もこの基準を採用して判断を示しています。上記のような事案において，「従来父親が単独で経営していた事業に新たにその子が加わった場合においては，特段の事情のない限り，父親が経営主体で子は単なる従業員としてその支配に入ったものと解するのが相当である」と判示しています（東京高判平成3年6月6日訟月38巻5号878頁）。この事案では，医療器具や医院改装の費用が父親名義で借り入れられ，その契約名義人も父親であり，返済も父親の口座から行われていること，借入れにあたって父親所有の不動産に抵当権が設定されていること，医院の経理が父親と子の収支が区分されていないことなどの認定事実から，父親が事業主で子は従業員という判断がされています。

　もっとも，この基準はあくまでも事業主を「推定」するにすぎないものですので，両者が「事業主」として経営に実質的影響力を及ぼしており，収支が区分されていれば，2人とも事業所得を得ているものと扱うことは可能です。

Ⅵ 収入の帰属年度——いつ課税される？

1 暦年課税

　たとえば，平成25年12月中に土地を売却して，代金の支払いが翌26年1月に行われたとしましょう。この収入は，平成25年分の課税対象となるのでしょうか，それとも26年分の所得として課税されるのでしょうか。

　この問題の前提として，国税通則法15条2項1号は，所得税の納税義務は「暦年終了の時」に成立すると定めています。そのため，所得税は暦年，つまり1月1日から12月31日までの1年間に得た所得について納税義務が成立し，1年分まとめて課税するというしくみを採用しています。これを**暦年課税**といいます。また，年始から年末までの期間中に得た所得を課税対象としているため，**期間税**の性質を持つものと説明されます（これに対して相続税や贈与税のように，「財産の取得の時」に納税義務が成立する税を「随時税」といいます）。そのため，所得発生の原因行為と収入の受領とが暦年をまたぐ場合に，どの年度の収入に帰属させて課税すべきかということが問題となります。この問題を**収入の帰属年度**といいます。

2 実現主義と権利確定主義

　収入の帰属年度については，所得税法36条1項が「収入す・べ・き・金額」と定めており，「収入した金額」とはなっていないことから，必ずしも現実に収入を受領した時点を基準としていないことがわかります。また，現実の収入の時点を基準とすると，人為的に受領のタイミングをずらすことにより，所得の少ない年度に収入を帰属させるなどして租税回避が可能となってしまいます。そのため会計学上の「現金主義」は，所得税法上の帰属年度に関する原則的な判断基準として適切とは言えません。

　そこで判例は，「収入すべき金額」という文言の解釈として，「収入実現の蓋然性がある」（最判昭和46年11月9日民集25巻8号1120頁）などと述べて，**実現主義**を採用しているものと解しています。そして，この「収入実現の蓋

然性」を具体的に判断する基準として，判例・通説は**権利確定主義**が妥当すると解釈しています。これは，「収入すべき権利が確定したとき」に収入が実現したものとして，その年度に帰属すると扱うものです。たとえば，上記1の不動産の売却による収入の帰属については，不動産の登記を移転して引き渡しを行った時点で，自分の債務を履行したことにより，相手方に対する債権が確実になったものと考えられます。したがって，その時点で「収入すべき権利が確定」し，「収入が実現した」と考えられるため，当該年度の収入金額として計上されるのです。これ以外の取引の場合でも，個別に「収入すべき権利が確定した」と言いうる時点を判定し，帰属年度を判断することになります（所基通36―2〜36―14参照）。

3　管理支配基準

このように，帰属年度を具体的に判定する原則的な基準は権利確定主義ですが，これが妥当しない場合には，**管理支配基準**という別の基準を用いることになります。この基準は，"利得が納税者の管理支配下に置かれた時点で収入を計上する"というものです。この基準が適用される場面は，次の2つの場合が考えられます。

(1)　権利の確定が存在しない事案

個人で貸金業を行っているAが，Bとの間で金銭消費貸借契約を締結しました。その際，利息制限法が定める制限利息を超える利息を支払うという約定をしていました。履行期到来時点では，Bはまだ制限超過利息分を支払っていません。Aはこの制限超過利息相当分を履行期に収入として計上しなければならないでしょうか。

このような事案について，最判昭和46年11月9日（民集25巻8号1120頁）は，まず一般的には，適法な金銭消費貸借上の利息については，その履行期が到来すれば未収の場合であっても，収入すべき権利が確定したものとしてその時点で収入金額に計上すべきと述べています。しかし，それが利息制限法の制限を超える違法な利息の場合には，そもそも約定自体が無効であって，履行期が到来したとしても利息債権が生じることはありませ

ん。そのため，貸主は借主が任意に支払いを行うかもしれないことを事実上期待することができるにとどまるにすぎないことから，貸主にとって収入実現の蓋然性はないとしています。したがって，こうした制限超過利息は，未収である限り，「収入すべき金額」に計上することはできないと判示しています。

　この判決は，「権利」とは"適法に法が保護すべき利益"であることから，「違法な権利」というものはそもそもありえない，ということを前提にしています。そのため，違法な利得については"権利確定主義が妥当しない"と判断しています。では，いつ収入を計上するかといえば，"利息相当額を現実に収受したとき"と判示しています。言い換えれば，"違法な利得でも現実に収受した時点で，納税者の管理支配下に置かれることになったため，利得者の収入として実現した"と判断することができるのです。

(2) 権利確定前に受領した利得の返還可能性がなくなった事案

　土地の貸主であるAが借主であるBに対して，賃料を増額する旨を通知しました。しかし，Bはこの増額請求に納得がいかず裁判になりました。地裁でも高裁でもAの請求が認められ，高裁は仮執行宣言付の判決を言い渡しました。そして，最高裁に係属中にBは裁判所に保証金を供託し，Aは賃料相当額に充当されて支払いを受けました。その後，最高裁はA勝訴の確定判決を言い渡しました。このような場合，Aは賃料相当額をどの年度の収入として計上することになるのでしょう。

　最判昭和53年2月24日（民集32巻1号43頁）は，収入の帰属年度を判定する基準としては権利確定主義が妥当することを前提としつつ，本件のような増額賃料債権の存否が争われている場合には，裁判確定時にその権利が確定するため，原則としてはその時点で収入を計上すべきと述べています。しかし最高裁は，収入の帰属時期の判定基準として権利確定主義を採用している趣旨は，現金主義を採用した場合に生じる納税者の恣意による不公平な結果を回避することにあるとしています。そのため，「増額賃料債権についてなお係争中であっても，これに関する金員を収受し，所得の

実現があったとみることができる状態が生じたときには，その時期の属する年分の収入金額として計算すべきものであることは当然」と判示しています。

この判決によれば，原則的な取扱いとしては，判決確定時に貸主の収入すべき権利が確定するため，その時点で収入を計上することになります。しかし，権利確定よりも前に金員を収受し，それについて返還の可能性がなくなった時点で管理支配しうる状態になれば，その時点が収入の帰属時期になります。仮執行宣言に基づく給付の場合でも，その金員を自由に処分することができますし，もし後に返還を求められた場合には更正の請求（所税152条）による救済を受けることができます。そのため，金員の現実の収受をもって納税者の管理支配下に置かれたことにより，収入が実現したものと判断しているのです。

4　各基準の位置づけ

ここまでみてきた収入の帰属年度を判定するための基準を整理しておきましょう。

所得税法36条1項の「収入すべき金額」という文言の解釈としては，実現主義が当てはまります。つまり，"収入の可能性が高まった，または確実になった"時点で収入を計上することになります。そして，どのような状態になった場合に「収入の実現」と言えるのかを判定するための原則的な基準として，権利確定主義が採用されているのです。この基準は法的観点から「収入の実現」を判定する基準で，「収入すべき権利が確定した時」に収入が実現したものと判断します。

そして，前記のように，権利確定主義が妥当しない場合，あるいは権利確定よりも前に収入の獲得が確実といえる状態が生じた場合には，管理支配基準を用いて「収入の実現」を判定するのです。管理支配基準は，収入の現実の管理支配という事実によって実現を判定するもので，経済的な基準といえます。

【図表５】　収入の帰属年度の判定基準の位置づけ

```
所得税法36条１項「収入すべき金額」＝実現主義
　　　　　　　↑「実現」の具体的判定基準
原則：権利確定主義
例外：管理支配基準　⇔　現金主義
```

　では，「管理支配基準」と「現金主義」とはどのように区別されるのでしょう。"収入の現実の管理支配"という点でみれば両者には共通点が認められます。しかし，権利確定主義との関係でみれば，両者には違いがみられます。

　まず，権利確定主義とは，「現実の収入がなくても，その収入の原因となる権利が確定した場合」に収入が実現したものとする見解ですので，この基準による場合には，「収入の実現」は「収入の現実の収受」よりも早いタイミングになります。

　これに対して，管理支配基準の場合，権利確定主義によることが「収入の

【図表６】　各基準の関係

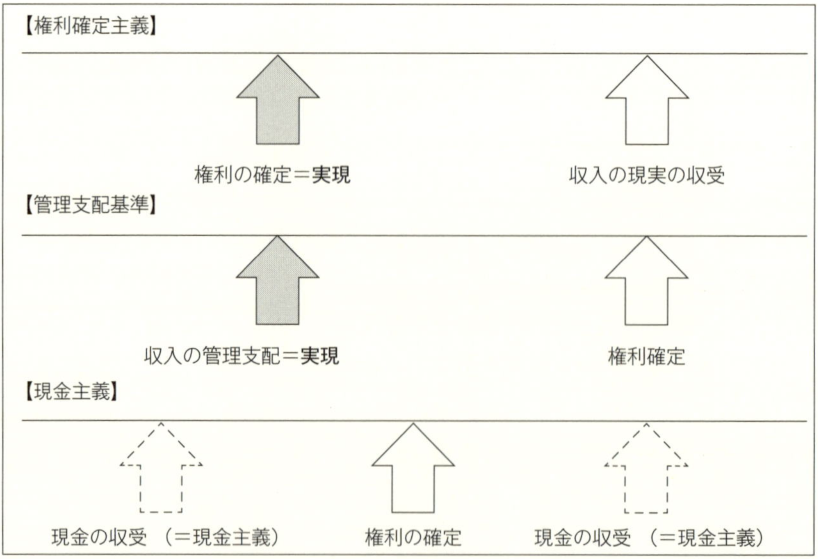

【権利確定主義】
　　権利の確定＝実現　　　　　収入の現実の収受

【管理支配基準】
　　収入の管理支配＝実現　　　権利確定

【現金主義】
　現金の収受（＝現金主義）　　権利の確定　　　現金の収受（＝現金主義）

実現」にとって不適切である場合に適用される基準ですので,「権利の確定」が存在する事案では必ず「権利の確定」よりも前に収入を計上することになるのです。

現金主義の場合には,"収入の現実の受領"だけで計上を判定するため,「権利確定」とは無関係に計上時期が定まることになります。そのため,現金主義によって収入の計上時期を判定しようとすると,「権利の確定」の前にも後にもなりうるのです。

また,「管理支配」という状態は,単なる事実上の収入を収受するだけでなく,それを返還する可能性が低くなり,その収入を自己のものとして自由に処分することができる,ということを要するもので,この点にも違いを見出すことができます。視点を変えれば,現金主義は人為的操作が可能であるのに対し,管理支配基準はその要素が少ない客観的な基準であるといえます。

Ⅶ 所得控除——人的控除

1 所得控除の内容

"収入−必要経費=所得"という計算を各所得類型(ポケット内)で行ったうえでそれぞれの所得を合算し,「総所得金額」を算出します。しかし,これに税率をかけるわけではありません。ここから,一定の「所得控除」を行って「課税所得金額」を算定し,それに税率をかけて税額を算出することになります。これは,「総所得金額」から控除するので「所得控除」と呼ばれます(Ⅷでみる「税額控除」と対比されます)。また,現行法上の「所得控除」は,納税者の人的事情に考慮し,その納税者および家族等の生存権を保障することを目的としているものが多く含まれていますので,その性質上,**「人的控除」**と称されます。

2 学生はアルバイトでいくらまで稼げるか?

「控除」とは"金銭などを差し引く"という意味ですから,所得控除とし

【図表7】 所得控除の種類と適用要件

控除名	適用要件
雑損控除（72条）	災害，盗難，横領により自分や扶養親族の所有する生活資産について損害が生じたとき
医療費控除（73条）	多額（10万円以上）の医療費を支払ったとき
社会保険料控除（74条）	自分や生計を一にする配偶者その他の親族の負担すべき社会保険料を支払ったとき（または給与から源泉徴収されたとき）
小規模企業共済等掛金控除（75条）	①小規模企業共済掛金，②確定拠出年金法の規定により国民年金基金連合会に拠出する個人型年金の加入者掛金，③心身障害者扶養共済の掛金を支払ったとき
生命保険料控除（76条）	①生命保険料，②個人年金保険料を支払ったとき
地震保険料控除（77条）	地震等災害に対して支払われる一定の損害保険契約の保険料や掛金を支払ったとき（平成18年度までは，損害保険料控除）
寄付金控除（78条）	国や地方公共団体，特定公益増進法人などに対し「特定寄附金」を支払ったとき
障害者控除（79条）	本人または障害者である家族（控除対象配偶者や扶養家族）が所得税法上の障害者（2条1項28号）である場合
寡婦（寡夫）控除（81条）	配偶者と死別または離婚等している者
勤労学生控除（82条）	本人が所得税法上の勤労学生（2条1項32号）にあてはまる場合
配偶者控除（83条）・配偶者特別控除（83条の2）	控除対象配偶者（2条1項33号）または控除対象配偶者に該当しないものの合計所得金額が一定額以下の配偶者がいる場合
扶養控除・特定扶養控除（84条）	控除対象扶養親族（2条1項34号の2）または特定扶養親族（2条1項34号の3）がいる場合
基礎控除（86条）	すべての居住者

第4章 所得税の基礎理論―その2 所得税の計算構造

て認められる金額には所得税がかからないことになります。つまり，適用される控除が多ければ多いほど，納税額が少なくなるというわけです。では，学生のアルバイト収入に適用される控除はどのようなものがあるでしょうか。これを知っておけば，"いくらまで稼いでも大丈夫か"がわかりますよ！

(1) 学生本人に適用される控除

学生がアルバイト収入を得ている場合，前提として**給与所得控除**が適用されて「給与所得」の金額が算出されます（所税28条3項）。収入金額が180万円未満の場合には，給与所得控除の額は一律65万円とされています（同項1号）。

次に，ここからが「所得控除」です。まず，居住者全員に適用される基礎控除が38万円あります（86条）。さらに勤労学生控除が27万円適用されます（82条）。そうすると，65万＋38万＋27万で，収入金額として130万円までは学生本人には所得税が課せられないことになります。

でも，"昨年は年間で130万円も稼いでいないのに，源泉徴収された月がある"という学生がいるかもしれません。月払いの給与の場合，所得税法の別表2が定める給与支払額に応じて機械的に源泉徴収をしなければならないこととされています（185条）。そのため，たまたま多く稼いだ月がある場合には源泉徴収されてしまうのです。しかし，年間の合計収入金額が130万円を超えない場合には，アルバイト先から翌年の初め頃に交付される源泉徴収票をもとに還付申告をすれば，"納めなくてもよい税金"が戻ってきますよ！

(2) 扶養者に適用される控除

16歳以上の親族を扶養している納税者は，**扶養控除**の適用を受けることができます。具体的には，16歳以上の子を扶養している親は，その親の総所得金額から扶養控除として38万円を控除することができます。また，その子が19歳以上23歳未満である場合には，その親は総所得金額から**特定扶養控除**として63万円の控除を受けることができます（所得84条）。

これらの控除を受けるためには，扶養されている子が，居住者（親）と

生計を一にし，かつ合計所得金額が38万円以下（収入金額でいうと103万円以下）であることが要件となります。したがって，子である学生がアルバイトで年収103万円以上稼いでしまうと，親の総所得金額から控除できるはずだった扶養控除または特定扶養控除が適用できなくなってしまいます。そんなことを知らずにアルバイトで103万円を超えて稼いでしまい，後で親御さんから大目玉をくらった経験のある人もいるかもしれませんが，それはこうした控除の適用に関する問題なのです。

3 配偶者控除不要論

配偶者の一方が働いて所得を獲得し，他方配偶者が家事の傍らパート労働をしているというケースがあります（従来，夫が稼いで妻が家事をするというケースが多かったので，説明の便宜上ここではそのような例に基づいて説明します）。こうしたパート労働者について言われる"103万円の壁"とはどういう問題なのでしょう。これには，3つの壁があります。

(1) 第一の壁：配偶者控除の適用

パート労働者の収入は給与所得ですので，収入金額が180万円未満の場合，65万円の給与所得控除をして所得金額を算出します。その結果，収入金額103万円の場合，所得金額は38万円となります（103万 – 65万）。居住者と生計を一にする配偶者で，合計所得金額が38万円の場合，「控除対象配偶者」に当たります。そうすると，妻が「控除対象配偶者」に当たる場合には，夫の総所得金額から**配偶者控除**として38万円を控除することができ，夫の納付税額を抑えることができるのです（83条）。しかしこの控除は，103万円という金額を1円でも超えると適用されなくなってしまうというしくみ（免税点方式）になっていますので，配偶者控除を受けるためにパート労働者は103万円を超えないように雇用調整をしているのです。

こうしたオール・オア・ナッシングの配偶者控除制度の問題点を解決すべく，1987（昭和62）年に「配偶者特別控除」が制定されました（83条の2）。すなわち，パート労働者の収入が103万円を超えると「配偶者控除」の適用はなくなりますが，代わりに141万円までの間は「配偶者特別控除」

が適用されることになり、収入金額が5万円増えるごとに控除額も5万円ずつ減るという消失控除方式が採用されています。この制度の導入により、この"第一の壁"の問題はクリアされていると言えます。

(2) 第二の壁：パート労働者自身の所得税負担

次に、パート労働者自身の所得税はどうでしょう。総所得金額38万円から基礎控除38万円が控除された結果、課税総所得金額は0円となり、所得税を負担する必要はありません。しかし、この場合も103万円を1円でも超えると所得税を負担しなければならなくなってしまいます。

ここで、パート労働者が104万円の収入を得たと仮定してみましょう。この場合、上記のように「配偶者控除」の適用はなくなりますが、代わりに同額の「配偶者特別控除」を受けることができるため、夫の納付税額に変化はありません。また妻については、課税総所得金額は1万円ですので所得税を負担しなければなりませんが、現行法上、適用される税率は5％ですので、納付すべき税額は500円ということになります（翌年に住民税の負担はありますが、それも数千円程度です）。そうすると、103万円に固執する場合と104万円稼ぐ場合とでは、家計に入る金額を考えればどちらの方が有利かということは一目瞭然でしょう。その意味で、この"第二の壁"もクリアされていると言えるでしょう。

(3) 第三の壁：企業の扶養手当

ただし、"第三の壁"が依然として存在します。これは、配偶者の年間収入金額が103万円以下の場合に、扶養手当を支給するという企業の給与規定の定め方です。1円でも超えると支給されなくなってしまうことから、依然として103万円にこだわらざるをえない夫婦がいることは事実です。しかしこの"第三の壁"は、法的な規制ではなく企業独自の規定ですので、これを改めれば解決する問題であると言えます。

"103万円の壁"が、主に女性の社会進出の妨げとなってきたことは事実です。そのような批判を背景に、"配偶者控除不要論"が主張されています。この主張には、次のような反論があります。

そもそも家事労働を行っている配偶者には「帰属所得」が発生している

と観念されます。しかし，それは現実の収入ではないため，家事労働を行っている配偶者自身には収入がありません。そこで，他方配偶者の所得金額から控除を認めることにより，そうした収入のない配偶者にも生存権を保障するのが「配偶者控除」という制度だと理解することができます。こうした憲法的視点から，配偶者控除の廃止や縮小は適切ではないと考えられます。同様に，かつて"子ども手当"の財源確保のために配偶者控除の廃止・縮小が議論されたことがあります。しかしこれも，"配偶者の生存権保障"という観点から適切ではないと言うべきでしょう。

VIII 税額計算——税率と税額控除

1 税率のしくみ
(1) 累進税率と比例税率

　税額計算の最終段階は，課税総所得金額に税率をかけることです。税率には，「累進税率」と「比例税率」があります。

　「累進税率」は，所得金額が増えれば増えるほど適用される税率が上がるというものです。その結果，所得額の増加に応じて納付税額も高くなることになります。このしくみは，担税力に応じた課税を実現することができることから，**応能負担原則**に適合するものと言われています。

　一方，「比例税率」とは，所得金額の多寡にかかわらず一律の税率が適用されるというものです。算出される税額は所得金額に比例することになりますが，所得金額の一定割合さえ負担すれば残りは自己のものとなることから，"努力が報われる税制"と評価されます。

　これらのいずれが適切かということに関して言えば，一般的には憲法14条の要請を反映していること，税を通じた所得の再分配が実現できるといった点から累進税率の方が優勢です。しかし，あまりに累進度が高いと，高額所得者になればなるほど勤労意欲の減退につながるといったデメリットもあります。むしろ比例税率は，一定割合の税負担さえすればあと

第4章　所得税の基礎理論―その2　所得税の計算構造

は自分のものになるというインセンティブを与えることになるため，景気対策目的で累進度を弱めて比例税率化の方向に変更するという政策が採られることもあります。また，比例税率を採用した場合には税収減を伴うことも予想されることから，"小さな政府"の志向にもつながります。したがって，いずれの税率を採用するかは，"どのような社会を目指すのか"という社会政策的観点や経済状況に応じた政策判断が深くかかわることになります。

(2) **超過累進税率と単純累進税率**

現行所得税法は，累進税率を採っています。次の表が現行の適用税率です。

【図表8】　平成26年度の所得税率（所税89条）

課税総所得金額	適用税率
195万円以下	5 %
195万円～330万円以下	10%
330万円～695万円以下	20%
695万円～900万円以下	23%
900万円～1800万円以下	33%
1800万円超	40%

では，課税総所得金額が600万円の場合，この税率を適用すると税額はいくらになるでしょうか。"600万円×20% = 120万円"という計算をした人が多いのではないでしょうか。残念ながら，間違いです。この計算は，**単純累進税率**という方法です。

この税率の適用の仕方は次の通りです。まず，課税総所得金額のうち0～195万円までの部分に5 %が適用され，次いで195万～330万の間の135万円の部分に10%，330万～600万までの270万円の部分に20%が適用されます。そして，それぞれの金額を合計した額が税額ということになります。これが**超過累進税率**というしくみです。

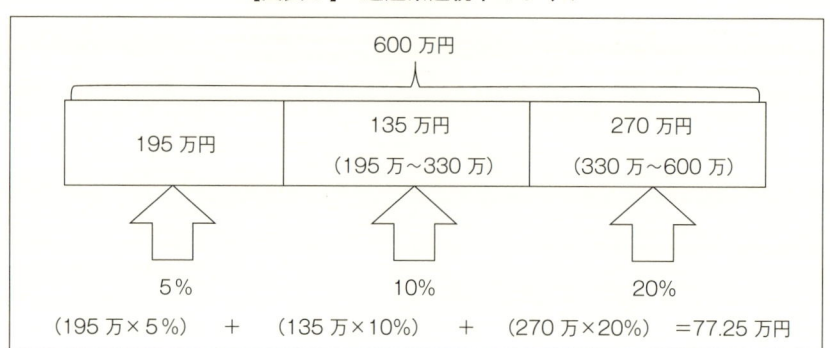

【図表9】 超過累進税率のしくみ

```
                    600万円
   ┌─────────┬─────────────┬─────────────┐
   │  195万円  │   135万円    │   270万円    │
   │          │ (195万～330万) │ (330万～600万) │
   └─────────┴─────────────┴─────────────┘
        ↑            ↑              ↑
        5%          10%            20%
   (195万×5%)  +  (135万×10%)  +  (270万×20%)  ＝77.25万円
```

　計算は複雑ですが，このようなしくみを採るには理由があります。上記の税率で，課税総所得が900万円と901万円の場合に単純累進税率を適用した結果で考えてみましょう。

・900万円×23％＝207万円の所得税（手取額693万円）
・901万円×33％＝297万3300円の所得税（手取額603万6700円）

　このように，単純累進税率の場合，税率が切り替わる所得階層の間で，所得が多いと税負担が極端に増えてしまい，手取額が減ってしまうという不合理な結果を招くことになります。こうした不合理さを克服するために考えられたのが超過累進税率というわけです。

2　税額控除

　先に所得控除についてみましたが，控除には「税額控除」という制度も置かれています。これは，税率を適用して算出した税額から控除を認めるというものです。現行の税額控除は，配当控除（所税92条）や外国税額控除（95条），住宅借入控除（租特41条）等，政策的・技術的なものに限られているうえに数も所得控除に比べて少ないのが実態です。しかしこれは，本質的に所得控除の方が担税力の配慮に優れているなどの理由に基づくものではありません。

　所得控除のメリットは，計算手続が簡便ということです。所得控除は総所

得金額から控除しますので，その時点で課税総所得金額が0円になればそれ以降の計算をするまでもなく税額は0円となります。これに対して税額控除は，税率を適用して税額を算出してから控除するものですから，最後まで計算してはじめて納付税額があるのかどうかがわかるというしくみです。また，基礎控除などの**最低生活費非課税**を保障する性質（参照，憲法25条）の控除（人的控除）を税額控除とした場合，いったん税額を算出してから政策的に控除するという意義でとらえてしまうため，所得控除の方が適切だとも説明されています。

　これに対して，税額控除は高額所得者にも低額所得者にも公平に控除の効果をもたらすことができるというメリットがあります。たとえば，総所得金額900万円のAさんと300万円のBさんに200万円の控除を適用する場合で考えてみましょう（税率は【図表8】のものを使います）。所得控除の場合，それぞれの総所得金額から200万円を控除し，その後累進税率を適用します。上掲の税率を適用した結果，Aさんはこの控除が適用されない場合と比較して46万円もの税の軽減効果があります。しかしBの場合，わずか15万円程度しか税負担が軽減されません。これは高い所得階層には高い累進税率が適用されることに基因します。一方，税額控除であれば算出した税額から一律に控除するため，税負担軽減効果も同様に及ぶことになります。また，上記のように，基礎控除等の人的控除を税額控除にした場合の批判に対しても，"いったん税率を適用して税額を算出してから控除する"というプロセスが，なぜ政策的な控除という評価につながるのか疑問です。算出した税額の中から最低生活費を控除するというのは，確かに"課税後に政策的に控除する"という意味合いに理解できなくもありません。しかしそれは観念的なものであって，それよりはむしろ税負担軽減効果の公平性，すなわち**租税公平主義**を重視して考えることもできます。このように考えると，税額控除の方が優勢となります。

第5章 法人税の構造

導入事例

学生T 「研究室に突然押し掛けて申し訳ありません。今日お伺いしたのは，法人税の構造について，お教えいただきたいことがあったからです。」

M教授 「3年ゼミのT君でしたか。お連れの2人は誰ですか？」

学生T 「私の友人で，商学部の会計学ゼミに所属しているS君と，法学部の会社法ゼミに所属しているU君です。」

M教授 「勤勉な学生も，まだ残っていたのですね。それで，どんな相談でしょうか？」

学生S 「商学部では税務会計という講義で法人税法が扱われていると友人から聞いたのですが，会計と法人税法は何か関係があるのでしょうか？」

学生U 「そういえば，ゼミの先生も，会社法には会社法会計に関する諸規定があると仰っていました。会社法会計と呼んでいるということは，会社法も会計と何か繋がりがあるのでしょうか？」

M教授 「租税法の体系書などは読んでみなかったのですか？」

学生T 「読みました。租税法の体系書には，法人税法は企業会計と会社法と密接に関わっていると書かれていましたが，三者間の関係を十分に理解することができませんでした。」

M教授 「法人税法を学ぶ学生が最初にぶつかる壁ですね。君達のような勤勉な学生には，いくらでも丁寧に説明しましょう。」

Ⅰ　法人税の歴史

　「法人税」と聞くと，法人に対して課される租税だということは分かりますが，何に対して租税が課されているのかは，はっきりとしません。そこで，法人税法5条を読んでみると，法人税が所得税と同様に，「所得」に対して課される租税であることが分かります。所得税を「個人所得税」，法人税を「法人所得税」とそれぞれ表せば，誰が何に対して租税を課されているのかが一目瞭然だと思います。しかし歴史的にみると，所得税と法人税は，現在のように別々の税目として誕生したというわけではありません。

　所得税が誕生した明治20年まで時代を遡ると，この頃は法人の獲得した所得に対して租税は課されていませんでした。その背景には，その当時まだ私法（民法や会社法など）の規定が完備されておらず，ある組織が私法上の「法人」に該当するかどうかの判断も曖昧で，また事業活動の元手である資本の蓄積を図る必要があった，という事情があったといわれています。もっとも，法人が利益を獲得した場合に，一切課税がなかったというわけではありません。すなわち，法人の株主である個人がその法人から利益の配当を受けた場合に限って，その個人に対して所得税が課されていました。

　当然ながら，この制度によると，実際に利益が配当されるまで個人株主に租税は課されないので，法人は獲得した利益を意図的に内部に留めておき，株主に対する配当課税が生じないようにするため，利益の配当を控えるようになったといわれています。このような事態に対処するため，明治32年度税制改正により，法人が獲得した所得それ自体が課税の対象とされることになり，これを受けて株主に対する配当課税は廃止されました。しかし，そこで法人の所得に対して課された租税は，法人税ではなく，所得税でした。具体的にいえば，法人の所得は第1種所得として，個人の所得は第3種所得として，それぞれ所得税を課されるようになりました。

　法人税が現在のように所得税と別々の税目となるのは，昭和15年のことです。法人税独立の趣旨としては，①法人に対する課税について，個人に対する所得税のように所得の種類や大小に着目する必要性が少ないこと，②個人

と法人に対して同じ所得税を課していた頃から，課税標準，税率，課税方法などの点において，全く異なる課税の仕組みが採用されていたこと，③法人税を独立させて，所得税を個人に対する租税として一本化することで，国民にとって分かりやすい税制にすること（税制の簡素化）が挙げられています。このうち①の趣旨が意味するところについては，もう少し説明を加える必要がありそうですね。①の趣旨が問題としているのは，所得税法で採用されている所得分類（⇒第3章Ⅲ）および超過累進税率（⇒第4章Ⅷ）を法人税法においても採用できるかどうかです。

　まず，法人税において所得分類を行う意義があるかどうかについて考えてみましょう。少なくとも，利益の獲得を目的とする事業体である法人が事業活動に関連して獲得した所得は，所得税法の下では事業所得に分類されることになるでしょう。①の趣旨は，基本的にはこのことを言い表したものでしょう。さらに議論を進めて，法人の事業性を度外視して，個別的な取引の内容や性質に応じて事業所得以外の所得区分に該当する可能性まで考慮に入れると，法人税において所得分類を行うことが困難であることに気が付きます。例えば，法人が他の会社に自社の従業員を派遣したことにより受け取った対価について，給与所得や雑所得に該当する可能性を考えてみると，実際に労務を提供したのは法人の従業員ですから，法人が手にした対価をそのまま給与所得や雑所得と断定してよいのかについて，疑問が残ります。

　次に，法人税において所得の大小に着目する意義があるのかについて考えてみましょう。そもそも所得税において超過累進税率が採用されているのは，税を負担する能力（担税力）に応じて税負担を公平に配分するためである，と一般にいわれています。①の趣旨は，おそらく「法人」という観念的な存在に担税力は認められない，という発想に基づくものであると理解できます（⇒本章Ⅲ）。さらに考えてみると，1つの事業を複数の法人に分割して行えば，所得を簡単に分割することができるため，法人税において所得の大きさを重視することで，かえって法人税の負担を軽減する機会を与え，結果として課税の公平性が損なわれかねません。

　このような法人税と所得税の異質性は，法人と個人の異質性に由来するも

のであると思われます。例えば，法人は新たに設立したり分割したりすることが比較的容易ですが，個人にとってそのようなことはおよそ不可能です。さらには，個人は各々が意思を持って行動できますが，法人の行動はその代表者の決定に従う構成員の行動に他なりません。このような法人と個人の本質的差異が，法人税と所得税を今なお独立した税目として存続させているのかもしれません。

Ⅱ 法人税と所得税の二段階課税とその統合

こうして法人税の歴史をみてみると，法人税と所得税が必ずセットで登場していることに気が付きます。両者の関係について，明治32年改正所得税法が提出された帝国議会において，法人と個人はそれぞれ独立の課税主体であるから，両者に課税するのは二重課税でもなく，法的にも公平な課税であるが，税の負担関係を考慮して，個人が受け取った配当に対する課税は行わず，法人段階で源泉課税するだけにとどめた，という改正の趣旨が述べられています。この源泉課税については，所得税法における源泉徴収を連想すると理解しやすいと思います。

ここで，実際に目には見えない「法人」を独立の納税義務者と考えることができるのか，という疑問が出てきます。この疑問に対してしばしば引き合いに出されるのが，私法における法人本質論です。民法や会社法では，法人の本質をどのように理解するかについて，大きく分けると，2つの考え方が成り立つといわれています。1つは，**法人擬制説**といって，法人は個人の集合体に過ぎないと考えるものです。もう1つは，**法人実在説**といって，あくまで「法人」という登場人物の法律上の設定として，個人とは全く別の主体として実在すると考えるものです。今の法人本質論を聞いて，明治32年改正所得税法が法人実在説を理論的には正しいと考えつつも，源泉課税という法人擬制説的な制度設計を採用した，と理解した人が少なからずいるのではないでしょうか。

その理解は大枠としては間違いではありませんが，話はそう単純ではあり

ません。法人税の代表的体系書には，私法における法人本質論と税法における法人本質論とは同一でない，と書かれています。その体系書には，私法における法人本質論が，法人が法律上の権利や義務の帰属主体となりうるか否かという文脈で展開されているのに対して，税法における法人本質論は，法人自体が担税力を持ちうるか否かという文脈で展開されている，と書かれています。この記述の意味するところは，もし法人自体に担税力があるとすれば，個人間だけでなく，法人間でも課税の平等（⇒第1章Ⅲ）が保たれているかについて議論をすることが可能になる，ということです。そうなると，担税力が大きい者により多くの税負担を求めるために，法人税に超過累進税率を採用することも不可能ではなくなることになります。法人税独立の趣旨の①は，所得の大小に着目する必要はないといっていましたから，法人擬制説の立場から法人自体に担税力はない，と考えていたのかもしれません。

　このようにみてゆくと，法人課税の理論的基礎として法人実在説と法人擬制説のいずれを採用するかが，法人税率として比例税率と超過累進税率のいずれを採用するかに関わっているのかもしれません。実際に，明治32年改正所得税法では，法人の所得は比例税率で課税されています。これとは対照的に，法人実在説を採用したと評価されている大正9年所得税法では，法人の所得につき超過累進税率が適用され，配当を受け取った個人株主にも所得税を課す制度が採用されていました。このように法人実在説を採用すれば，理論的には法人段階と個人段階での**二段階課税**は正当化されそうですが，一度課税を受けた法人利益が個人に配当されたときに再び課税を受けることに納得できない，と思った人がこの中にもいるのではないでしょうか。

　そのような批判があるため，多くの国々では，法人税（法人課税）と所得税（株主課税）を一体と捉えた上で，二段階課税による過重な税負担を和らげるため，一定の調整が行われています。この調整を一般に，法人税と所得税の**統合**（integration）と呼んでいます。【図表1】のように統合方法にはいくつかありますが，日本では，法人擬制説の採用を示した戦後のシャウプ勧告（第1巻第6章A）をそのまま受け入れる形で，個人株主が獲得した配当所得の金額の一定額を配当控除として税額から控除することで二段階課税

を解消する配当所得税額控除方式（所税92条）が採用されています。

このような調整の背後には，法人税が「所得税の前取り」であるとの考え方があります。法人擬制説を前提とすれば，法人は事業を遂行するための個人の集合体であり，法人が獲得した利益は究極的には個人に帰属することになります。そうすると，法人税は，最終的に個人に帰属する利益に対して課されるべき租税を「前取り」する性質を有しているといえます。このような

【図表1】統合方法の諸方式

統合方法の名称	統合方法の具体的内容
組合方式	法人を民法上の組合と同様の事業体とみなして，法人が利益を獲得した場合や損失を被った場合に，その利益や損失を個人株主の持株割合などに応じて割り当て，その個人株主に所得税を課す方式
カーター方式	法人の所得に対して所得税の最高税率を適用して法人税を課す一方で，法人の税引前の利益を持株割合などに応じて個人株主の所得として割り当て，算出された所得税額から法人税相当額を控除する方式
法人税株主帰属方式	受取配当に対応する法人税額と受取配当額を合算した金額を個人株主の配当所得の金額として所得税額を算出し，算出された所得税額から法人税額を控除する方式
支払配当損金算入方式	法人の所得から配当その他の利益の処分に充てられた金額を損金として控除することで，控除額相当部分の法人所得額を法人税の対象から除外する方式
二重税率方式	法人の所得のうち，配当その他の利益の処分に充てられた部分に対して，通常の法人税率よりも低い税率を適用する方式
配当所得控除方式	個人株主の受取配当額の一定割合を所得から控除する方式
配当所得税額控除方式	個人株主の受取配当額の一定割合を所得税額から控除する方式

＊各方式の特徴や問題点などについては，金子宏『租税法（第19版）』285頁以下（弘文堂，2014年）に詳しい。

考え方によれば，法人税が課された場合には，個人の側では所得税の負担を求めるべきでない，ということになります。

なお，アメリカやドイツのように，法人課税と株主課税を独立したものとして認める正統方式（classical method）を採用し，二段階課税に対する税負担の調整を行わない国も存在しています。もっとも，これらの国が正統方式を採用しつつも，株式配当などに対して軽減税率を適用することで税負担を軽減する措置を導入している点には注意が必要です。

Ⅲ 納税義務者と課税所得の範囲

　法人税法は，「法人」（4条1項・3項）を納税義務者と定めています。「法人」概念は私法からの借用概念（⇒第2章Ⅳ）であると考えられているため，ある事業体が法人税の納税義務を負うかどうかは，基本的には，私法や個別法において法人格が付与されているかどうかによって決定されることになります。なお，法人税の納税義務を負う各事業体が，どの範囲の所得について課税を受けるかについても，同時に把握しておくことが大事です。そこで今から，法人税の納税義務者と課税所得の範囲について，いくつかのポイントに分けて，基本的なものだけを説明します。

　第1に，法人格を有する法人であっても，国立大学法人や地方公共団体など，法人税法別表第1に列挙されている**公共法人**（2条5号）は，納税義務を免除されています（4条2項）。その理由としては，公共法人の活動が公共サービスの提供など公共的性格の強いものであること，各年の利益や残余財産が特定の個人や法人には帰属しないため，利益の一部を法人税として徴収する必要性が乏しいこと，の2点が考えられます。

　第2に，宗教法人や税理士会など，法人税法別表第2に列挙されている**公益法人等**は，収益事業（2条13号，施行令5条）から生じた所得についてのみ，法人税の納税義務を負います（4条1項，7条）。したがって，公益法人等により獲得された所得が本来的な公益活動から生じたものであるのか，それとも収益事業から生じたものであるのかが，課税上重要な問題となりま

す。具体例として，ある宗教法人が行うペット供養が法人税法2条13号および同施行令5条1項所定の「収益事業」に該当するか否か争われた事件において，最高裁判所は，宗教法人が行うペット供養と営利法人が営むペット葬祭業とがその目的や内容の面から競合していると認められる場合につき，宗教法人のみを非課税とすることで競争条件の不平等および課税の不公平がもたらされるとして，宗教法人により行われるペット供養を「収益事業」と捉えるべきである，との判断を示しました（最判平成20年9月12日判時2022号11頁）。

　本来的な公益活動から生じた所得が法人税の課税対象とされていないのは，活動内容に公益性が認められ，また構成員に対する利益の分配が通常予定されていないことから，「所得税の前取り」として法人税を課す必要性が低いと考えられるためです。なお，別表2には掲げられていませんが，特定非営利活動促進法に基づいて設立される特定非営利法人（いわゆるNPO法人）は，法人税法上，公益法人等として扱われることになっています（特定非営利活動促進法46条1項）。

　第3に，公益法人等と同じく，収益事業から生じた所得についてのみ課税を受ける事業体として，**人格のない社団等**があります（4条1項，7条）。その代表例として，学会，PTA，任意政治団体などがあります。人格のない社団等は，私法において法人に準ずる取扱いがなされる権利能力なき社団・財団（最判昭和39年10月15日民集18巻8号1671頁）を指すと解されています（福岡高判平成2年7月18日判時1395号34頁）。法人税法においては，「法人でない社団又は財団で代表者又は管理人の定めがあるもの」（2条8号）と定義されています。この定義からも明らかなように，人格のない社団等は，法人格を有してはいませんが，その実態から「個人」とみなすことには無理があることから，法人税法上「法人」とみなす（3条）ことで，法人税の納税義務者に取り込まれています。この取扱いは，①人格のない社団等の財産について自己の持分を主張することはできないため，民法上の組合のように団体に生じた所得を各構成員に帰属させて課税する方法が実情に沿わず，②このような事業形態による所得を個人の段階で捕捉することが困難であり，

③営利事業による所得に対して法人税を課されている法人との課税の均衡を図る必要があることを考慮したものだと考えられます。

第4に、漁業協同組合や信用金庫など、法人税法別表第3に列挙されている協同組合等は、それらの組織の設立根拠法において法人格を付与されているため、すべての所得について法人税の納税義務を負うことになります。ただし、協同組合等は、営利を目的とせず、組合員の共同の利益を増進することを目的としていることから、公益法人等に対する税率と同率の軽減税率が適用されています（66条）。

ここまで説明した納税義務者の類型別に応じた課税所得の範囲を基本税率と共に整理すると、【図表2】のようになります。

【図表2】法人の区分に応じた課税所得の範囲と基本税率

法人の区分	課税所得の範囲	基本税率
公共法人	免税	－
公益法人等（一般社団法人等を除く）	一定の収益事業から生じた所得のみ	19%
人格のない社団等	一定の収益事業から生じた所得のみ	25.5%（19%＊）
協同組合等	すべての所得	19%
普通法人	すべての所得	25.5%

＊年間所得金額のうち800万円以下の部分に対して適用される基本税率

補足ですが、今説明した公共法人、公益法人等、人格のない社団等および協同組合等以外の法人は、法人税法上「普通法人」（2条9号）と呼ばれています。なお、法人は、その本店または主たる事務所の所在地が国内にあるかどうかによって、内国法人（2条3号）と外国法人（2条4号）とに分類されます。ここにいう本店は、株式会社などに代表される普通法人の法律上の住所を指します。これに対して、主たる事務所は、公益法人等、人格のない社団および協同組合等の法律上の住所を指します。両者のうち、内国法人は、どの国で所得を獲得したかを問わず、全世界で獲得したすべての所得に

課税されます（5条）。それに対して，外国法人は，日本国内に所在する恒久的施設（Permanent Establishment）を通じて獲得されるなど，日本と地理的結びつきの強い一定の国内源泉所得（138条）についてのみ課税を受けます（9条，141条）。

　最後に，法人税の納税義務者をめぐる近年の動向について簡単に触れておくと，1998年頃から特定目的会社や有限責任事業組合（LLP）など，多種多様な性質を有する事業体が創設され始めました。このような動きを受け，事業体自身に課税するべきなのか，それとも事業体の構成員に課税するべきなのかなど，新たな事業体に対する課税方法に関する議論（いわゆる事業体課税論）が盛んに行われるようになりました。また，近年では，外国法を準拠法とする事業体が日本の所得税法や法人税法にいう「法人」に該当するか否かが争いとなった一連の裁判例（ニューヨーク州LLCの「法人」該当性について，東京高判平成19年10月10日訟月54巻10号2516頁，デラウェア州LPSの「法人」該当性について，①最判平成27年7月17日裁判所ウェブサイト（破棄差戻し），②東京高判平成25年3月13日訟月60巻1号165頁，③大阪高判平成25年4月25日裁判所ウェブサイト，バミューダLPSの「法人」該当性について，東京高判平成26年2月25日裁判所ウェブサイト）があります。

　その事例において，日本の居住者は，外国の税法の下でパートナーシップ課税（事業体の利益や損失を構成員に帰属させて個人に対して所得税を課す課税方法）を受けている外国事業体に出資を行い，当該事業体の不動産賃貸業に生じた損失が個人に帰属するとして，所得税の計算段階でこの損失と他の所得金額とを損益通算（⇒第4章Ⅲ）して税負担の軽減を図ろうとしました。この外国事業体が日本の税法の下でも「法人」であると判断された場合，当該損失は居住者ではなく外国事業体自身に帰属することになるため，損益通算による税負担の軽減は認められなくなります。わが国の法人税法では法人格を有する事業体が「法人」と考えられているため，1つの判断手法として，法人格を有する団体の要素に照らして「法人」該当性を判断する方法が考えられます。さらにこの場合，外国法における団体の要素と国内法における団体の要素のいずれに依拠するべきかが問題となります。また，このよう

な形式的な判断基準に加えて，外国事業体が損益の帰属すべき主体として設立することを認められているかどうか，という実質的な判断基準も成り立ちうるところです。

Ⅳ 課税所得計算の基本構造と企業会計との関係性

　納税義務者が納付すべき法人税の額は，法人税の課税標準である「各事業年度の所得」（5条，21条）に，法律に定められた一定の税率（⇒【図表2】）を乗じることで算出されます（66条）。そのため，各事業年度の所得額をどのように計算するのかが重要となります。

　事業活動というのは永久的に継続して行われることを前提（「継続企業の公準」という）としているので，人為的に法人税の計算期間を区切らなければ，法人の所得に対して一生課税することができません。そこで，税法上は，法人税の納税義務の成立時期を事業年度の終了時とすることで（税通15条3項），事業年度（通常1年）ごとに法人税の計算が行われています。事業年度というのは，法人が定款や寄附行為（公益財団法人の根本規則を定めた文書）などで独自に設定した財産や損益の計算期間（13条1項）のことを指します。

　法人の所得額は，「益金の額」から「損金の額」を控除することにより算出されます（22条1項）。ここにいう「益金」や「損金」が何を意味するのかについて，法人税法は，「益金」を「取引……に係る……収益」と規定する（22条2項）一方で，「損金」に含まれる項目として，原価，費用および損失を挙げています（同条3項各号）。この「収益」，「原価」，「費用」および「損失」という概念は，それぞれ企業会計からの借用概念であると考えられています。

　このうち収益は，会計学において，商品の販売や役務の提供により外部から企業に流入してくる対価（現金および現金等価物）を指す概念として用いられています。次に，この収益から控除される3つの項目についてですが，まず原価は，販売された商品などの仕入価格や製造価格，売買された資産の

取得価格など，提供される役務と直接的な結びつきのある労務費（賃金など）や経費など，商品の販売や役務の提供により消費される経済的資源を金銭化したものを指します。また費用は，収益の獲得に貢献する支出を指し，広告宣伝費のように販売活動に関連して支出される販売費と，水道光熱費など企業の管理運営のために支出される一般管理費とに分けられます。これに対して，損失は，偶発的な要因により生じる，収益の獲得には貢献しない資産の減少を指します。

このように法人税法が企業会計の概念を受け入れていることを裏付ける規定として，法人税法22条4項があります。この規定は，さきほど確認した収益，原価，費用および損失の額を，「一般に公正妥当と認められる会計処理の基準」（いわゆる「**公正処理基準**」）に依拠して計算すべきこと（**企業会計準拠主義**）を要請しています。要するに，益金から損金を控除することで法人税法上の所得額を算定する作業を，企業会計に基づいて行うということです。もし，このような規定がなければ，法人の所得額を算定するために詳細な規定を整備しなければならないことになり，法人税法の内容量が膨大になってしまいます。さらに，課税所得計算を法人税法に基づいて独自に行うこととすれば，納税者は，企業会計上の利益計算と課税所得計算との二度手間に悩まされることになります。

しかし考えてみると，法人税の納税義務者である法人は，自己の利害関係者に対して一定期間における経営成績などに関する情報を提供するために，事業活動の内容を日々帳簿に記録し，それを基に損益計算書や貸借対照表などを一定期間ごとに作成しています（⇒第6章Ⅲ【図表4】）。そこで，法人税の課税所得計算を企業の自主的判断に基づく適正な会計処理に委ねることで，法人税法の簡素化と納税者の負担軽減の双方を同時に達成することができるというわけです。ただし，学説においては，立法過程を経ていない公正処理基準に基づき法人税の所得計算を行うことについて，租税法律主義の観点から問題がある，といった批判がなされています。

企業会計準拠主義の意義について説明したところで，次に公正処理基準の具体的な内容についてみていくことにします。公正処理基準に該当すると考

えられている中心的なものには，企業会計審議会が策定した企業会計原則・企業会計原則注解，企業会計基準委員会が策定する会計基準・適用指針，中小企業の会計に関する指針などの法的には拘束力を持たない基準もあれば，会社法・金融商品取引法やこれらの特別法における計算規定などの法的拘束力を持つ基準などもあります。また，公正処理基準には，このようなきちんとルール化された基準（規範性のある基準）だけでなく，例えば，特定の業種や一定規模の企業においてのみ伝統的に採用されてきた確立した会計慣行も含まれると考えられています。

ただし，これらの基準や会計慣行が常に公正妥当であるとは限りません。例えば，裁判例の中には，公平な課税の実現を損なうような会計処理基準は公正妥当であるとはいえない，と判断するものがあります（最判平成5年11月25日民集47巻9号5278頁，東京高判平成14年3月14日判時1783号52頁）。また，企業会計では控除可能な脱税工作のための費用であっても，法人税を免れるために支出された場合には，それを損金として控除することは公正妥当な会計処理とはいえない，と判断する裁判例もあります（最判平成6年9月16日刑集48巻6号357頁）。

このような裁判例の傾向に対しては，次のような慎重論があります。すなわち，法人税法22条4項は「一般に公正妥当と認められる会計処理の基準」と定めていますから，本来なら会計処理基準そのものの公正性・妥当性が問われるべきであるというものです。しかし，これらの裁判例においては，法人税の課税関係を決定する場合に会計処理基準をそのまま用いることが法的にみて公正妥当であるか否かが問題とされています。租税法律主義の観点からは，法人税法22条4項を根拠として，立法過程を経ていないルールを創り出すことについては慎重であるべきではないか，というのが，この指摘の趣旨だと考えられます。

Ⅴ　確定決算主義—課税所得計算と会社法会計との関係性

法人の課税所得計算は，さきほど説明したように，企業会計の基準に従っ

て行われます。しかし，そのように法律で決めただけでは，企業会計の基準に従って課税所得計算が行われるだけで，利益計算と課税所得計算の二度手間は一向に解消しません。実際に二度手間を省くためには，企業会計上の利益計算を課税所得計算の出発点とするための手続面の法整備が必要になります。そこで，法人税法は，利益計算と課税所得計算との間を繋ぐ架け橋を築くために，確定決算主義と呼ばれる確定申告の手法を導入しています（74条1項）。

　法人の代表例である株式会社は，「一般に公正妥当と認められる企業会計の慣行」（会社法431条）に従って，計算書類等（損益計算書や貸借対照表など）を作成し，かつ保存することを義務づけられています（同法435条）。この計算書類等の内容は，原則として，株主総会において決算報告され，株主総会での承認を経て確定されます（同法438条2項など）。これが会社法会計の基本的な仕組みです。この確定した決算を出発点として確定申告を行うことを，一般に**確定決算主義**といいます。企業会計に依拠して会社法会計が行われ，会社法会計に依拠して課税所得計算（税務会計）が行われることから，この計算構造を「会計の三重構造」などと表現することがあります。

　会社法会計が企業会計に依拠して行われていますから，確定決算を出発点として課税所得を計算することで，必然的に課税所得の計算は公正処理基準（22条4項）に準拠したものになっているはずです。そこで，法人税法は，課税所得計算に関する細かいルールを用意せず，公正処理基準に従うことを原則としながらも，適正な課税の執行という観点から公正処理基準の修正が必要である場合には，そのための規定（これを「**別段の定め**」という）を設けて対応しています。法人税法22条3項が，益金から控除する損金について，「損金の額に算入すべき金額は，別段の定めがあるものを除き，次に掲げる額とする」と規定していることが，その良い例です。ここにいう「次に掲げる額」が企業会計上の原価，費用および損失の額を指していますから，法人税法上の別段の定めや租税特別措置法（⇒【コラム】）の特例がある場合には，その定めが公正処理基準に優先して適用されることになります。

> **【コラム】租税特別措置法とは**
>
> 　租税特別措置法は，国の経済政策や社会政策などを実現するために，所得税法や法人税法などの本法に対する特例（税の減免や増税など）を定めた政策税制です。租税特別措置法は適用期間が限定された時限立法ですが，多くの規定が適用期間を自動的に更新されています。租税特別措置法の恩恵が特定の納税者のみに集中しているなど，制度存続についての批判もあり，租税特別措置の運用実態の把握と改善を図り，国民が納得できる公平で透明性の高い税制を確立することを目的として，平成22年に「租税特別措置の運用状況の透明化等に関する法律」が制定されました。

　それでは次に，確定決算を出発点として，具体的にどのような課税所得計算が行われるのかについて説明します。まず，課税所得計算の出発点は，決算書の中に示された当期利益です。会計上の当期利益は，【図表３】のような計算過程により算出されます。ここで注意しなければならないのが，当期利益を計算する過程において，すでに法人税法による調整が入り込んでいることです。法人税法上の損金を構成する費用・損失のうち一定のものは，損金経理と呼ばれる処理をした場合に限り，課税所得計算において損金として算入することが認められています。**損金経理**というのは，確定した決算において費用・損失として経理することをいいます（２条25号）。このような経理は，損金経理要件を考慮して決算段階で調整が行われることから，一般に**決算調整**と呼ばれています。

　すでに説明したように，課税所得計算というのは，企業会計準拠主義や確定決算主義に基づき，企業会計および会社法会計に依拠して行われることが本来的な姿でした。しかし，損金経理をしていない一定の費用・損失は課税所得計算において損金として控除できないため，逆に会社法（その基礎にある企業会計）の会計処理が法人税法からの強い影響によって歪められてしまうという，**逆基準性**と呼ばれる問題が生じています。

　実際に法人税の確定申告を行う場合，この当期利益から出発して，法人税

【図表3】 会計上の当期利益の算出方法

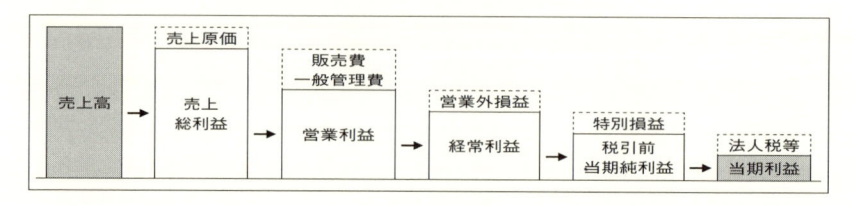

売上高 → 売上総利益（売上原価）→ 営業利益（販売費一般管理費）→ 経常利益（営業外損益）→ 税引前当期純利益（特別損益）→ 当期利益（法人税等）

法上調整が必要な項目について，別段の定めに従って当期利益の額に加算したり減算したりすることで，所得額を算出することになります（⇒【図表4】）。この調整は，法人税申告書別表4「所得の金額の計算に関する明細書」という書類（⇒【図表5】）の中で行われることから，一般に**申告調整**と呼ばれます。具体的には，法人が費用・損失として経理した金額で税法上は損金の額に算入すべきでないもの，および法人が収益として経理しなかったが税法上は益金の額に算入されるべきものについては，その金額を当期利益の額に加算します（施行規則別表4記載要領4(1)）。これに対して，法人が費用・損失として経理しなかったものでも税法上は損金に算入すべきもの，および法人が収益として経理したが税法上は益金に算入すべきでないものについては，その金額を当期利益の額から減算します（同要領5）。

Ⅵ 「別段の定め」の代表例とその趣旨

別表4における申告調整項目（加算調整項目・減算調整項目）としてどのような項目があるのか，またその調整がどのような趣旨で行われているのかを確認することで，別段の定めに基づく申告調整のイメージをより明確に掴むことができると思います。ここでは，代表的な申告調整項目に絞って，その内容と趣旨について説明することにします。

1 益金に関する別段の定め

益金に関する別段の定めとして代表的なものが，受取配当等の益金不算入について定めた法人税法23条です。ある法人が別の法人の株主となって，そ

第5章　法人税の構造

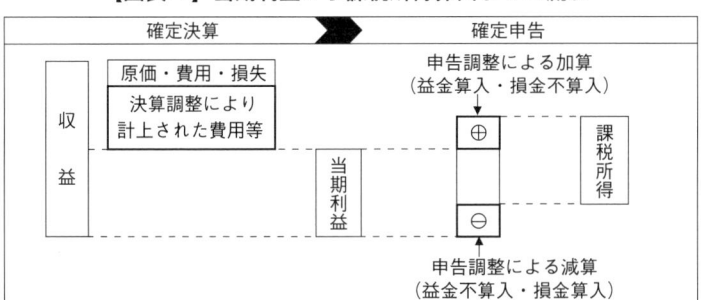

【図表4】当期利益から課税所得算出までの流れ

確定決算 ▶ 確定申告

- 収益
- 原価・費用・損失
- 決算調整により計上された費用等
- 当期利益
- 申告調整による加算（益金算入・損金不算入）⊕
- 申告調整による減算（益金不算入・損金算入）⊖
- 課税所得

【図表5】別表4（一部抜粋）

所得の金額の計算に関する明細書

事業年度：　　法人名：

区分		総額 ①	処分	
			留保 ②	社外流出 ③
当期利益又は当期欠損の額	1	円	円	配当　　　　　円 その他
加算	損金経理をした法人税及び復興特別法人税（附帯税を除く。）	2			
	損金経理をした道府県民税（利子割額を除く。）及び市町村民税	3			
	損金経理をした道府県民税利子割額	4			
	損金経理をした納税充当金	5			
	損金経理をした附帯税（利子税を除く。）、加算金、延滞金（延納分を除く。）及び過怠税	6			その他
	減価償却の償却超過額	7			
	役員給与の損金不算入額	8			その他
	交際費等の損金不算入額	9			その他
		10			
		11			
		12			
	小計	13			
減算	減価償却超過額の当期認容額	14			
	納税充当金から支出した事業税等の金額	15			
	受取配当等の益金不算入額（別表八（一）「14」又は「29」）	16			※
	外国子会社から受ける剰余金の配当等の益金不算入額（別表八（二）「13」）	17			※
	受贈益の益金不算入額	18			※
	適格現物分配に係る益金不算入額	19			※
	法人税等の中間納付額及び過誤納に係る還付金額	20			
	所得税額等及び欠損金の繰戻しによる還付金額等	21			※
		22			
		23			
		24			
	小計	25			外　※

〔引用元〕国税庁ウェブサイト
(https://www.nta.go.jp/tetsuzuki/shinsei/annai/hojin/shinkoku/itiran2014/pdf/04a.pdf)

の地位に基づいて受け取った配当は，それを受け取った法人に収入をもたらすことになるから，会計上は当然に営業外収益などとして計上されます。しかし，法人税法においては，原則として受取配当額の50％相当額が益金に算入されないこととされています（23条1項括弧書）。

このような取扱いは，法人税と所得税の二段階課税による税負担を調整すべきであるとの考え方（⇒本章Ⅲ）と同様の考え方に基づくものです。例えば，複数の法人株主を経てようやく個人株主に配当が回ってきたとしても，受取配当の益金不算入に関する規定がなければ，法人株主段階で何度も法人税が課され，配当原資が次第に痩せ細り，個人株主の手元にやってくる配当は僅かな額になってしまいかねません。このような多段階課税による過重な税負担を和らげるために，受取配当の一部を益金に算入しない取扱いが採用されています。

ただし，完全子法人（23条5項）および25％以上の持分（発行済株式や出資）を保有する関係法人（同6項）から支払を受けた配当については，その全額が益金不算入の対象となります（同1項）。このように完全子法人および関係法人からの配当のみが全額益金不算入となるのは，企業支配関係を築いた法人グループ内における内部取引と考えられる配当の支払に対して課税すると，事業を子会社形態で営むよりも，事業部門の拡張や支店の設置による方が税制上有利となり，税制の存在によって企業による事業形態の選択が歪められかねないこと（これを「税制が非中立的である」という）を考慮したものです。これに対して，このような関係を有しない法人の株式は一種の投資物件としての性格があることから，その配当の一部を課税の対象とするため，受取配当額の50％相当額のみが益金不算入の対象とされています。

なお，外国法人，公益法人等，人格のない社団等から受ける配当については，益金不算入の対象とはなりません。このうち，外国法人から受ける配当が益金不算入の対象とされていないのは，外国法人の所得には海外の租税が課されるので，日本の法人税が多段階で課されるといった事態がそもそも生じないためです。これに関連して，平成21年度税制改正において，海外に留保された外国子会社利益を国内に還流させることにより，国内での設備投資

や研究開発などの国内投資を活性化させることなどを目的として，一定の外国子会社からの配当の大部分が親会社において益金不算入とされる制度（23条の2）が導入されています。他方，公益法人等および人格のない社団等から受ける配当が益金不算入の対象とされていないのは，これらの法人については，収益事業以外の事業から生じた所得には法人税が課されないこととなっているため（⇒本章Ⅲ），配当原資となる所得に法人税が課されている保証がないからだと説明されています。

2　損金に関する別段の定め

損金に関する別段の定めの中心は，会計上の費用を法人税法上の損金に算入することを制限する規定です。ここでは，その代表的または特徴的な減算調整項目として，役員給与，交際費等，寄附金および租税公課を採り上げることにします。

(1) 役員給与

法人の取締役，執行役，会計参与，監査役などの役員（2条15号，施行令7条）に対して支給される役員給与（報酬と賞与を含む法人税法上の概念）は，会計上は費用として扱われています。しかし，法人税法34条1項は，支給時期や支給額などがあらかじめ決められている定期同額給与（同項1号），事前確定届出給与（同項2号）または一定の利益連動型給与（同項3号）に該当する場合を除いて，原則として役員給与の損金算入を認めていません。その趣旨については，現行法に至るまでの改正の経緯を押さえながら説明することにします。

平成18年度税制改正前において，役員賞与は，商法の領域において利益を獲得するための支出ではなく，獲得された利益を処分するものに過ぎないと考えられていたことから，法人税法上も損金算入を認められていませんでした（旧35条1項）。このような厳格な規制を回避するため役員賞与を役員報酬名目で支払う「隠れた利益処分」に対処するため，過大な役員報酬の損金算入も否定されていました（旧34条）。しかし，平成18年の会社法改正により，役員に対する報酬等（賞与などを含む会社法上の概念）が利益処分ではな

く，職務執行の対価（会社法361条1項）として扱われることとなり，損金不算入の根拠が失われるに至りました。

だからといって，法人税法において，あらゆる役員給与を無条件に損金算入することは，法人による恣意的な所得操作を安易に認めることになるおそれがあります。そこで，適正課税の観点から，原則損金不算入という立場が採用されたのです。なお，損金不算入の対象とならない定期同額給与などに該当する場合であっても，不相当に高額な部分の金額については，収益の獲得に直接には貢献していないと考えられることから，損金への算入が認められません（34条2項）。使用人の給与についても同様に，不相当に高額な部分の損金算入は認められません（36条）。

(2) 交際費

交際費等とは，交際費，接待費，機密費などの名目で支出した金銭で，法人の得意先，仕入先その他事業に関係のある者などに対する接待，供応，慰安，贈答その他これらに類する行為のために支出するものをいいます（租特61条の4第3項）。交際費等は，費用の使い道が明らかであり，その費途が事業に関連することが明白であるから，会計上は費用として扱われています。しかしながら，税法上は，一定の交際費等の一部について損金算入が否定されています。注意すべき点は，交際費等の損金不算入が法人税法ではなく，租税特別措置法に定められていることです。

交際費等の損金不算入は，社会的な不公正を生み出す冗費乱費（いわゆる無駄遣い）の増大を抑制し，会社資本の内部留保を高めて企業体質を改善してゆく狙いから導入されました。課税の面では，もし交際費等の損金算入が無制限に認められれば，相当程度の法人税収が失われるおそれがあります。

さらには，同種企業の交際費等控除前の所得が同一であっても，一方の企業が所得金額がゼロに達するまで交際費等の支出を行い，他の企業が交際費等の支出をほとんど行わなかった場合，前者の企業による交際費等の控除による減税額を国庫が肩代わりしたことになり，両企業間の公平性が失われることになりかねません。そこで，交際費等の損金算入を否定することで，税収の確保と課税の公平性の実現を図ろうとしているのです。

(3) 寄附金

　寄附金というのは，寄附金，拠出金，見舞金などの名義を問わず，法人が贈与し，または無償で供与した金銭その他の資産または経済的な利益を指します（37条7項）。重要な点として，資産の譲渡や経済的利益の供与を無償または低額で行った場合，譲渡資産の時価または経済的利益の価額と対価の額との差額部分は実質的に贈与したものとみなされ（同条8項），寄附金として扱われます（⇒第6章Ⅲ）。寄附金のうち，事業活動との関連性があるものは，会計上は費用として扱われることになります。しかしながら，法人税法37条は，寄附金の額のうち政令に定められた損金算入限度額（施行令73条）に達するまでの金額についてのみ損金算入を認め，限度額を超える部分の金額については損金算入を否定しています（1項）。

　このような損金算入限度額が設けられているのは，寄附金の中には事業活動との関連性が認められないもの（すなわち費用性がなく剰余金の分配に近い性質のもの）があり，無条件で寄附金全額の損金算入を認めることに問題があるからです。ただし，国または地方公共団体に対する寄附金および公益目的の事業を営む法人や団体に対する一定の寄附金については，その全額の損金算入が認められます（2項）。これら費用性の乏しい寄附金の全額控除が認められているのは，国の政策として国や公益事業を営む法人などに対する寄附を奨励しているからです。

　もともと，寄附金の損金不算入を導入した趣旨は，多額の寄附金を損金算入することによりもたらされる税収減を防ぐことにありました。その背景には，導入当初における法人税率が極めて高率であったという事情が存在しています。しかし，法人税率が引き下げられつつある中で，このような趣旨が今後もなお妥当するかについては，検討の余地がありそうです。現在においては，反対給付を伴わない点で費用性の乏しい支出であること，課税所得がゼロに達するまで寄附金を支出した法人と他の法人との税負担の公平性を図るべきことから，寄附金の損金算入が制限されていると捉える方が実情に即しているのかもしれません。

(4) 租税公課

法人に課される租税および公課（公的負担金）は，会計上は売上原価，費用または損失として扱われます。しかし，法人税法は，一定の租税公課の損金算入を否定しています。

損金不算入となる租税公課の代表例として，法人税（38条1項）があります。法人税が損金不算入の対象とされていることには，およそ2つの論拠があるといわれています。第1に，法人税は本来法人の所得の中から支払われるべきところ，これを損金に算入することを認めてしまうと，その分だけ納税資金の元手となる所得自体が減少してしまうという循環的な結果に陥ることになってしまうからです。第2に，すべての事業年度で同一額の課税所得が獲得されているにもかかわらず，前年度分の事業年度における法人税額を当期の損金に算入すると，事業年度ごとに最終的な課税所得金額が異なることになり，これに連動して当期の法人税額にもばらつきが生じることになるからです（⇒【図表5】）。

【図表5】法人税額を損金算入した場合の法人税額のばらつき

事業年度	第1期	第2期	第3期	第4期	第5期
損金算入前の課税所得金額	100	100	100	100	100
当期に納付する前年度分の法人税額	—	25	11	22	19
最終的な課税所得金額	100	75	89	78	81
当期の法人税額＊	25	11	22	19	20

＊法人税率を25％として，小数点以下の端数が生じた場合には四捨五入している。

これとは異なる論拠から，損金不算入とされる租税として，国税に係る延滞税，過少申告加算税，無申告加算税など，一種の行政制裁として付加的に課される附帯税（⇒第9章Ⅳ2・3）があります（55条3項）。附帯税の損金算入が制限されているのは，附帯税について損金算入を認めてしまうと，税負担の減少により制裁としての効果が弱められてしまい，国庫が違法行為を租税の面で援助することになり好ましくない，と考えられるからです。これ

と同様の論拠から損金不算入とされるものとして、罰金、科料および過料ならびに特定の法律に基づく課徴金および延滞金があります（55条4項）。

Ⅶ 今後の課題

　最後に、本章の冒頭における導入事例の中で問題としていた、企業会計、会社法会計および法人税法（税務会計）の関係性についてまとめておくことにします。会社法432条1項は、会計基準の制定や改変に機動的に対応するため、法務省令である会社計算規則に基づき会社計算を行うことを要請しています。こうして会社法会計が企業会計や国際会計基準に急接近し、両者の内容に大差はないといわれています。このような動向と本章の内容を踏まえれば、企業会計、会社法会計および法人税法の関係性は、【図表6】のように表すことができます。

【図表6】企業会計、会社法会計および法人税法の関係性

```
                      企業会計
                    ↗        ↖
              接近            企業会計準拠主義
            ↗         逆基準性        ↘
        会社法会計 ←――――――――――――→ 法人税法
                    確定決算主義
```

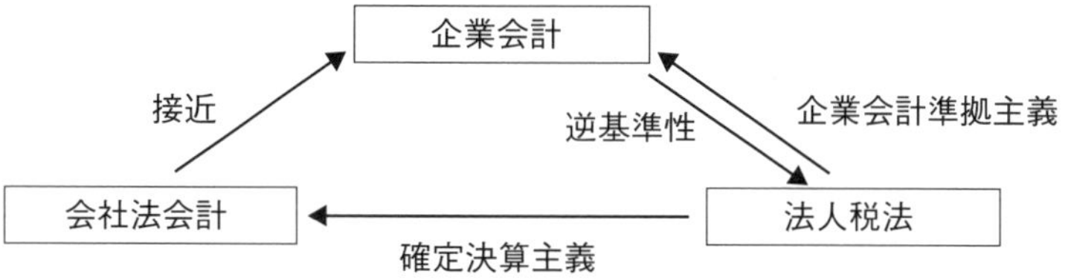

　このような三者間の関係から、より専門的な法人税の問題について理解を深めるためには、企業会計や会社法の知識が必要不可欠になります。また近年、法人税法は、租税特別措置法と並んで、企業の国際競争力の確保、雇用の拡大、民間投資（設備投資や研究開発など）の促進など、国家の様々な政策を実現するための手段として、一翼を担っています。そのため、法人税のあり方について議論する場合、その時々の社会情勢を正確に把握しておく必要があります。

　多くの企業は、日本国内にとどまり事業活動を展開するばかりでなく、法

人税率や商品製造コスト（賃金や材料費）がより低い国に積極的に進出し，事業活動をグローバルに展開しています。そのため，国境を超えて行われる国際取引や企業グループ内の取引に対して法人課税を適切に執行するためにどうすればよいかが，重要な問題となります。このような国際的な課税問題に対処するための規定が法人税法や租税特別措置法に配置されていますので，国内取引における法人税法の適用関係を理解した後に，国境を跨ぐ取引に関する課税問題についても是非学習して下さい。

第6章 法人税の論点

導入事例

学生T 「法人税の論点の中から卒業論文のテーマを選択しようと考えているのですが、何か良いテーマはありますか？」

M教授 「収益の年度帰属はどうでしょうか。例えば、土地の売買から生じる収益は、契約締結日、土地引渡日、対価支払日、所有権移転登記日のいずれの時点で計上されるべきでしょうか？」

学生T 「第三者に土地の所有権を対抗できるようになる登記時です。」

M教授 「発想は鋭いですが、それは正しいとされている答えではありません。その他のテーマとして、法人がタダで土地を譲渡した場合、譲渡した法人の側に法人税が課されるでしょうか？」

学生T 「何も対価を受け取っていないのだから、当然に法人税は課されません。」

M教授 「果たしてそうでしょうか。それでは最後に、法人が税負担を軽減するために行った取引をあたかも別の取引が行われたように仮定して課税することは許されるでしょうか？」

学生T 「そんなことが許されれば、課税庁による恣意的な課税が横行することになるので、絶対に許されません！」

M教授 「君の熱い思いとは裏腹に、このような課税が一定の場合に認められています。3つのテーマについて、もう少し詳しく説明しましょう。

Ⅰ 益金および損金の帰属年度

1　年度帰属論の意義

　課税所得計算は，事業年度（13条）ごとに行われます。各事業年度の課税所得を適切に把握するためには，益金を構成する収益と損金を構成する原価，費用および損失が正しい事業年度の課税所得計算に投入されなければなりません。益金および損金をどの事業年度に帰属させるべきかに関する議論のことを，一般に年度帰属論といいます。

　法人税法においては，所得税法において年度帰属論（⇒第4章Ⅶ）が重要だとされる制度的背景が存在しません。例えば，所得税法においては，超過累進税率が採用されているため，ある所得を複数の課税年度（暦年）に分割して計上することができれば，1つの課税年度において一挙に超過累進税率の適用を受ける場合と比較して，全体としての所得税額は少なくなります。しかし，法人税法においては，比例税率が採用されているため，所得を複数の年度に分割しても，基本的に税額が異なることはありません。もっとも，法人税法は毎年のように頻繁に改正されるため，翌事業年度から税率が変更されたり，これまで損金算入が認められていた控除項目が損金不算入扱いとなれば，益金および損金の年度帰属は，納税者が負担すべき法人税額に大きな影響を与えることになります。したがって，所得税法と同様に，法人税法においても年度帰属を議論する意義は十分にあるといえます。

　さらに，法人税法における年度帰属論については，一定の配慮が必要となります。なぜなら，法人税法における課税所得計算は公正処理基準に依拠して行われる（22条4項）からです。したがって，益金および損金の帰属年度を判定する際には，基本的には，企業会計上の収益，原価，費用および損失の認識基準が参照されることになります。ただし，その認識基準の適用について租税公平主義の観点から修正や限定が必要な場面については，別段の定めによって手当がなされています。

2　益金の帰属年度

　法人税法22条2項は,「当該事業年度の収益の額」を益金の額に算入すべき旨規定しています。当該事業年度「の」収益と定められているので,益金を構成する収益は,納税義務の内容を確定すべき事業年度に帰属するものでなければなりません。

　企業会計における原則的な収益認識基準は,**発生主義**（企業会計原則第2・1・A）と呼ばれる基準です。発生主義は,企業活動に伴う経済的価値の生成を表すような事実が発生した時点で収益を計上する基準です。例えば,製品の販売については,製品が完成した時点で後の売上げに直結する経済的価値が生成されるわけですから,製品の販売を待つことなく,製品完成時点で収益が認識されます。しかし,製品完成時点では,この製品が本当に販売される確証はありません。そこで,収益の認識に確実性と客観性を持たせるため,売上高を構成する収益は,商品等の販売や役務の提供によって実現した時点で計上されることになっています（企業会計原則第2・3・B）。この**実現主義**にいう「**実現（realization）**」というのは,商品等や役務が相手に提供され,その対価として現金や売掛金（後で対価を受け取ることのできる権利）などの貨幣性資産が取得されることを意味する言葉とされています。

　法人税法においても,企業会計上の実現主義に基づいて,益金の帰属年度が判定されることになります（22条4項）。有力な学説は,所得税法だけでなく法人税法においても,収入すべき権利の確定した年度に収益の計上を要請する**権利確定主義**（⇒4章Ⅶ）が妥当する,と主張しています。ここで,実現主義と権利確定主義が異なる基準であるか否かが問題となりますが,裁判例においては,実現主義と権利確定主義には大差がない,と考えられています。例えば,輸出取引に係る収益の計上時期が争われた大竹貿易事件において,最高裁判所は,「ある収益をどの事業年度に計上すべきかは,一般に公正妥当と認められる会計処理の基準に従うべきであり,これによれば,収益は,その実現があった時,すなわち,その収入すべき権利が確定した時の属する事業年度の益金に計上すべきものと考えられる」と判示して（最判平成5年11月25日民集47巻9号5278頁）,実現主義を権利確定主義と同一視して

います。

　このように，実現主義も権利確定主義も，商品販売の対価として未だに現金を取得していない場合であっても，後に対価を受け取る権利（売掛金）を確定的に取得した時点で収益が認識されます。しかし，具体的な取引過程のどの段階において実現ないし権利の確定があったとみるべきかについては，難しい判断を迫られることになります。土地の売買を例に採れば，契約締結時，土地の引渡時，対価の支払時，所有権移転登記の完了時のうち，いずれの時点で実現ないし権利の確定があったとみるべきでしょうか。通説的な説明によれば，土地の引渡しがあった時点で，相手方が有する同時履行の抗弁権（相手方が契約上の義務を履行するまで，自己が契約上負う義務の履行を拒むことのできる権利）が消滅し，相手方に無条件で対価の支払を要求することができるようになるため，この時点で実現ないし権利の確定が生じることになります。これに関連して，何らかの統一的基準をもって実現時点ないし権利確定時点を１つの時点に決定すべきなのか，それとも継続的な適用を前提として納税者による実現時点ないし権利確定時点の選択を認めるべきなのかも問題となります。

　なお，実現主義と権利確定主義との間に違いがあるとするならば，権利確定主義が「権利の確定」という法的な側面から収益の年度帰属を判定している点にあります。企業会計においては，収益の法的有効性にかかわらず，事業者の手元に流入した貨幣性資産が漏れなく認識されます。これに対して，権利確定主義は，対価などを請求する法的権利が発生しない違法な取引から生じた収益に対しては適用できません。そこで，これを補うための基準として，対価等が現実に納税者の管理支配の下に入った時点で収益の計上を求める**管理支配基準**が持ち出されます。管理支配基準によると，違法な内容を含む行為や取引が完了しているにもかかわらず，対価が現実に納税者の手元に流入するまでは収益が計上されないため，実現主義よりも収益の計上時期が遅れることになります。

　他方で，法人税法は，実現主義に対するいくつかの例外を定めています。例えば，一定の長期分割払の取引については，取引額が高額な場合が多く，

実現主義に基づき商品や資産の引渡時や役務完了時に取引額全額が一挙に益金に計上されれば，納税資金の面で納税者に相当の負担を生じさせるおそれがあるため，確定決算による経理を条件として，分割して益金を計上することが認められています（63条）。また，一定の工事の請負については，実現主義によれば工事の完成・引渡しの時点に益金を計上すべきところですが，法人の事業活動を反映した所得発生状況を適正に把握するため，工事の進行状況に応じて益金を計上することが強制され，または確定決算による経理を条件として認められています（64条）。さらに，実現主義によれば外部取引がない限り益金に算入されない資産の評価益（25条1項）についても，一定の資産については事業年度末に時価評価を行って評価益を益金に算入することが強制されています（61条以下）。

3　損金の帰属年度

　法人税法22条3項は，別段の定めがある場合を除き，同項1号から3号までの各号に掲げる金額を，各事業年度の損金の額に算入すべきことを要請しています。そこで，各号に示された損金を構成する項目（原価，費用および損失）について，それぞれ帰属年度判定基準を確認していくことにします。

(1)　原価の帰属年度

　同項1号は，「当該事業年度の収益に係る売上原価，完成工事原価その他これらに準ずる原価の額」と定めています。「当該事業年度の原価」ではなく，「当該事業年度の収益に係る……原価」と規定されているように，原価の帰属年度は，その原価と直接的・個別的に対応する収益の実現時点が属する事業年度と重なることになります。例えば，ある年度に商品を10で購入し，その商品が2年後に20で販売された場合，10の原価を控除することができるのは，商品の購入に際して現実に支出をした年度ではなく，販売年度になるということです。押さえておくべき点は，原価が特定の事業年度と期間的に対応するのではなく，ある事業年度に実現した収益と個別的に対応するということです。

(2) 費用の帰属年度

同項2号は,「当該事業年度の販売費,一般管理費その他の費用（償却費以外の費用で当該事業年度終了の日までに債務の確定しないものを除く。）の額」と規定しています。原価とは対照的に,「当該事業年度の……費用」と規定されていることからも明らかなように,費用は,特定の事業年度と期間的に対応することになります。もっとも,企業会計において,収益を生み出すために要した費用は,その収益が認識された会計年度と同一の年度に認識されるべきであるとされています（企業会計原則第2・1）。この**費用収益対応の原則**と呼ばれる基準によれば,費用についても収益との対応関係が求められているように思われます。しかし実際には,ある費用について,特定の収益との対応関係を判定するのは困難です。また,収益が発生しなかった会計年度においても,支出した費用は計上されます。そのため,費用の帰属年度は,費用収益対応の原則に基づいて判定することを建前としながらも,実質的には費用の認識基準である発生主義（同原則第2・1・A）に基づいて判定されることになります。

ただし,上記規定の括弧書にもあるように,固定資産や繰延資産の償却費以外の費用については,損金算入の要件として債務の確定が求められています。この債務の確定は,企業会計においては求められていない条件です。債務の確定とは,①費用に係る債務（契約上の義務）が成立し,②具体的給付をすべき原因事実が発生し,かつ③その金額を合理的に算定することができる状態をいいます（法基通2-2-12）。例えば,自社ビルの修繕工事を発注したが,まだ実際の修繕がなされていない場合,修繕契約により修繕費を支払う債務が成立し,その金額も確定しているものの,修繕費を給付すべき原因事実（修繕工事の完了）が発生していないため,債務の確定は認められません。この**債務確定基準**の存在により,前払家賃などの前払費用については,債務の確定が認められる金額（役務の提供を受けた期間に対応する金額）についてのみ損金算入が認められます（⇒【図表1】）。これに対して,未払家賃などの未払費用については,実際には支出がないものの,債務の確定が認められる金額（役務提供を受けた期間に対応する金額）については,損金算入が

求められます（⇒【図表2】）。

【図表1】 前払家賃の処理方法

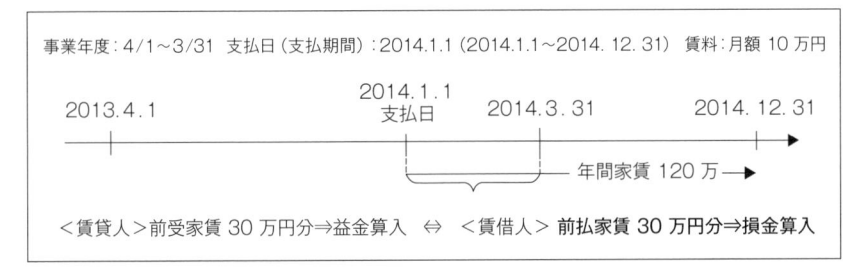

事業年度：4/1～3/31　支払日（支払期間）：2014.1.1（2014.1.1～2014.12.31）　賃料：月額10万円

```
2013.4.1            2014.1.1      2014.3.31              2014.12.31
                    支払日
  |------------------|-------------|----------------------|
                                    └──── 年間家賃 120万 ────┘
```

＜賃貸人＞前受家賃30万円分⇒益金算入　⇔　＜賃借人＞前払家賃30万円分⇒損金算入

【図表2】 未払家賃（後払家賃）の処理方法

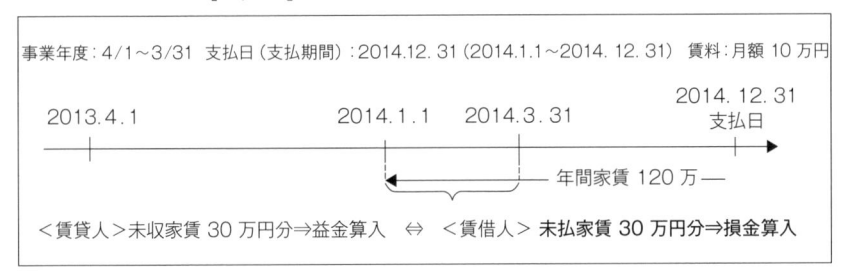

事業年度：4/1～3/31　支払日（支払期間）：2014.12.31（2014.1.1～2014.12.31）　賃料：月額10万円

```
2013.4.1          2014.1.1   2014.3.31             2014.12.31
                                                    支払日
  |----------------|----------|---------------------|
                   └──── 年間家賃 120万 ────┘
```

＜賃貸人＞未収家賃30万円分⇒益金算入　⇔　＜賃借人＞未払家賃30万円分⇒損金算入

(3) 損失の帰属年度

　同項3号は，「当該事業年度の損失の額」と規定しています。「当該事業年度の損失」と定められていることから，損失も事業年度と期間的に対応することになります。そもそも，損失は収益の獲得には直接貢献しない偶発的原因による資産の減少をいうので，収益との対応関係は問題になりません。損失は，損失が発生した事業年度，より具体的には，資産の経済的価値が確定的に喪失された事業年度に帰属することになります。損失の帰属年度との関係において問題となる発展的な論点として，過年度における課税所得計算の是正方法があります。

　周知の通り，近年，消費者金融会社に対して制限超過利息の返還を求める訴訟が続発しています。過年度に課税対象とされた利息が返還された場合，

過年度に納付した法人税が返還されなければ，**「所得なきところに課税なし」**という所得課税の建前に反する結果となってしまいます。そこで，過年度の課税所得計算を是正する方法として，2つの方法があります。その1つは，返還額を**前期損益修正損**（企業会計原則第2・6）として損金に計上して返還年度の益金と相殺することで，間接的に法人税額を取り戻す方法（現年度調整）です。いま1つは，**更正の請求**（⇒第10章Ⅳ）を通じて過年度の課税所得計算を遡って是正して，過大に納付した税額の返還を直接求める方法（遡及修正）です。

これまで学説や裁判例においては，法人税法において前期損益修正は認められない，と考えられてきました。なぜなら，課税所得計算の遡及修正が，損失の発生年度を損失の帰属年度とする企業会計原則および確定した決算に基づく納税申告を要請する確定決算主義に反することになりかねないからです。なお，旧武富士による過払金の返還に基づく遡及修正の可否が争われた近年の事案においても，遡及修正は認められませんでした（東京地判平成25年10月30日判時2223号3頁，東京高判平成26年4月23日判例集未登載，上告中）。しかし，会計上の誤謬に対する修正方法として遡及修正（修正再表示）を採用する「会計上の変更及び誤謬の訂正に関する会計基準」（企業会計基準24号）が，平成21年に企業会計基準委員会から公表されました。これを受けて，法人税法においても一定範囲において遡及修正が認められる余地が出てきたとの評価もあります。

Ⅱ 法人税法22条2項に基づく無償取引課税

1 法人税法22条2項の基本構造

法人税法22条2項は，「別段の定めがある場合を除き，資産の販売，有償又は無償による資産の譲渡又は役務の提供，無償による資産の譲受けその他の取引で資本等取引以外のものに係る当該事業年度の収益の額」を益金に算入すべきことを定めています。同条では，収益を認識する対象となる取引形

態として，①資産の販売，②有償による資産の譲渡，③無償による資産の譲渡，④有償による役務の提供，⑤無償による役務の提供，⑥無償による資産の譲受けの6つが例示されています。これらの取引形態に厳密に当てはまらなくても，会計上認識される取引であれば，「その他の取引」として広く収益認識の対象となります。

　法人税法22条2項について重要な点は，益金を構成する収益が「取引」から生じた経済的利益に限定されている点です。法人税法22条2項にいう「取引」の意義が争われた事案として，オーブンシャ・ホールディング事件があります。同事件において，旺文社は，保有する放送局2社の株式を直接売却すると多額の法人税が課されるため，オランダ法人を経由して売却することで法人税を免れることを企図しました。その内容は，①旺文社が上記株式などを出資してオランダに完全子会社Aを設立し，②A社株主としての議決権を行使して，新たに大量に発行したA社株式を著しく低い価額により第三者に割り当てることを決定し，③旺文社株式の約半数を保有する財団法人がオランダに設立した完全子会社Bにこれを引き受けさせ，④増資終了後にA社が現物出資された放送局株式を第三者に売却する，というものでした。

　本件増資により，A社株式の持分割合が100％から6.25％に減少したことで，旺文社は約256億円もの株式価値を失うことになりました。その反面で，B社は，A社株式の93.75％を取得することになりました。

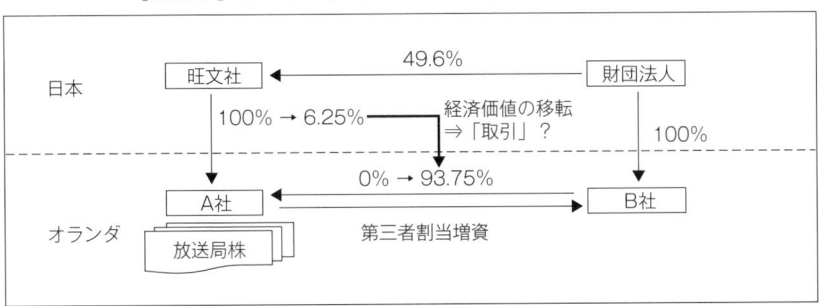

【図表3】オーブンシャ・ホールディング事件の概要図

ここで問題となったのが，旺文社からB社に対する持分価値の移転が法人税法22条2項にいう「取引」に該当するか否かでした（⇒【図表3】）。上記一連の取引において，旺文社とB社との間に直接の取引はなく，A社からB社への第三者割当増資があっただけでした。これに対して，最高裁判所は，A社の完全支配株主であった旺文社とB社との間において持分価値の移転に関する合意があったと認定した上で，この合意を法人税法22条2項にいう「取引」と捉えました（最判平成18年1月24日訟月53巻10号2946頁）。

2　各取引形態の具体的内容

　まず注目すべきは，①〜⑤の取引形態の中で，「資産の販売」と「資産の譲渡」が区別されている点です。資産の販売も譲渡の一種ですが，ここでいう資産の販売は，商品などの棚卸資産の反復的な販売を指すとされています。ただし，法人税法では「棚卸資産」という会計用語に法人税法特有の意味が与えられているため（2条20号），法人税法22条2項は，「棚卸資産の販売」とは規定せず，「資産の販売」と注意深く規定しています。したがって，「資産の譲渡」の方は，棚卸資産以外の資産（例えば棚卸資産に該当しない株式や固定資産など）の一時的な譲渡を指します。

　次に，「役務の提供」の例としては，土木工事，清掃，貨物や旅客の運送，仲介，宿泊サービスの提供，技術援助，情報の提供などがあります。役務提供の例として金銭の貸付けがしばしば採り上げられますが，金銭の貸付けは「その他の取引」に該当するとの説明がなされることもあります。参考までに，法人税法61条の8は，「役務の提供」と「金銭の貸付け」を別の概念として用いています。いずれにせよ，金銭の貸付けから利息相当額の収益が発生することに変わりはありません。

　法人税法22条2項の最も特徴的な点は，無償取引からも収益が発生することが明示されていることです。収益の発生する無償取引として明示されているのは，資産の譲渡，役務の提供，資産の譲受けの3つです。法人税法の中で「資産の販売」と「資産の譲渡」が区別されていること（63条なども参照）からすれば，無償による資産の譲渡は，棚卸資産以外の資産の一時的な譲渡

に限定されるはずです。なお，低額譲渡であっても，当該資産の時価と対価との差額部分は，無償による資産の譲渡と捉えられることになります。これに対して，無償による資産の譲受けには，「資産の販売」と「資産の譲渡」のような区別がされていないので，棚卸資産を含むあらゆる資産の譲受けが含まれる，と解されます。

3　無償取引課税の根拠論

　法人税法22条2項は，無償による資産の譲渡，役務の提供および資産の譲受けについて収益を認識すべきことを要請しています。これらの無償取引のうち，収益が発生することが理解しやすいのは，無償による資産の譲受けです。企業会計においては，無償で取得した資産は公正な評価額によって取得したとみなされるため（企業会計原則第3・5・F），複式簿記における借方と貸方との釣り合いを保つために（⇒【図表4】），取得資産の公正評価額に見合うだけの収益（受贈益）が計上されます。企業会計準拠主義（22条4項）に従い，法人税法上も，無償による資産の譲受けにより収益が発生することになります。なお，資産の低額譲受けについても，時価と対価との差額について収益が発生することになります。

　しかし，最大の謎は，無償による資産の譲渡と役務の提供について，資産を譲渡した法人または役務を提供した法人の側に収益の認識を求めていることです。企業会計においては，現実に収入があったことを条件として収益の計上が認められているので（企業会計原則第2・1・A），現金などの貨幣性資産が法人に流入しない無償取引からは収益は発生しないと考えられています（税法と企業会計との調整に関する意見書総論3(7)）。企業会計準拠主義に従えば，法人税法においても，収益が認識されないはずです。それにもかかわらず，法人税法22条2項はどのような根拠から収益の発生を擬制しているのでしょうか。学説では，次のような根拠論が示されています。

(1)　同一価値移転説

　無償による資産の譲渡や役務の提供があった場合，取引の相手方は，提供を受けた資産や役務の公正市場価額に相当する経済的利益を無償で得ること

【図表4】複式簿記の基礎

貸借対照表

資産	負債
	純資産
（借方）	（貸方）

◆ 有償による資産の譲受け（Ex. 現金100万円で土地を取得）

（借方）土地 100万円 ／ （貸方）現金 100万円
　　　　　⇩　　　　　　　　　　　⇩
　　　資産の増加 ←貸借一致→ 資産の減少

◆ 無償による資産の譲受け（Ex. タダで100万円の土地を取得）

（借方）土地 100万円 ／ （貸方）**受贈益 100万円**
　　　　　⇩　　　　　　　　　　　⇩
　　　資産の増加 ←貸借一致→ 収益の増加

損益計算書

費用・損失	収益
当期純利益	
（借方）	（貸方）

仕訳帳

日付	摘要	元丁	借方	貸方
○ ×	（土地）		100	
	（受贈益）			100
	A社から無償で土地を取得			

〔解説〕企業は，利害関係者や投資家に対して，一定期間の経営成績や財務状態を報告するため，貸借対照表と損益計算書と呼ばれる報告書を複式簿記により作成します。貸借対照表は，企業資本の調達源泉を示す負債（借金）：純資産（株主からの出資）と，その運用状況を示す資産の状況を示す報告書です。これに対して，損益計算書は，一定期間の収益から費用を引いた純利益（経営成績）を示す報告書です。企業は，これらの報告書（決算書）を作成するため，日々の取引を記録する「仕訳（しわけ）」という作業を行っています。仕訳というのは，発生した取引の内容を仕訳帳の借方（かりかた）と貸方（かしかた）に分ける作業をいいます。例えば，取引により貸借対照表の資産が増加する場合には借方にその名目（これを勘定科目という）と金額を記録し，逆に資産が減少する場合には貸方に記録します。他方，取引により損益計算書の収益が増加する場合には貸方に記録し，費用や損失が増加する場合には借方に記録します。この記録場所（借方・貸方）は，貸借対照表と損益計算書における各項目の記入位置を基準として判断することができます。

　上記の無償による資産の譲受けでは，タダで土地を取得したことにより貸借対照表上の資産が増加することになるため，借方に土地100万円が記録されています。複式簿記では借方と貸方の金額が常に釣り合うことになるため（貸借平均の原理），貸方に何か記録しなければなりません。そこで，企業会計では，タダで資産を取得したことにより損益計算書に表示される収益が発生したと考えて，受贈益という勘定科目で100万円記録することになります。この収益が，法人税法上の益金になります。

になります。同一価値移転説は，取引の相手方が経済的利益を無償で得るためには，これと同一価値の経済的利益が前もって譲渡者または役務提供者の側に発生していて，これが相手方に移転されるより他ない，と考えます。すなわち同説は，収益発生の根拠を，譲渡者または役務提供者の側における経済的利益の発生という事象に求めます。

例えば，無利息融資を行った法人側に収益が発生するか否かが争点となった清水惣事件において，裁判所は，「営利法人が金銭（元本）を無利息の約定で他に貸付けた場合には，……その当事者間で通常ありうべき利率による金銭相当額の経済的利益が貸主に移転したものとして顕在化したといいうるのであり，右利率による金銭相当額の経済的利益が無償で貸主に提供されたものとしてこれが当該法人の収益として認識されることになる」と判示しています（大阪高判昭和53年3月30日高民集31巻1号63頁）。

しかし，同一価値移転説に対しては，どのような根拠からどのような方法により経済的利益が相手方に移転するのかが明らかにされていない，との指摘があります。また，譲渡者または役務提供者は対価を得ることのできる機会を失うにもかかわらず，なぜ譲渡者または役務提供者の側に収益が発生すると考えられるのかが判然としない，といった疑問も投げかけられています。

(2) 有償取引同視説

有償取引同視説は，第1段階として有償で資産の譲渡や役務の提供が行われ，第2段階として第1段階の取引で受け取った対価を相手方に贈与するという，2段階の取引がなされたとみなして，第1段階の有償取引から譲渡資産または提供された役務の公正市場価額に相当する収益が発生する，と考えます。第2段階における対価の贈与は寄附金（⇒第5章Ⅶ2(3)）として扱われることになり，損金算入限度額までしか損金に算入することができません。その結果，第1段階における収益と第2段階における損金算入可能額との差額が課税対象となります。

しかし，有償取引同視説に対しては，現実には無償で行われた取引を，なぜ有償取引と贈与とを組み合わせた取引があったと擬制することができるの

かが明らかにされていない，との批判があります。現実に生じた経済的事実が課税要件を充足するか否かにより納税義務の有無が判断されるべきところ，租税法律主義の観点からは，2段階による取引の擬制を通じた課税は，特段の根拠規定が設けられている場合に限り認められるべきだと考えられます。

(3) 増加益清算課税説

所得税法の領域において，譲渡所得課税の本質は，資産が他に移転する機会に，保有期間中に蓄積された資産価値の増加部分（増加益）を清算して課税するところにある，と説明されています（⇒第3章Ⅲ2(8)）。増加益清算課税説は，この考え方を根拠として，無償による資産の譲渡を機会に資産の増加益を清算するために，収益の実現を擬制します。しかし，増加益清算課税説は，無償による資産の譲渡から収益が擬制されることを説明できても，無償による役務の提供から収益が擬制されることまでは説明できません。そこで，学説では，無償による役務の提供から収益が擬制される根拠について，無利息貸付けを例として，やや複雑で難解な説明がなされます。

例えば，通常ならば利率1％で融資しているところ，無利息で100万円を融資し，1年後に弁済する契約を締結したとします。貸付金の弁済を受ける権利（貸付債権）の弁済時の時価（将来価値）は，1年後に弁済を受けることのできる100万円です。これに対して，貸付時点での貸付債権の時価（現在価値）は，1年後の弁済額100万円を1％の利率で割り引いて算出される約99万円（100万円÷1.01）になります。そうすると，貸付時に99万円の価値のある資産が1年後の弁済時に弁済額100万円と引き換えに借主に譲渡され，その時に約1万円の増加益（将来価値100万円－現在価値約99万円）が収益として計上されることになります。

(4) 適正所得算出説

無償取引では対価の流入がないとして課税しなければ，有償取引を選択した法人のみが法人税の負担を負うことになり，競争力の観点から不利な立場に置かれることになります。そこで，適正所得算出説は，正常な対価（独立当事者間価格）で取引を行った者との税負担の公平を維持し，同時に法人間

の競争中立性を確保するためには，無償による資産の譲渡や役務の提供からも収益を擬制することにより，法人の適正な所得を算出しなければならない，と考えます。裁判例においても，同様の見解が採用されている例があります（宮崎地判平成5年9月17日民集49巻10号3139頁，東京高判平成20年2月20日税資258号順号10898）。なお，適正所得算出説に対しても，有償取引同視説と同様の批判がありえます。

4 無償による役務の受入れによる収益の発生可能性

　無償による役務の受入れにより享受した経済的利益から収益が発生するか否かについて，法人税法22条2項は明言していません。では，収益を認識する必要はないのでしょうか。この問いに対する一般的な回答は，有償取引で余儀なくされる取引相手への対価の支払が無償取引では生じないため，本来ならば支出されるはずの費用が減少し，その分だけ課税所得が増加することになるため，無償による役務の受入れについて収益を認識する必要はない，というものです。例えば，200の収益を獲得している法人が役務の提供を受ける対価として現金100を支払った場合，収益200から費用100が控除されるため，課税所得は100になります。しかし，無償取引の場合，対価100の支払がないため，費用の控除はなく，そのまま収益200が課税所得となります。有償取引が無償取引に転じると，課税所得が100だけ増加することになります。

　しかし，両者を比較せず，無償取引だけに着目すると，費用の控除が認められないからといって，課税所得は当初の200から増加しません。正確には，費用控除による課税所得の「減少が生じない」というだけのことです。この結果は，無償取引では実際の現金支出を伴わないのですから，当然であるともいえます。そもそも，役務の受入れは，収益の発生する取引ではなく，原価や費用の発生する取引に過ぎないのです。法人税法22条2項は益金に関する規定なのですから，無償による役務の受入れによる収益の発生可能性を議論するのであれば，有償取引との比較や費用控除との関係性からは離れて，無償による役務の受入れにより享受した経済的利益そのものを収益と

捉えるべきか否かを議論しなければならないはずです。所得税法36条2項に基づく経済的利益に対する課税に関しては、このことが正面から議論され、肯定されているように窺われます。

III　同族会社をめぐる課税問題

1　同族会社による税負担軽減行為

　事業者にとって、租税というのは、経済的成果に対して課される事業コスト以外の何物でもありません。そのため、事業者は、利益の最大化を追求して、あの手この手を使って税負担を軽減したいと考えるでしょう。その手法として古くから問題視されてきたのが、実態は個人事業と何ら変わらないにもかかわらず、わざわざ法人形態で事業を営む**法人成り**と呼ばれる手法です。特に、法人の株主、役員、従業員などを家族構成員その他の関連者で固めてしまえば、法人の意思決定は彼らの思いのままとなり、恣意的な操作により税負担を容易に軽減することができるようになります。

　例えば、法人税率が所得税率よりも低いことを考慮して、法人で獲得した利益を法人内部に留保して個人に配当しないようにすれば、その間は高い所得税率による配当課税から免れ、その利益を再投資することで、さらなる利益を得ることが可能になります。その他にも、家族構成員を法人の役員や従業員に据えれば、所得税法では原則として認められない家族構成員への給与の支払に関する費用控除（所税56条⇒第4章IV 2）が法人側で可能となり、さらにその給与について受給者側で給与所得控除（⇒第3章III 2(5)）の恩恵を受けることもできます。

　もちろん、法律の範囲内であれば、ある行為からどれだけの税負担が生じるか予測を立てて、できる限り税負担が少なくなる事業形態や取引形態を選択することは、本来自由ですし、事業者にとっては当然の行動であるともいえます。しかし、法人による行為や計算が実態を伴っていない場合や、異常な法形式を用いて税負担の軽減のみを目的として行われる場合には、それに

より税収の確保や課税の公平性が阻害される結果となります。そこで，法人税法を含む一定の租税法規は，同族会社と呼ばれる家族経営型の法人の行為や計算に対して，特別な取扱いを定めています。

2　同族会社の意義

法人税法上，同族会社は，3人以下の株主およびこれらの特殊関係者によって，発行済株式または出資の総数または総額の50％超を占める株式または出資を保有されている会社（2条10号）と定義されています。ここにいう特殊関係者としては，個人の場合であれば，株主等の親族，内縁の配偶者，使用人など（施行令4条1項）が挙げられます。これらの特殊関係者が判定対象者に含められているのは，特殊関係者が中心的株主の指示に従う傾向にあり，利害を共通させていると考えられるため，これらの者を判定対象者に含めなければ，容易に同族判定を回避することができるからです。なお，50％超の持株比率や出資比率で同族判定を行っているのは，配当を実施するか否かなどの法人の意思決定に対する支配が過半数を超える議決権を通じて初めて可能になるからです。

同族会社のうち，1人の株主およびその特殊関係者によって，発行済株式または出資の総数または総額の50％超を占める株式または出資を保有されている会社（資本金または出資の額が1億円以下の会社を除く）は，**特定同族会社**と呼ばれます。特定同族会社は，課税所得に対して通常の法人税を課されるほか，会社内部に留保した利益の一部に対して特別の税率（3段階の超過累進税率）による法人税を課されます（67条）。この特定同族会社に対する**留保金課税**は，利益の内部留保による配当所得課税の回避を規制することを目的としています。

平成24年度分の統計情報（⇒【図表5】）によれば，日本の法人数は総数として253万社弱ですが，このうち96.3％に当たる会社が同族会社と特定同族会社のいずれかに該当し，同族会社でない法人は全体の僅か3.7％にとどまります。この結果から，日本において同族会社をめぐる課税問題を解決することがいかに重要な課題であるかを認識することができるでしょう。

【図表5】同非区分別の法人数

同非区分	特定同族会社	同族会社	非同族会社
法人数	5,511	2,426,703	92,527
構成比率	0.2%	96.1%	3.7%

〔参考〕 国税庁長官官房企画課『会社標本調査―調査結果報告―税務統計から見た法人企業の実態（平成24年度分）』158頁

3　同族会社の行為・計算の否認

　同族会社に対する課税上の規制の中でも最も重要なものが，同族会社等の行為・計算の否認に関する規定です。法人税法132条1項は，同族会社等の行為・計算をそのまま容認すれば法人税の負担を不当に減少させる結果になると認められる場合について，その行為又は計算を否認して，増額更正処分や増額決定処分（⇒第9章Ⅳ2）を通じて，本来あるべき正当な行為・計算に引き直して課税する権限を税務署長に与えています。同条は，現実に生じた行為・計算に基づいて決定されるべき課税関係（税法の適用関係）を，新たに創り出した仮定の行為・計算に基づいて決定する規定です。このように納税者の予測可能性や法的安定性を害するおそれのある法人税法132条1項は，極めて限定的な場面においてのみ適用されるよう厳格に解釈されるべきです。

(1)　「法人の行為又は計算」の意義

　法人税法132条1項が否認対象とするのは，「法人の行為又は計算」です。この規定部分を素直に読めば，否認対象となる行為・計算は，法人によりなされたものに限定されます。行為の相手方は特定されていませんから，株主，役員，使用者に限らず，第三者も行為の相手方となりえます。なお，条文上は「行為」と「計算」が区別されて用いられていますが，大正12年の導入当初は行為のみが否認対象とされていました。しかしこれでは，大正12年より前に行われた行為であれば，それ以降もその行為に関連する計算が継続的に行われている場合（例えば，過去に過大な対価を支払って購入した固定資産に関する減価償却費の計上）であったとしても否認することができないという

不都合がありました。そこで，行為と計算を切り離して否認することができるようにするため，大正19年に否認対象に計算も含められることになった，と説明されています。

(2) 「法人税の負担を不当に減少させる場合」の意義

　法人税法132条1項の適用場面は，「法人税の負担を不当に減少させる場合」です。法形式面について，**「不当に減少させる場合」**という曖昧な定めは，必要以上に広範な場面で税務署長による否認権限の発動を認める結果に繋がりかねません。しかし，最高裁判所は，このような不確定概念（⇒第1章Ⅲ4(2)）を使用する法人税法132条1項について，租税法律主義（憲法84条）から派生する課税要件明確主義には反しない旨判示しています（最判昭和53年4月21日訟月24巻8号1694頁）。

　内容面について，「不当に減少させる」というのは，行為・計算の不当性を問題としているのであって，免れた税負担額の多寡（異常性）を問題としているのではありません。それでは，どのような基準により行為・計算の不当性を判断すべきでしょうか。1つの基準として，非同族会社であれば通常なされない行為・計算であるか否かという基準がありえます（東京高判昭和40年5月12日税資49号596頁など）。しかし，通常なされない行為・計算であれば必ず不当である，とはいいきれません。そこで，これを補うため，純経済人として不合理な行為・計算であるか否かを基準とすることが考えられます（東京高判昭和49年10月29日行集25巻10号1310頁など）。この基準においては，同族会社等が選択した行為・計算について，税負担の軽減以外に正当な理由や事業目的が存在していたかなどが問われることになります。

(3) 「税務署長の認めるところにより」の意義

　行為・計算の否認は，「税務署長の認めるところにより」行われます。しかし，この文言は，同族会社等の行為・計算を自由に別の内容に置き換えることを認めるものではありません。それでは，どのようなルールに従って，どのような行為・計算に引き直されるべきでしょうか。法人税法の規定の中には，132条の他に，同族会社等による税負担軽減行為を規制する側面を持った規定がいくつか設けられています。例えば，無償取引による税負担軽

減の規制（22条），過大な給与の支払による税負担軽減の規制（34条，36条），過大な寄附による税負担軽減の規制（37条）などがあります。このように同族会社等による特定の行為・計算を個別的に否認する機能を果たしうる規定が存在する限り，これらの規定が法人税法132条1項に優先して適用されるべきです。現在では，このような**個別的否認規定**が整備されつつあり，**包括的否認規定**である法人税法132条1項の適用場面は相当程度狭められているとの評価がされています。

　それでは，伝家の宝刀ともいわれる法人税法132条1項により，同族会社等の行為・計算は，どのような行為・計算に置き換えられるべきでしょうか。一般的な説明は，法人税法132条1項が租税回避の否認規定であることを議論の出発点とします。租税回避というのは，通常用いられない異常な法形式を用いることで，通常の法形式を用いた場合と同様の経済的効果を達成しながら，課税要件の充足を回避して税負担を軽減する行為と定義されます（⇒第2章Ⅲ）。この定義から，異常な行為・計算と置き換えられるべきものは，これと同様の経済的効果をもたらす通常の行為・計算であるべきだ，と説明されます。

　ただし，この説明には限界があります。それは，対比される通常の行為を想定できない場合です。この場合，何を基準として法人税法132条1項の適用有無を判断するべきなのか，また異常な行為をしないことが通常の行為だと考えることができるのかなどが問題となります。

(4) 他の税目における行為・計算の否認と対応的調整

　同族会社の行為・計算否認規定は，所得税法や相続税法などにも置かれています。そのため，例えば，同族会社の役員が自己所有の駐車場の管理を同社に依頼し，管理料として1000万円支払った場合において，適正管理料が500万円だとして所得税法上の否認規定（157条）が適用され，不動産所得から控除できる必要経費の金額を減額して所得額を増額する更正処分がなされたとき，それに対応する形で，同族会社の側でも法人税法132条1項を適用して，益金を1000万円から500万円に減額して所得額を減額する更正処分を行いうるか否かが問題となります。この点を明確化させるため，**対応的調整**

を要請する規定が，平成18年度税制改正で導入されました（法税132条3項，所税157条3項，相税64条2項など）。

しかし，この対応的調整に関する規定については，解釈論上の問題があるといわれています。法人税法132条3項においては，例えば所得税法上の否認規定（157条1項）が適用された場合，それと連動する形で法人税法132条1項を「準用」すると定められています。各否認規定は基本的には増額更正処分を念頭に置いているので，所得税で増額更正処分がなされた場合，否認規定を準用すれば，法人税でも増額更正処分をなすべきことになります。しかし，上の例では，所得税法では増額更正処分がなされているのに対して，法人税法では減額更正処分がなされています。学説上では，このような減額更正処分による対応的調整を，いかなる解釈により導くことができるのかが議論されています。

Ⅳ 今後の課題

本章では，法人が行う損益取引をめぐる重要論点に焦点を絞って説明してきました。しかし，法人が行う取引は，損益取引にとどまらず，出資や利益・剰余金の分配など，法人と株主との間で行われる資本等取引（22条5項）にも及びます。さらに，本章では取り扱うことができなかった重要な論点として，企業グループをめぐる法人税制があります。企業は，経営の効率的運営のため，国内外を問わず，グループ単位での事業展開に拍車を掛けています。このような企業経営状況を踏まえて，平成13年頃から，合併や会社分割などの組織再編行為に関する組織再編税制，企業グループに属する法人の所得を通算して法人税を課す連結納税制度，完全支配関係にある内国法人間における一定の取引について法人課税を控えるグループ法人税制などが整備されてきました。企業グループ税制の重要性が高まりつつある今こそ，企業グループに対する法人課税（国際課税を含む）のあり方が問われているといえます。

第7章 相続税・贈与税の基礎理論―その1
相続税・贈与税の概要

導入事例

M教授　「では，次に相続税と贈与税について学んでいきましょう。」

学生T　「待ってました，相続税。我が家も相続があれば相続税が問題になるはず。今のうちから勉強しておきたいと思っていました。しっかり勉強しなくちゃ。」

M教授　「T君，意欲を持ってもらえるのはいいのですが，残念ながら，相続があっても相続税が問題になる人はあまりいませんよ。」

学生T　「えっ，そうなんですか！？なぜなんですか？」

M教授　「相続税の税額の計算過程を見ていくとわかります。まずは概要から確認していきましょう。」

学生S　「先生，すみません。」

M教授　「どうしました，S君？」

学生S　「いえ，相続税の話と贈与税の話を一緒にするのですか？この2つはセットで勉強しなくてはいけないのでしょうか。なんだか大変そうで…それに最近は，税制改正でいろいろな特例ができていますよね。あの話を聞いていてもこの2つがセットになっているように思えて，よけい大変そうだと思っているんです…」

M教授　「そうですね。相続税と贈与税の関係についても説明をしておかなければなりませんね。」

I 相続税の概要

　まず，相続税の課税割合を確認しておきましょう。T君が期待していたように，多くの人が相続があれば相続税も当然にかかってくると思っているようですが，そうではありません。下の【図表１】で相続税の課税割合を確認しましょう。

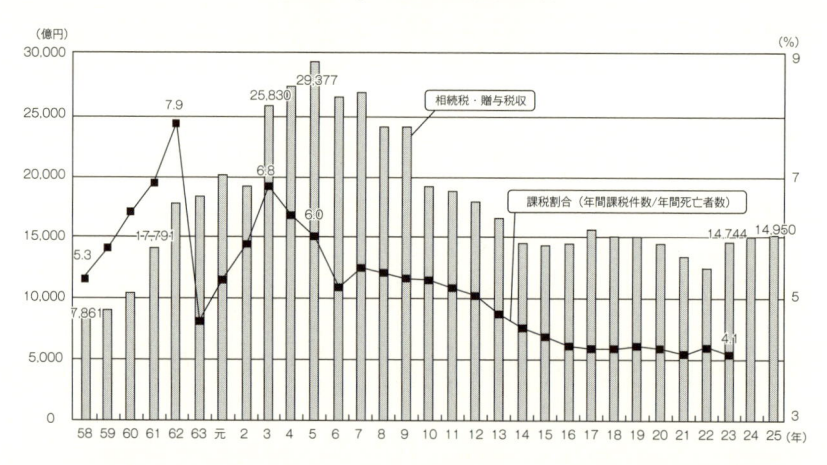

【図表１】相続税の課税割合

[グラフ：相続税・贈与税収（棒グラフ，億円）と課税割合（年間課税件数/年間死亡者数）（折れ線，％）を昭和58年～平成25年について示す。主な数値：7,861（58年），17,791，25,830，29,377（平成5年），14,744（24年），14,950（25年）。課税割合：5.3％（58年），7.9％（62年），6.8％，6.0％，4.1％（23年）など。]

（注１）　相続税収は各年度の税収であり，贈与税収を含む（平成23年度以前は決算額，平成24年度は補正後予算額，平成25年度は予算額）。
（注２）　課税件数は「国税庁統計年報書」により，死亡者数は「人口動態統計」（厚生労働省）による。
出典：http://www.mof.go.jp/tax_policy/summary/property/141.htm（2014年7月1日）

　この図からもわかるように，１年間で亡くなった人のうち相続税が問題になっているのは，割合にして４％程度です。つまり，100人亡くなって相続が100件あっても課税が問題になるのは，そのうちの４件程度なのです。
　なぜ，このように課税割合が低いのか，そして税収も大きくないのでしょうか。それは，相続税の税額計算方法に原因があるといえます。
　【図表２】を見ながら確認していきましょう。まず，課税遺産総額を求めていきます。これは遺産として残された財産から，お墓などの非課税となる

第7章　相続税・贈与税の基礎理論―その1　相続税・贈与税の概要

財産を控除します（相続税法12条）。もちろん，被相続人に債務があれば控除（債務控除）されますし，葬式費用などもここから差し引くことができます（相続税法13条）。そして，生命保険金など，本来は相続財産ではなくても，公平性の観点から死亡による財産取得ということで，相続財産とみなされる財産を加えます（相続税法3〜9条）。さらに，相続開始前3年以内の贈与についても相続によるものと評価して加えます（相続税法19条）。

　この金額から今度は基礎控除（相続税法15条）を引きます。これは5000万円に1000万円×法定相続人の数を加えた合計額ということになります。

　具体的な数字を用いてみましょう。Aさんが，積極財産5000万円相当と借金（債務）1000万円を残して亡くなったとしましょう。Aさんには，配偶者Bと子どもがCとDの2人いるとします。ここでは，非課税財産などを省略して考えると，Aさんは5000万円から1000万円を引いた4000万円を残したという計算になります。そして，相続税の計算では，この4000万円から基礎控除として，5000万円と，1000万円×Aの法定相続人B，C，D3人，3000万円の合計額を引けるわけです。この段階ですでにマイナスになってしまいます。Aさんの相続については相続税が問題にならないということになります。

　それに対してXさんが積極財産1億のみで借金はなく，亡くなったとしましょう。家族は配偶者Yと子どもZだけだという場合，1億円から控除できる基礎控除の額は7000万円（5000万円＋1000万円×2（Y，Z））ということになり，課税対象となるのは3000万円ということになるのです。

　この基礎控除の金額はかなり高いといえるのではないでしょうか。そのため，相続税の課税割合が低くなっていると考えられます。そこで，相続税法の改正がなされ，平成27年1月1日以後の相続についてはこの基礎控除が現在の60％，つまり5000万円が3000万円に，1000万円が600万円に減額されることになっています。これによって，現在4％という課税割合が6％程度に増加するだろうといわれています。

【図表2】 相続税の計算構造

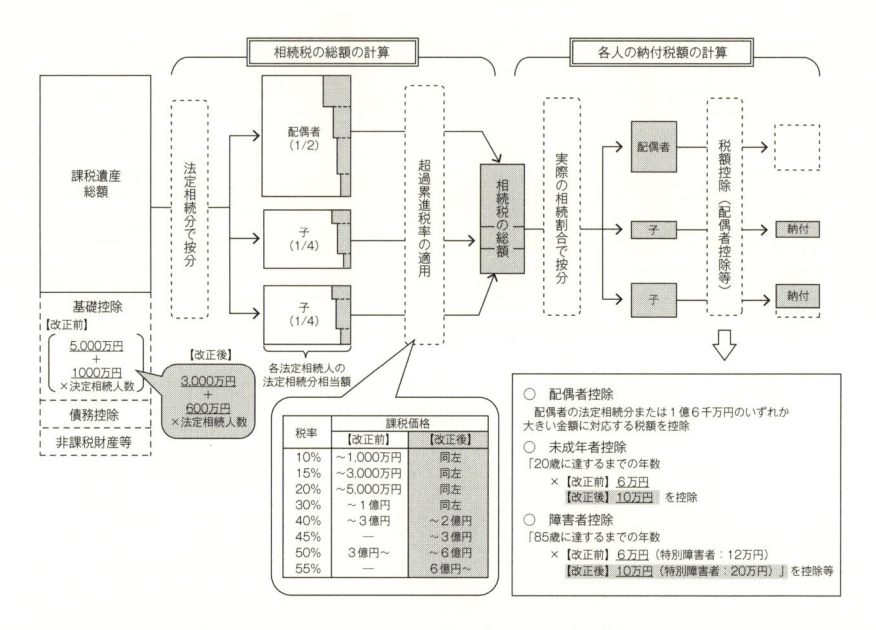

（注） 改正後の制度は，平成27年1月1日以後の相続・遺贈に適用
出典：http://www.mof.go.jp/tax_policy/summary/property/135.htm （2014年7月1日）

　さて，話を戻します。課税遺産総額を算出すると，次はこれを法定相続分で按分したと仮定して計算をします。便宜上，先ほどのAさんの遺産額を1億円に変更しましょう。そうすると，課税遺産総額が1億－8000万（5000万＋1000万円×3）で，2000万円となります。これを法定相続分に分割します。法定相続分は，Bが2分の1，CとDが残った2分の1をさらに半分ずつに分けるので，4分の1となります。この結果，Bが1000万円，CとDは500万円ずつ相続したと仮定されます。そして，これに超過累進税率を適用します。どちらも【図表2】にあるように，10％の範囲ですから，Bが100万円，CとDは50万円ずつになります。

　この各人の税額を合計します。そうすると，200万円という税額が出てきます。これが相続税の総額です。これを実際の相続割合に応じて分割しま

す。例えば、Bが5分の1、Cが2分の1、Dが10分の3という割合で遺産分割協議が整ったとします。そうすると、200万という相続税の総額も同じ割合で負担してもらうということになるのです。つまり、Bが40万円、Cが100万円、Dが60万円という税負担になります。

この負担額から、配偶者であれば配偶者控除（相続税法19条の2）などの控除を引き、実際の負担額を算出するということになっています。

Ⅱ　相続税の課税方式

このように相続税の税額は計算されていきます。ここで注目したいのは、いったん相続人に法定相続分での相続があったと仮定し、税額を算出しているという段階です。なぜ、このような仮定をするのでしょうか。

例えば、上記の例でAの財産をCだけが相続する場合、Cは2000万円の相続財産を取得することになります。そうすると、累進税率の下でCの税額は250万円になります。このとき、先ほどの例と比較すると、同じ遺産額なのに、C一人だけが相続する単独相続の場合には税額が250万円で、遺産分割をした場合には全体の税額が200万円となるのです。これで平等といえるのでしょうか。遺産分割するように課税が誘導していると評価もできます。この点では中立性の観点からも問題が指摘できるかもしれません。

つまり、遺産分割をした場合にも、単独相続の場合にも、税負担が同じになるように配慮した結果、このような計算過程を経ていると考えられるのです。このように、遺産総額に対する税負担に重点を置いて相続税のあり方を考えると、相続税の課税方式としては遺産税方式と結びつきやすくなります。

遺産税方式とは、「遺産」そのものに担税力を見いだし、「遺産を残す」というかたちでの富の処分に対する課税のことです。これは、被相続人に帰属していた分割前の遺産全体を対象として課税し、税を払った後の遺産が相続人に帰属することになります。

上記の計算過程において、遺産総額から基礎控除を引き、法定相続分で分

割したと仮定し，相続税の総額を求めるという点では，この方式が考えられているといえます。

　しかし，相続税の総額が確定した後に，実際に取得した相続割合に応じて税負担も按分されます。この点では，相続によって財産を得たことに着目しているともいえます。これに関連して，所得税との関係では，包括的所得概念の下で相続や贈与による財産取得も所得と考えられます。そのため，相続によって得られた経済的利益についても，所得として課税すべきともいえます。しかし，相続による財産取得は，一度に大きな所得を得ることになりますので，所得税においては累進税率との関係で過剰な税負担につながります。また，相続には，被相続人の財産における相続人の潜在的持ち分の清算や，そのような財産形成への貢献の考慮，相続人の生活保障といった意味も考えられています。そこで，過剰な税負担を生じさせず，かつ，こういった相続の意義を考慮するために，特別な基礎控除や税率構造を採用した相続税が考えられているのです。いわば，所得税の特別税として相続税があると考えることができます。このように考えると，相続による財産取得に対して，相続税を課すべきだという考え方が導かれます。このような課税方式を遺産取得税方式といいます。この考え方によれば，相続人に帰属した財産から相続人が税を払うということになります。

　現行の相続税では，遺産の取得額に応じて相続税額を配分していたり，配偶者控除など個々の相続人の事情を考慮した控除があるといった点はこの考え方に基づいているといえます。

　このように，一般的には相続税の課税方式は大きく，遺産税方式と遺産取得税方式があるのですが，現在の相続税はそのどちらの要素も採用した制度であるといえます。このことから，現行制度は「**法定相続分課税方式による遺産取得税方式**」と呼ばれています。これは，遺産税方式と遺産取得税方式の折衷的な課税方式ということで，遺産取得税方式をベースにして，遺産税的要素も加味しているといわれます。

Ⅲ 贈与税の概要

このように相続税については考えられています。では，贈与税はなぜ相続税とセットで考えられているのでしょうか。

この点について，例えば，相続税があるけれど贈与税がないという世界を想像してみてください。自分あるいは家族が亡くなりそうなときに，財産を相続させたら相続税がかかってしまうかもしれません。そうすると，自分で使ってしまえばいいと考えるかもしれません。でも，いつ死ぬかわからないのですから，自分のために使っても生活できなくなっては困りますので，やはり財産は残ると考えられます。

では，どうしたらいいでしょう。例えば，自分の家族に最後の面倒をみてもらうのだから，自分の財産を贈与するということが考えられます。この時，贈与税がない世界ですので，生きているうちに相続人たちに財産を贈与してしまえば相続税はかかりません。そして，贈与税がないため課税関係が生じないということが考えられます。つまり，このような世界では，相続税を生前贈与することで回避し，無税で相続と同じ効果が得られてしまうのです。それでは相続をした人と生前贈与をした人とで税負担が不公平になります。そのため，無税での生前贈与はなくさなければならないと考えられます。そこで，贈与税が必要と考えられるのです。つまり，相続税を補完するために生前贈与に対して課税する贈与税が必要になるのです。そうすると，贈与税は生前贈与によって相続税を回避することに対する措置という位置づけになりますので，一般的には，贈与税のほうが相続税よりも税負担が重くなるようになっています。そのため，贈与税に関する規定は相続税法の中にあって，共通した取扱いがなされており，この2つは同じように改正等が議論されているのです。

ちなみに，相続税の課税方式は贈与税にも影響します。相続税を補完するということですので，贈与税の課税方式も同じになります。つまり，遺産税方式を採用した場合は贈与した人に対する贈与者課税方式，遺産取得税方式を採用した場合には贈与を受けた受贈者課税方式になります。そして，現行

の相続税は「**法定相続分課税方式による遺産取得税方式**」です。これは，基本は遺産取得税方式に基づいていますので，贈与税は受贈者に対する課税として捉えられるということになります。

では，その贈与税の概要を確認していきましょう（⇒【図表3】）。

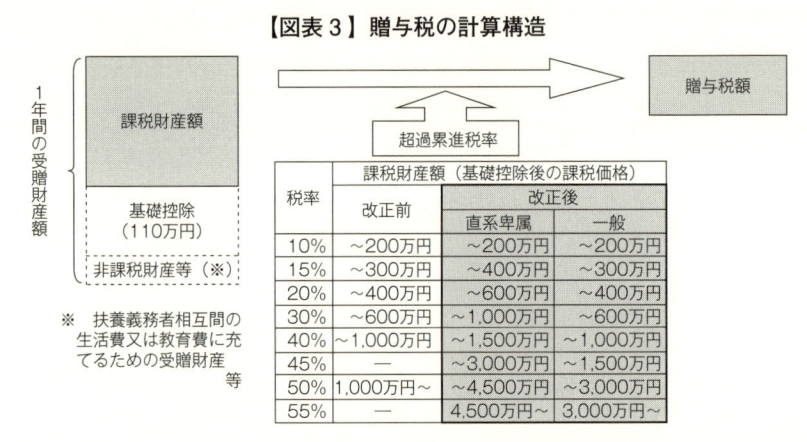

【図表3】贈与税の計算構造

税率	課税財産額（基礎控除後の課税価格）		
	改正前	改正後 直系卑属	改正後 一般
10%	～200万円	～200万円	～200万円
15%	～300万円	～400万円	～300万円
20%	～400万円	～600万円	～400万円
30%	～600万円	～1,000万円	～600万円
40%	～1,000万円	～1,500万円	～1,000万円
45%	—	～3,000万円	～1,500万円
50%	1,000万円～	～4,500万円	～3,000万円
55%	—	4,500万円～	3,000万円～

※ 扶養義務者相互間の生活費又は教育費に充てるための受贈財産　等

（注）改正後の税率は，平成27年1月1日以後の贈与に適用
出典：http://www.mof.go.jp/tax_policy/summary/property/153.htm（2014年7月1日）

贈与税は，納税義務者が1暦年の間に贈与によって取得した財産に対して課税されます。この贈与によって取得した財産を贈与財産といいます。ただし，法人からの贈与によって取得した財産や扶養義務者相互間での生活費・教育に充てるために贈与された財産，公益目的事業への贈与などが贈与税の対象から除外されています（相続税法21条の3）。

それから，法律的には贈与によって取得した財産とはいえないものでも，公平性の観点から贈与によって取得した財産とみなして贈与税の課税対象になる財産や権利があります。これを**みなし贈与財産**といいます（相続税法5～9条）。

このみなし贈与財産を贈与財産に加えた課税価格から，基礎控除（相続税法21条の5）と配偶者控除（相続税法21条の6）が控除されます。基礎控除は年間110万円（租税特別措置法70条の2の3）で，配偶者控除は，婚姻期間が

20年以上である人が，配偶者から居住用の不動産若しくはその取得のために金銭の贈与を受けた場合などに2000万円までの控除が認められます。この残額に税率を適用します（相続税法21条の7）。そして，この贈与税額から国外の贈与財産に対して外国で課された贈与税額が控除されます（相続税法21条の8）。

　このようにして贈与税の税額が計算されます。しかし，相続税との関係で，贈与税には特例が設けられています。例えば，住宅の取得などを促すために生存贈与を奨励する相続時精算課税制度というものがあります（相続税法21条の9〜21条の18，【図表4】）。これは，65歳以上の者から20歳以上の推定相続人と孫が2500万円（住宅取得資金の場合は，3500万円）までの贈与を受けたときに贈与税がかからないという制度です。この2500万円を超えた部分には贈与税が一律20％の税率でかかります。そして，その贈与財産が将来において相続税の課税対象にも入ります。しかし，贈与を受けたときにすでに支払った贈与税は相続税の計算の際には相続税額から控除されることになっています。これによって贈与税の負担が軽減されますので，親から子どもなどへ財産が移転し，それが消費されることが期待されています。（⇒【図表4】）。

【図表4】相続時精算課税制度

区分	暦年課税	相続時精算課税 （相続税・贈与税の一体化措置）	
		【改正前】	【改正後】
贈与者・受贈者	親族間のほか，第三者からの贈与を含む。	65歳以上の者から20歳以上の推定相続人への贈与	60歳以上の者から20歳以上の推定相続人及び孫への贈与
選択	不要	必要（贈与者ごと，受贈者ごとに選択）→ 一度選択すれば，相続時まで継続適用	

区　分	暦年課税	相続時精算課税 （相続税・贈与税の一体化措置）
課税時期	贈与時（その時点の時価で課税）	同左
控除	基礎控除（毎年）：110万円	特別控除（限度額まで複数回使用可）：2,500万円
税率	【改正前】→【改正後】 10％〜50％ → 0％〜55％ 6段階　　　8段階	一律20％
相続時	——	贈与財産を贈与時の時価で相続財産に合算（相続税額を超えて納付した贈与税は還付）

※　改正後の制度は，平成27年1月1日以後の贈与に適用。
出典：http://www.mof.go.jp/tax_policy/summary/property/265.htm（2014年7月1日）

Ⅳ　制度上の問題

　現在の相続税は，上記のように単独相続の場合と共同相続の場合に税負担の差が生じないように配慮した制度であるといえます。ただ，そのために制度が複雑になり，結果としていくつかの矛盾を内包しています。その代表的な問題点についてみていきましょう。

　例えば，現行方式ではいったん分割した後で新たに財産が発見された場合に問題が生じます。先ほどの例に基づいて説明しますと，当初はＡの相続財産の総額が1億円だと思い遺産分割したとします。被相続人の配偶者Ｂが3000万，Ｃが5000万，Ｄが2000万を相続したとしましょう。ところが後になってＡが名義を偽って開設していた口座が見つかり，預金5000万があったことが発覚したとします。そうすると，この預金によって遺産が1.5億円に増えます。この後に見つかった預金をＣが全部もらったとします。相続財産は，Ｃが1億円に増え，Ｂ3000万円，Ｄ2000万円はそのままになります。

　このとき，ＢもＤも相続による遺産取得額は変わりません。しかし，課

第7章 相続税・贈与税の基礎理論─その1　相続税・贈与税の概要

税遺産総額は増えていますので、税額計算をすると相続税の総額が増えてしまいます。税額全体が増えているということは、BやDの払うべき税額までも増えてしまうということになるのです。BやDは、取得財産が増えたわけでもないのに税負担だけ増えるのです。さらに、相続税額が変わるため、Cだけでなく、BやDまでも申告手続をやり直さねばならないことにもなってしまいます（国税通則法19条）。

もう一つ、現行制度において問題なのは連帯納付義務制度（相続税法34条）です。この制度は、被相続人との関係における相続人間の強い連帯を前提にしたものだといわれます。また、一度相続財産に対する相続税額を決めてそれを分配するという手続も関連しています。

この制度は、ある相続人が他の相続人の納税義務を第二次的に負担させるというものです。上記の例によると、Bは3000万、Cは1億、Dは2000万をそれぞれ相続しています。それに対する税額をBが0、Cは800万、Dは200万とします。このとき、CとDはそれぞれに納税すればいいのですが、もしCがこの800万の税金を納めていなかったとしたら、残りの相続人であるBとDがその分の納税義務を負うことになってしまいます。これが連帯納付義務という制度です。

連帯納付義務は、同一の被相続人から相続または遺贈を受けた者が相互に他の者および被相続人の相続税について責任を負い（相続税法34条1項・2項）、贈与、遺贈または寄付行為により財産を取得した者は相続税または贈与税について（同条3項）、贈与した者が贈与税について（同条4項）責任を負うことになっています。このようにみると、3項以外は、なぜこれらの者が連帯して納付義務を負うのか、よくわからないという指摘があります。そのため、この連体納付義務制度は徴税の便宜のための制度であるといえます。

ここで大きな問題は、この連帯納付の責任は「相続又は贈与に因り受けた利益」を限度とすることになっていることです。そして、この連帯納付の税額は相続税の申告で確定していますので、相続時の財産の価格をもって計算することになります。しかし、滞納処分を受ける時点では財産の価値が下落

しているような場合に問題を生じます。

　例えば，先ほどの例でDがもらっていた財産は株式だったとします。相続したときの財産価値は確かに2000万ありました。でも，景気が悪くなって株式の価値は段々に下がってしまいました。そして，Cが税金を滞納しているということで連帯納付による納税を求められた時には，その株式の価値は500万しかなかったとします。それでも，「相続又は贈与に因り受けた利益」を限度とすることになっていますので，Dは2000万までは責任をもって連帯納付する義務があるのです。そうしますと，自分の財産を処分したりしなければならなくなってしまうというような場合も出てきてしまうのです。

　このような重い責任を負うのが連帯納付義務という制度なのですが，共同相続人が税金を滞納したときに初めて問題になってくるため，いつ自分がその連帯納税義務を負うのか，ということがわからなかったり，いつまでもこの責任を負わなければならないのではないか，ということが問題になりました。つまり，このような手続に関しても問題があったのです。

　本来は，連帯納付義務というのは何か申告をするということはなく，相続税や贈与税の納税義務が確定したときに自動的に決まっていると考えられています。そうすると，他の相続人が税金を滞納したら何もしないで，共同相続人は突然に他の相続人の納税義務について連帯して納税する義務を負うことになるのです。そしてそれが払えなければ，自分の財産に対して滞納処分を受けることになってしまいます。

　こういう手続では，連帯納付義務を負うのかということについて事前に予測できないと考えられます。そのため，そういった，いわば不意打ちを避けるための手続の必要性が主張されてきました。そこで，現在では，本来の納税義務者の相続税額に延納または物納の申請を行ったものがある場合には，連帯納付義務の規定の適用がある旨を通知すること（同条4項），本来の納税義務者に督促状を送付した場合，1月を経過するまでに完納されない場合には，その完納されていないことやその他の一定の事項を通知すべきこと（同条6項）などの手続が定められています。

　またこの連帯納付義務は延納の際にも問題になってきます。延納というの

は，納税資金を準備するために，納税の延期を認められる制度です。これは法定納期限の延長ではなくて，個別的な納期限の延長になります。一定の条件の下でのみ認められます（39条）。先ほどの例で考えてみると，Ｄはきちんと相続税を納税しました。その後，Ｃは延納申請して認められたのですが，やっぱり払えなくなってしまうということがあります。この場合，Ｄに連帯納付を求められてしまいます。しかし，Ｄは延納しているわけではありませんので，Ｄの相続税については法定納期限が過ぎています。そうすると，納税義務はもう消滅したと考えられるのですが，ＤにまでＣの延納の効果が及び連帯納付義務を負うことになるということがありました。これについても，いつまでも債務から解放されないことへの問題が指摘されていましたので，平成24年４月１日以後に申告期限が到来する相続税について，申告期限から５年を経過した場合および納税義務者が延納または納税猶予の適用を受けた場合には，相続税の連帯納付義務が解除されることとなりました（34条１項２号）。また，申告期限から５年を経過する日までに，税務署長が連帯納付義務者に対してその納税通知書を送付していない場合には連帯納付義務を負わないという消滅時効も定められています（同１号）。

Ⅴ 課税財産該当性

このように現行の相続税，贈与税の制度ができており，またその制度にはいくつかの問題があり，改正されている点があります。しかし，実際の納税者にとっては，相続した財産が，相続税の課税対象となるか否か，という点がまず問題になってきます。

この課税財産に該当するか否かという点が問題になった事例を確認していきましょう。

1 庭内神しの非課税所得該当性（東京地裁平成24年６月21日判決裁判所ウェブサイト）

Ｘが相続した被相続人Ａの自宅敷地内に，石造りの鳥居，稲荷を祀った

祠と弁財天を祀った祠（これらの祠を「本件各祠」という）がありました。これらの祠は，それぞれコンクリートの土台が設置されており，鳥居からは石造りの参道が敷設され，そこには砂利が敷き詰められていました。この自宅の敷地の面積が572.73㎡あり，この鳥居や祠が配置されている箇所（これを「本件敷地」という）はそのうち21㎡です。

　こういった本件各祠のように，屋敷内にある社や祠で，御神体を祀って礼拝の用に供されている建物等を「庭内神し」と呼びます。これは相続税法12条1項2号の非課税財産に該当します（相続税法基本通達12—2）。

　相続税法12条1項2号では「墓所，霊びよう及び祭具並びにこれらに準ずるもの」が非課税財産として規定されています。このうち，「墓所，霊びよう」には，「墓地，墓石及びおたまやのようなもののほか，これらのものの尊厳の維持に要する土地その他の物件をも含むものとして」取り扱われています（相続税法基本通達12—1）ので，敷地も非課税財産になります。それに対して，「これらに準ずるもの」とは，「庭内神し，神たな，神体，神具，仏壇，位はい，仏像，仏具，古墳等で日常礼拝の用に供しているものをいう」と解されています（相続税法基本通達12—2）。これではその敷地が含まれるかが明確ではありません。そのため，特に本件敷地が非課税財産に該当せず，課税対象になるのではないかということが問題になるのです。

　これについて，Xは，本件各祠も本件敷地も非課税財産に該当すると考え，その価額を0円として申告をしていました。より具体的には，弁財天を祀る祠は「霊びょう」に，稲荷を祀る祠が「これらに準ずるもの」に該当し，いずれの祠に係る敷地も非課税財産に該当すると考えていたのです。

　これに対して国は，本件各祠はいずれも「これらに準ずるもの」に該当し，その敷地は非課税財産に該当しないと主張しました。

　両者の主張に対して東京地裁は，相続税法12条1項柱書き及び同項2号（本件非課税規定）は，墓所，霊びよう及び祭具並びにこれらに準ずるものについて，「本件非課税規定の『墓所』等の文言が有する通常の意義及び本件非課税規定の上記趣旨からすれば，①『墓所』とは一般に死者の遺骸や遺骨を葬った所をいい，遺体や遺骨を葬っている設備（墓石・墓碑などの墓標，土

第7章　相続税・贈与税の基礎理論―その1　相続税・贈与税の概要

葬については埋棺など)を意味する民法897条1項にいう『墳墓』に相当するものと解され，民法上，当該設備の相当範囲の敷地は，墳墓そのものではないものの，これに準じて取り扱うべきものと一般に解されていることも併せ考慮すると，『墓所』は，墓地，墓石等の墓標のほか，これらのものの尊厳の維持に要する土地その他の物件を含むと解するのが相当である。また，②『霊びょう』とは一般に祖先の霊を祀った屋舎をいい，必ずしも遺体や遺骨の埋葬を伴う施設ではないものの，広い意味で民法897条1項にいう『墳墓』に相当するものと解され，『墓所』と比較しても祖先崇拝・祭祀等の目的や機能上の点で異なることはないことからすると，上記①と同様に，『霊びょう』は，祖先の霊を祀った屋舎のほか，その尊厳の維持に要する土地その他の物件を含むと解するのが相当である」と判断を示しました。そして，相続税法基本通達12―1は，上記①及び②と同じ解釈基準を示していると述べています。また，「③『祭具』とは，民法897条1項にいう『祭具』と同様に，祖先の祭祀，日常礼拝の用に供されるい位はい，霊位，それらの従物などをいう」と解しています。

　これらを踏まえ，本件非課税規定にいう「これらに準ずるもの」の意義について，「④『これらに準ずるもの』とは，その文理からすると，『墓所』，『霊びょう』及び『祭具』には該当しないものの，その性質，内容等がおおむね『墓所，霊びょう及び祭具』に類したものをいうと解され，さらに，相続税法12条1項2号が，上記のとおり祖先祭祀，祭具承継といった伝統的感情的行事を尊重し，これらの物を日常礼拝の対象としている民俗又は国民感情に配慮する趣旨から，あえて『墓所，霊びょう又は祭具』と区別して『これらに準ずるもの』を非課税財産としていることからすれば，截然と『墓所，霊びょう又は祭具』に該当すると判断することができる直接的な祖先祭祀のための設備・施設でなくとも，当該設備・施設（以下，設備ないし施設という意味で『設備』という。）を日常礼拝することにより間接的に祖先祭祀等の目的に結びつくものも含むものと解される」と判示しています。そして，「これらに準ずるもの」には，「庭内神し（これは，一般に，屋敷内にある神の社や祠等といったご神体を祀り日常礼拝の用に供されているものをいい，ご

神体とは不動尊，地蔵尊，道祖神，庚申塔，稲荷等で特定の者又は地域住民等の信仰の対象とされているものをいう。），神たな，神体，神具，仏壇，位はい，仏像，仏具，古墳等で日常礼拝の用に供しているものであって，商品，骨とう品又は投資の対象として所有するもの以外のものが含まれるものと解される」と述べて，本件各祠は，少なくとも庭内神しに該当するから，本件非課税規定にいう「これらに準ずるもの」に該当すると判断しています。

 そして，本件各祠の敷地（本件敷地）については，「確かに，庭内神しとその敷地とは別個のものであり，庭内神しの移設可能性も考慮すれば，敷地が当然に『これらに準ずるもの』に含まれるということはできない」と指摘しながらも，「庭内神しの敷地のように庭内神し等の設備そのものとは別個のものであっても，そのことのみを理由としてこれを一律に『これらに準ずるもの』から排除するのは相当ではなく，当該設備とその敷地，附属設備との位置関係や当該設備の敷地への定着性その他それらの現況等といった外形や，当該設備及びその附属設備等の建立の経緯目的，現在の礼拝の態様等も踏まえた上での当該設備及び附属設備等の機能の面から，当該設備と社会通念上一体の物として日常礼拝の対象とされているといってよい程度に密接不可分の関係にある相当範囲の敷地や附属設備も当該設備と一体の物として『これらに準ずるもの』に含まれるものと解すべきである」と判断しています。

 その上で，本件各祠及び本件敷地については，その外形及び機能から，「本件敷地は，本件各祠と社会通念上一体の物として日常礼拝の対象とされているといってよい程度に密接不可分の関係にある相当範囲の敷地ということができる」と述べて，本件非課税規定にいう「これらに準ずるもの」に該当するという判断を示しています。

 一般にお墓などが非課税財産となっているのと同様に，庭内神しについても非課税財産となります。そして，この判決で示されたように，その庭内神しの土地については，その一体性などを考慮して非課税財産になる場合もあるということになります。この判決を受けて国税庁は，「『庭内神し』の敷地等に係る相続税法第12条第1項第2号の相続税の非課税規定の取扱いの変更について」（平成24年7月）として，「①「庭内神し」の設備とその敷地，附

属設備との位置関係やその設備の敷地への定着性その他それらの現況等といった外形や，②その設備及びその附属設備等の建立の経緯・目的，③現在の礼拝の態様等も踏まえた上でのその設備及附属設備等の機能の面から，その設備と社会通念上一体の物として日常礼拝の対象とされているといってよい程度に密接不可分の関係にある相当範囲の敷地や附属設備である場合には，その敷地及び附属設備は，その設備と一体の物として相続税法第12条第1項第2号の相続税の非課税規定の適用対象となる」という，その判断基準を示しています。

2 訴訟係属中の還付請求権の課税所得該当性（最高裁平成22年10月15日判決（民集64巻7号1764頁））

原告Xには，実母Aがいました。平成9年4月11日にAは所得税更正処分等の取消訴訟を提起しました。そしてその後，平成12年7月29日にAが死亡したため，Xがこの訴訟を承継することになりました。

他方で，XはAの死亡に伴う相続について平成13年5月28日にY税務署に対し相続税の申告書を提出しました。

その後，平成13年10月17日になり所得税更正処分等取消訴訟について取消判決が確定し，Aの誤納金について還付がなされました。そこでXは平成14年3月15日にその還付金を自己の一時所得として確定申告をしたのです。

しかしYは平成15年4月18日になって，この還付金はAの相続財産であるとして相続税増額更正処分を行いました。そこで，Xがその相続税増額更正処分の取消訴訟を提訴したというものです。

Xは，行政処分に公定力を認める論理的帰結として，本件還付請求権は，別件所得税更正処分取消訴訟の取消判決確定により初めて生じるもので，Aの相続開始時には存在していなかったということを主張しました。

それに対して被告（国）は，次のような反論をしています。取消判決は遡及効を有しているので，別件所得税更正処分は，同処分の取消訴訟の判決確定により当初から存在しなかったことになる。そうすると，観念的には，Aが別件所得税更正処分に基づき納付した時点に遡って，本件過納金の還付請

求権が発生していた。このように，取消判決の形成力，遡及効を根拠とした主張をしています。

　それに対してXは，別件訴訟の取消判決の遡及効は，判決の拘束力により原状回復義務が課される結果，更正処分がなかった状態まで回復するに過ぎず，還付請求権が遡及的に生じていなかったことにはならない，と反論しています。しかし被告は，本件の還付金は，被相続人Aに還付されるべきものであるが，これがXに還付されたのは，XがAを相続したことを理由とするものであると指摘しています。つまり，Xは相続によってAから還付金を受けうる地位を承継したということです。そして仮に，還付請求権の発生時期が，相続開始後であるとしても，経済的実体は，還付金を受けうる地位＝還付請求権ということですので，いずれにせよ還付請求権の経済的価値は相続財産を構成すると主張しています。

　それに対してXはさらに，取消訴訟の訴訟物は違法性一般であるからその地位（取消訴訟により取消判決を求めうる地位）を他に譲渡して換価することができないことを指摘して，当該地位は一切換価価値がないので，相続財産を構成しないと主張しています。

　本件は，所得税等更正処分の公定力とそれに対する取消判決の形成力が衝突する場面といえます。公定力というのは，行政処分が違法であっても法の世界で通用し関係人を拘束する力といえます。この公定力の根拠は，行政の迅速性と法的安定性の見地から取消訴訟と統一的な手続で一定期間内に争わせ，この手続で取消されるまでは，行政行為は違法であっても効力を認め，国民を拘束するという取消訴訟の排他的管轄にあります。そうすると，取消判決が確定するまでは公定力に基づいて更正処分は有効ということになります。そうであれば，Aの死亡時において更正処分は有効なのですから，Xは還付金を得られないということになりますので，本件で問題になっている還付請求権はAの相続財産に含まれないことになります。これがXの主張です。

　しかし，行政訴訟の場合，判決の確定効として形成力というものが認められています。これは，行政処分又は裁決の取消判決が確定すると，当該処分

は，その処分時に遡って効力を失い，初めから処分が行われなかったのと同じ状態となるようにする判決の効力，つまり遡及効を取消判決に認めるというものです。これによれば，Xが取消判決を得たことにより，Aに対する所得税の更正処分は初めからなかったことになります。そうすると，還付金は初めからAの財産だったといえます。その結果，還付金について，その請求権が初めからあったといえますので，Aの財産であったということになります。つまり，Aの相続財産に含まれるのです。これが被告の主張です。

このような行政処分の公定力と行政訴訟の形成力とが衝突する事件について，第1審判決である，大分地裁平成20年2月4日判決（民集64巻7号1822頁）は次のような判断をしています。

「(1)相続税法は，相続税の課税財産の範囲を『相続又は遺贈により取得した財産の全部』（2条1項）と定めているところ，相続税法上の『財産』とは，これを課税価格に算入する必要上，金銭的に評価することが可能なものでなければならない。

そうすると，相続財産は，金銭に見積もることができる経済的価値のあるすべてのものをいい，既に存在する物権や債権のほか，未だ明確な権利とはいえない財産法上の法的地位なども含まれると解するのが相当である〔相続税法基本通達11条の2―1参照〕。

また，相続税の納税義務の成立時点は，『相続又は遺贈による財産取得の時』（国税通則法15条2項4号）であるところ，相続人は相続開始の時から被相続人の財産を包括承継するものであり（民法896条），かつ，相続は死亡によって開始する（民法882条）から，納税義務の成立時点は，原則として，相続開始時すなわち被相続人死亡時である。

このように，<u>相続税法上の相続財産は，相続開始時（被相続人死亡時）に相続人に承継された金銭に見積もることができる経済的価値のあるものすべてであり，かつ，それを限度とするものであるから，相続開始後に発生し相続人が取得した権利は，それが実質的には被相続人の財産を原資とするものであっても相続財産には該当しないと解すべきである</u>（ここでは相続税法上

のいわゆるみなし相続財産は考慮しない。）。

　(2)　以上を前提として，本件過納金の還付請求権がAの相続財産を構成するかどうかを検討するに，確かに，本件過納金の原資はAが拠出した納付金ではあるが，Aの死亡時すなわち相続開始時には，別件所得税更正処分取消訴訟が係属中であり，未だ本件過納金の還付請求権が発生していなかったことは明らかである（判決による課税額の減少に伴う過納金の発生時期が，確定判決の効力が生じた時であることについて，当事者間に争いはない。）。

　そうすると，相続開始の時点で存在することが前提となる相続財産の中に，本件過納金の還付請求権が含まれると解する余地はないといわざるを得ない」（引用内の〔　〕，下線部は筆者による）。

　このように，相続開始の時点ではまだ訴訟の結果が出ていないので還付請求権は発生していなかったのだから，Aの相続財産には含まれないと判断しています。

　そして，形成力（遡及効）に関する被告の主張については，「一般に抗告訴訟における取消判決の形成力に遡及効が認められるのは，瑕疵のある行政処分を遡及的に失効させることによって，国民の権利利益に対する違法な侵害状態を排除することを目的とするものであって，そのことから直ちに，更正処分取消訴訟における取消判決が確定した場合に，過納金の還付請求権自体が納付時に遡って発生するとは解されない（還付請求権が発生するのは，あくまで取消判決が確定したときからである。）」と，遡及効を認める意味は国民の権利保護にあるのだから，それによって還付請求権まで遡って発生するものではないと指摘しています。その上で，「過納金を還付する場合に付される還付加算金は，違法に財産権を侵害された納付者に対する調整ないし救済措置として国税通則法によって定められたものであり，それが認められるからといって過納金の還付請求権が国税の納付時に遡って発生したと解する理論的根拠とはならず，むしろ，還付加算金の起算日を法定したのは，不当利得につき利息を付すのを受益者悪意の場合に限定する一般不当利得の法理を修正した結果であることからすると，過納金の還付請求権が国税の納付時に遡って発生したために還付加算金が国税の納付のあった日の翌日から起算さ

れることになったとはいえず，還付加算金の起算日は過納金の還付請求権の発生時期とは無関係に定まったというべきである」と述べています。

このように還付請求権の発生が判決によるということを重視して，Xの主張を認めた判断をしています。これに対して，控訴審である福岡高裁平成20年11月27日判決（民集64巻7号1835頁）は，真逆の判断を示しています。その理由は次のようなものです。

「取消訴訟の確定判決によって取り消された行政処分の効果は，特段の規定のない限り，遡及して否定され，当該行政処分は，当初からなかった状態が回復される。この取消訴訟の原状回復機能はすべての取消訴訟に共通する最も重要な機能である」。このように，遡及効による原状回復機能を重視しています。これを重視すると，「別件所得税更正処分も，同処分の取消判決が確定したことによって，当初からなかったことになるため，判決により取り消された範囲においてAが納めた税金が還付され（国税通則法56条），Aが納税した日を基準時として計算した日数に応じて法定の利率を乗じた還付加算金が支払われるのである（同法58条1項）。これは，訴訟係属中に相続があった場合でも変わりはない。すなわち，別件所得税更正処分の取消判決が確定したことにより，Aが別件所得税更正処分に従い納税した日に遡って本件過納金の還付請求権が発生していたことになる。別件所得税更正処分の取消判決の遡及効を制限する特段の規定も存在しない」という結論が導かれることになります。

地裁判決やXが主張する公定力との関係では，本件還付金が「無効な処分に基づき最初から法律上の原因を欠いていた利得であり，納税者がただちに不当利得としてその還付を求めることができる誤納金と異なり，過納金は，有効な行政処分に基づいて納付ないし徴収された税額であるから，基礎になっている行政処分が取り消され，公定力が排除されない限り，納税者は不当利得としてその還付を求めることができないという意味で，租税手続法的に見て，取消判決の確定により還付請求権が生じると言われるだけであって，租税実体法上は納付の時から国又は地方公共団体が過納金を正当な理由なく保有しているのである。したがって，取消判決の確定により行政処分が

取り消されれば，過納金及びその還付請求権も納付時に遡って発生していたことになる」と指摘しています。つまり，もともと違法であったのだから，還付請求権は当初よりあったけれど，判決によって初めて認識されたに過ぎないということになります。

また，「取消判決の確定時にAが存命であれば，当然本件過納金は相続財産となったにもかかわらず，訴訟係属中にAが死亡したという偶然のできごとによって，同じ本件過納金が相続財産とならなくなる。しかし，このように偶然のできごとによって相続財産性が左右されるのは相当ではない」という取扱いの公平性についても指摘されています。

このように高裁判決では，形成力が重視され相続財産性が認められています。

このような下級審の判断が分かれた状況において最高裁平成22年10月15日判決（民集64巻7号1764頁）は，「取消判決が確定した場合には，上記各処分は，処分時にさかのぼってその効力を失うから，上記各処分に基づいて納付された所得税，過少申告加算税及び延滞税は，納付の時点から法律上の原因を欠いていたこととなり，上記所得税等に係る過納金の還付請求権は，納付の時点において既に発生していたこととなる」と述べて，取消判決の遡及効を認めて高裁判決と同じ結論を示しています。

この最高裁判決によれば，取消訴訟を提起して，その係属中に被相続人が死亡したため相続人が同訴訟を承継し，上記各処分の取消判決が確定したときは，その処分に係る過納金の還付請求権は，被相続人の相続財産を構成し相続税の課税財産となるということになります。

このように，相続税においてはまず，何が相続財産であるのか，ということが問題になります。その点で法律上の基本原理，判断基準を理解していく必要があるでしょう。

第8章 相続税・贈与税の基礎理論―その2 財産評価の問題

導入事例

学生S 「先生，相続税の計算などはだいたいわかりました。でも，実際には相続した財産がいくらかということを考えないといけないのではないでしょうか。」

M教授 「そうですね。所得税のようにいくら稼いだ，ということが簡単にはわかりにくいですね。」

学生T 「でも，例えば，さっきの還付請求権の事例なんか実際に請求している金額でいいのではないですか？」

M教授 「T君，本当にそれでいいのでしょうか。例えば，先ほどの事例で言えば，Aさんが100万円の更正処分の取消しを求めて争っていたとしましょう。このとき，Xさんはいくらの相続財産があると申告しなければならないのですか？」

学生T 「そりゃ，100万円でしょう。」

学生S 「でも，国はそんな還付金がないと言っているのでしょう。だから訴訟になっているのですよね。それなのに，100万円がAの財産だという申告をするのですか？」

M教授 「二人とも，いい議論をしてくれました。相続税や贈与税の課税対象が決まってくると，次はそれがいくらか，ということは非常に重要な問題です。株式でも，取引されているものならいいですが，同族会社の株式のような場合には取引相場がありませんので，どう評価するか，ということが問題になってきます。こういう財産評価が非常に重要なのです。そこで次にこの財産評価の概要とその問題点について見ていくことにしましょう。」

I 財産評価の概要

　相続税と贈与税の税額計算は，相続財産と贈与財産の価額を基礎にしています。そのため，これらの価額がいくらかということは税額に直接影響する非常に重要な問題です。この価額について相続税法では，財産の「取得の時における時価」（22条）と定めて，時価主義を採用しています。

　この「取得の時」というのは，相続税の場合は被相続人や遺贈者の死亡の時です。贈与税の場合は，贈与によって財産を取得した時，ということになります。「時価」というのは，一般には自由な取引における，客観的交換価値とされています。

　こうみると，財産評価は簡単なように思えるかもしれませんが，客観的に財産を評価することは容易なことではありません。なぜなら，必ずしも売ることを前提にしていない財産など，様々な財産があるからです。また，納税者によって評価が変わってしまうということは，同じような財産を取得しても税額に差が生じることになり，公平性の観点からは問題があるといえるでしょう。そこで，地上権や定期金に関する権利，立木のような特に時価の評価が難しいものはその時価の算定方法について相続税法が規定を置いています（23～26条）。

　では，その他の財産はどうなっているのでしょうか。これについては，財産評価に関する基本通達「財産評価基本通達」（以下，「基通」と示します）というのがあり，一般にはこれに基づいて時価が算定されています。そのため，この通達が財産評価の基本的方針を定め，納税者間での公平性の維持，納税者および税務行政庁双方の便宜，徴税費の節約等の観点から，様々な財産について画一的で詳細な評価方法を定めていると考えられています。

　もちろん，これは通達ですので，他に合理的な評価方法があれば，それに基づいて評価することは可能です。しかし，上記のとおり，一般的にはこの財産評価基本通達に基づいて財産評価がなされ，税額が決まります。

　それでは，実際の評価方法の概要を土地と株式を例にみていきましょう。

第8章　相続税・贈与税の基礎理論―その2　財産評価の問題

1　土地の評価

　土地は，居住用の土地（宅地），山林などその地目別に評価されます。その基準はその年の1月1日となっています（基通7）。また，例えば宅地では，市街化地域とそれ以外でさらに区別されます。

　市街化地域の宅地は路線価方式によって評価されます。路線価方式とは，ほぼ同価額と認められる一連の宅地が面している路線の中央部の標準的な宅地の一単位当たりの価額，路線価を基準として評価する方法です。同じ土地が面している道路などを基準に考えようというものです。しかし，それぞれの土地によって事情が変わってきますので，その点を加味することになっています（基通13以下）。

　この路線価は，毎年，売買実例価額，精通者意見価格，公示価格の範囲内で，土地評価審議会の審議を経た上で，国税局長が評価して定めています。売買実例価額は実際の取引価額のことです。精通者意見価格とは，不動産鑑定士などの土地の評価に精通した者の複数に意見を求めてその平均値として出される価格です。公示価格は，国土交通省の「土地鑑定委員会」が，全国の都市計画区域内に標準地を設定し，毎年1月1日時点の土地の正常価格を鑑定・審査しているもので，毎年3月下旬から4月上旬に公表されています。これら，売買実例価額と精通者意見価格を，公示価格の半分の比率にして，この3つの平均値が路線価となります。この結果，実際にはほぼ公示価格に等しい評価額になるといわれています。

　市街化地域以外の宅地は倍率方式という方法で評価されます。これは，固定資産評価額に，国税局長が一定の地域ごとに売買実例価額，精通者意見価格，公示価格などをもとにしてその地域の実情に合うように定めた倍率を乗じて計算した金額で評価する方法です（基通21）。固定資産評価額は，固定資産税を賦課するための基準となる評価額で，総務大臣が定めた固定資産評価基準に基づいて行われ，市町村長がその価格を決定することになっています。これは，固定資産評価委員が，市町村所在の固定資産について，その状況を少なくとも年1回実地に調査して評価することになっています。

　この他に，自分で使用しているのではなく，人に貸している場合もありま

す。所有する土地に建築した家屋を他に貸し付けている場合，その土地を貸家建付地といいます。この貸家建付地と貸家については一定の評価減をすることを定めています（基通26，93）。また，借地権の対象となっている宅地の評価は，自分が使用する自用地としての評価額から借地権の価額を控除した価額となります（借地権価額控除方式，基通25）。これらは，土地の利用などに制限があるために経済的価値が低くなることを考慮した措置といえます。

このほか，相続開始の直前に事業や居住の用に供している土地についても，大幅な評価減が認められています（租税特別措置法69条の４）。これは相続人等の生活基盤の維持のために不可欠であることなどを考慮するための措置といわれます。

農地は，純農地，中間農地，市街地周辺農地，市街地農地の４つに区分されています。純農地と中間農地は，倍率方式で評価することになっています。市街地農地は，路線価方式による宅地評価額に比準する方式と倍率方式のどちらかによって評価することになっています。市街地周辺農地は，その土地を市街地農地として評価した価額の８割と評価されることになっています（基通34以下）。

代表的な土地の評価方法は，このようになっています。いわゆるバブルのころは，土地の価格は上昇していましたので，実際の取引価額よりもこの評価額のほうが低いことが一般的でした。そのため，土地を利用した租税回避が多発していたといわれます。例えば，現金5000万円を持っていたとします。これに借入金5000万円を合わせて，時価１億円の土地を購入して相続財産とします。この土地は時価が１億円なのですが，財産評価基本通達による相続税法上の評価額が5000万円になる場合，課税対象である相続財産は5000万円で，借入金5000万円があれば，これは債務控除の対象となりますので，相続税の課税標準は０ということになります。つまり，１億円の土地がありながら，相続税の負担がないということになるのです。こういう租税回避が考えられていました。

しかし，バブル崩壊後は，逆に財産評価基本通達による評価額が実際の時価を上回るケースが出てきました。このような場合は，評価通達によった評

価額で課税されなければならないというのではなく，不動産の鑑定評価等に基づいて申告をすることは認められています。やはり，財産評価基本通達はあくまでも通達であるといえるでしょう。

そうすると，課税庁側も鑑定評価を出すということは考えられます。納税者と課税庁の双方が鑑定評価を出した場合には，より合理的な価額に基づいて課税されるべきだと考えられています。

このような，財産評価基本通達による評価額と実際の時価や鑑定評価額との関係が問題になった事例について確認しておきましょう。

(1) 東京高裁平成11年8月30日判決（税資244号387頁）

平成4年12月21日，Aが死亡し，その相続が開始しました。Aの相続人は，原告X1（長男），原告X2（次男），原告X3（三男）並びにAの養女Bの代襲相続人である原告X4，X5及びX6（以下，右相続人らを総称して「本件相続人ら」という）でした。

平成5年6月21日，本件相続人らは，相続財産全部につき未分割のまま，課税価格の合計額を2億3623万5000円，納付すべき相続税の総額を2157万6900円とする相続税の期限内申告書（以下「本件期限内申告書」という）を被告Yに提出しました。

Yは，本件相続人らに対して，本件期限内申告書の課税価格が過少であったとして，課税価格の合計額を2億8640万1000円，納付すべき相続税の総額を3383万4300円とする更正及び過少申告加算税の賦課決定を行いました。

Yが主張する本件各処分における課税価格，納付すべき税額算出の根拠について，原告らとYとの間で争いがあるのは土地の評価の点のみでした。

その土地（以下，「本件土地」という）についてみてみますと，本件土地は，①，②，③の3つの部分に区分されており，①部分（面積114.27㎡）は，Aから右土地部分を使用貸借で借り受けたX2の居宅建物の敷地，②部分（面積295.88㎡）は，Aの居宅兼アパートの建物の敷地（そのうち，居住用部分の面積は59.18㎡，貸家建付地部分の面積は236.7平方メートル。以下，右居住用部分を「②居住用部分」，右貸家建付地部分を「②貸家建付地部分」という），③部分（面積135.3㎡）は，Aから右土地部分を使用貸借で借り受けた

X3の居宅建物の敷地となっていました。

　このような利用状況の本件土地についてYは，本件各処分に当たり，その評価を評価通達によるのではなく，次の方式により評価し，その価額を2億8430万7425円としたのです（以下「被告評価額」という）。

　本件土地を，①，②，③の部分に区分し，本件土地の面する路線の路線価及び裏面路線に付した仮路線価を用いています。そして，路線価は当該年の1月1日時点における実勢価格の概ね8割であるという前提に立って，平成4年度の路線価を0.8で除して得られた価格を平成4年1月1日時点の価格としました。その上で，同日から相続開始日である同年12月21日までの時点修正率を，地価公示法6条の規定により公示された標準地の同年1月1日時点の公示価格1㎡当たり103万円と平成5年1月1日時点の公示価格1㎡当たり74万5000円をもとに求めました。具体的には，平成4年1月1日から同年12月21日までの12か月間の地価下落率0.277を求め，それを用いて，時点修正率0.723を算出しています。そして，前記同年1月1日時点の単価を基にして，時点修正を施す方式により，相続開始日である同年12月21日時点の単価を求め（以下「修正単価」という），この修正単価を評価通達の定める路線価方式における路線価に代入して，いくつかの補正を加えて本件土地の価格を求めたのです。

　その結果，①部分の価格を7465万8912円，②部分の価格を1億7858万2019円，③部分の価格を8249万9058円と算定しました。なお，②部分については，さらに，②貸家建付地部分，②居住用部分のそれぞれの面積に応じた自用地価格を求めています。そして，②貸家建付地部分の価格を1億1286万1928円，②居住用部分の価格を1428万7527円と算定しました。その上で，②部分のこの価格に①部分と③部分の各自用地価格を合算した2億8430万7425円を，本件土地の課税価格としたのです。

　これに対して原告らは，本件土地を次の方式により評価し，本件各期限内申告に当たり，本件土地の価額を2億4625万9751円としていたのです（以下「原告ら評価額」という）。

　原告らの用いた方式は，本件土地を，①，②，③の部分に区分し，本件土

第8章　相続税・贈与税の基礎理論—その2　財産評価の問題

地の面する路線の平成4年路線価1㎡当たり77万円を基礎として，近隣標準地7地点の平成4年公示価格に対する平成5年公示価格の割合を求め，その平均値73.5％を，365日を母数として，平成4年1月1日から相続開始日である同年12月21日までの日数355日に按分した割合を基礎として，時点修正を加えて，相続開始日において適用すべき路線価（以下「修正路線価」という）を1㎡当たり57万1540円と算定しました。そしてこれを基に相続開始時点の本件土地の価格を求めたのです。

　なお，Yは，不動産鑑定士に依頼して，平成4年12月21日における本件土地の更地としての正常価格は3億6200万円（1㎡当たり66万4000円）である（以下「被告鑑定」という）という評価額を得ています。これに対し，原告らが依頼した不動産鑑定士による平成4年12月21日における本件土地の更地としての正常価格の評価額は2億6454万3250円（1㎡当たり約48万5000円）でした（以下「原告ら鑑定」という）。

　このように，それぞれの評価額が異なっていましたし，さらに依頼した不動産鑑定士による評価額も異なっていました。このような土地の評価額について，Yは，「本件各更正の前提とした本件土地の被告評価額は，評価通達を適用して求めた価額が高額に過ぎ，評価通達によることなく評価をすべき場合に該当し，その評価方法が，相続開始日における本件土地の客観的交換価値としての時価を求めるために，本件土地の平成4年1月1日時点における実勢価格を求め，これに相続開始日までの時点修正率を乗ずるという極めて合理的なものであることに加え，1）被告鑑定の評価額，2）近隣標準地の公示価格を時点修正した後の価額，3）社団法人東京都宅地建物取引業協会刊行の「地価図」における価額，4）時点修正，場所的修正をした後の取引実例価額が，いずれも被告評価額を上回っており，適法な価額というべきである」と主張しました。

　これに対して原告らは，「いずれも不動産鑑定士が本件土地を鑑定評価した結果である原告ら鑑定と被告鑑定とで評価額が異なっていることからも，土地の適正な時価とは，相対的な幅のある概念であるというべきところ，原告らの本件土地の評価方法は，2年度間の路線価の連結による時点修正とい

う，地価下降局面において極めて合理的な方式によっているのであるから，それによって得られた原告ら評価額をもって，適正な時価ではないということはできないものであり，したがって，本件各更正はいずれも違法というべきである」と主張しました。

つまり，Yとしても評価通達による評価額は高すぎるので通達によらないで評価しています。そして，その評価方法が合理的であるということを主張しています。それに対して，原告らは，これだけいくつもの評価額が出てきていることからも，「時価」というものがかなり幅を持っているといえることを指摘しています。そして，原告らの評価額が適正でないとはいえないだろうから，それを認めないことに合理性がないという点を主張しています。

この点について裁判所は，次のように判断しました。

「〔相続税〕法22条は，相続に因り取得した財産の価額は，当該財産の取得の時における時価によるものと規定しており，右にいう『時価』とは，不特定多数の当事者間で自由な取引が行われる場合に通常成立すると認められる価額（客観的時価）をいうものと解される。

そうすると，相続税についての更正が前提にした<u>相続財産たる土地の評価</u>については，本来，その価額が客観的時価を超えることがないと認められさえすれば，<u>当該納税者の権利，利益を侵害することがないという意味において適法であるということになるはずであり，ただ，評価通達の定める路線価方式によって評価することが運用上の原則になっていることから，一般の運用と異なる評価をすることは，仮にその評価による価額が客観的時価を超えることがないと認められる場合であっても，公平の原則に反するものとして違法とされる場合があるというにすぎない。</u>

したがって，本件のように，評価通達の定める路線価方式により評価すると，その価額が客観的時価を超える可能性があることにより，著しく不適当であると認められる場合には，右路線価方式によることは相当でなく，それ以外の，客観的時価を超えることがなく，しかし客観的時価により近似する価額を求め得るような方法で評価するのが相当ということになる」（下線部

第8章 相続税・贈与税の基礎理論—その2 財産評価の問題

筆者)。

このように，路線価による評価額が相続時の時価を上回っている場合には，その評価額による更正処分が違法となるということを確認しています。

その上で，次のように判断しています。

「右のような見地に立ってみると，路線価は各年の1月1日時点の公示価格の概ね8割程度の価格をもって定められており，かつ，その公示価格は，適正な地価の形成に寄与することを目的として，標準地について自由な取引が行われるとした場合におけるその取引において通常成立すると認められる正常な価格（すなわち客観的時価）として公示されるものである以上，被控訴人〔Y〕の評価方法すなわち平成4年の路線価を0.8で割り戻した単価をもって同年1月1日時点における客観的時価を反映したものとし，右単価を基に近隣公示地の同年1月1日時点の公示価格と平成5年1月1日時点の公示価格の変動から算出される平成4年12月21日時点（本件相続開始時）での時点修正率を用いた時点修正をして得られた価格を修正単価として，これを路線価方式における路線価に代入するという方法の方が，控訴人ら〔原告ら〕の評価方法すなわち平成4年の路線価を基に右とほぼ同様の時点修正をして得られた価格を修正路線価として用いる方法に比べて，客観的時価により近似する価額を求め得るものであることは明らかである」（〔　〕は筆者による）。

こうして客観的時価に近似する価額を相続税の評価額とすることが合理的であるということを示しています。そうすると，本件でもそうですが，原告と被告の双方が鑑定書を出したとき，その合理性をどのように判断すべきなのでしょうか。この点については次の事例をみてみましょう。

(2) **名古屋地裁平成16年8月30日判決（判タ1196号60頁）**

原告の父乙は，平成10年6月3日に死亡し，その妻である丙並びにその子である丁及び原告（以下，まとめて「原告ら」という）が同人を相続しました（以下「本件相続」という）。本件相続に係る相続財産（以下「本件相続財産」という）には，別紙物件目録1，2記載の土地2筆が含まれていました（以下，同目録1記載の土地を「本件1土地」と，同目録2記載の土地を「本件2土

地」という）。

　原告らは，平成11年4月5日，被告に対し，本件1土地を4281万2000円，本件2土地を1449万5800円と評価して，本件相続に係る相続税の申告をしました（以下「本件申告」という）。

　これに対し，被告は，相続税財産評価基本通達（昭和39年4月25日付直資56ほか国税庁長官通達にして，平成10年6月12日付課評2―5ほかによる改正前のもの。以下「本件評価通達」という）に基づき，本件1土地を5776万0807円，本件2土地を4067万4721円と評価するなどして本件相続税額を算出して，原告らに対し，平成13年7月6日付けで更正（以下「本件更正」という）及び過少申告加算税賦課決定（以下「本件賦課決定」といい，本件更正と併せて「本件更正等」という）を行いました。

　原告は，本件更正等を不服として，本件申告に係る額を超える部分の取消しを求めて，被告に対し，平成13年8月8日付けで異議申立てをしたところ，被告は，本件相続財産中，本件評価通達に基づく評価額（以下「通達評価額」という）が本件申告に係る評価額を超える本件1土地及び本件2土地を含む7群9筆の土地について，財団法人A（不動産鑑定士戊，同Bほか1名）に鑑定評価を依頼しました（以下「被告鑑定」といい，これによる評価額を「被告鑑定評価額」という）。その結果，被告鑑定評価額が通達評価額を下回ったため，本件2土地について2950万円と評価し直して本件相続税額を再算出しました。そして，同年10月31日付けで，本件更正の一部を取消す旨の異議決定（以下「本件異議決定」という）を行いました。

　しかし原告は，本件異議決定をなお不服として審査請求をしましたが，棄却されたので，本件訴訟を提起したのです。

　本件の争点は，①本件1土地の通達評価額が，本件相続開始時における時価を超えているか否か，②本件2土地に係る裁判所による鑑定の結果と被告鑑定評価額との合理性の優劣ですが，②についてみていきましょう。

　この点に関連して，財産評価基本通達は，同通達の方法によることが不合理な場合には，他の合理的な方法によって評価を行うことができると定めています（同通達第1章6）。そのため，本件2土地については，「通達評価額

として算出された4067万4721円が被告鑑定評価額である2950万円を著しく上回っており，本件評価通達に定める方式以外の方法によってその評価を行うことを正当とする特別な事情があるということができるから，上記の被告鑑定評価額をもって時価とするのが相当である」と，被告はその鑑定についての合理性を主張しています。

　例えば，被告鑑定評価額は，本件2土地についての様々な事情を勘案して，その宅地化の蓋然性は高いと判断し，種別を「熟成度の高い宅地見込地」と評価したものであることを指摘しています。また原告が，本件2土地が袋地状態にあることから，建築確認を得ることは困難であると主張していることを踏まえ，建築許可の可能性を慎重に検討した結果，同土地は，相続開始時点において，建築許可を得られる見込みの高い土地であり，建物建築に当たって障害となる法的な規制は存在しないと判断したと説明しています。

　それに対して，裁判所の鑑定（以下，「当審鑑定」という）の不合理性については，次のようなことを指摘しています。まず，当審鑑定が設定した近隣地域について，農業振興地域の指定を受けた農地が大半であることなどから，本件2土地を「用途的にやや未成熟な宅地見込地地域」と判定し，その最有効使用についても「弱いながらも住宅敷地等へ用途転換する可能性を内包した宅地見込地」と判定していますが，その宅地見込地の評価において，その周辺地域の状況が影響するため，近隣地域の範囲をより広く面状に設定すべきであると，その近隣地域の設定の仕方の問題を指摘しています。また，被告が重視した開発可能性について，当審鑑定は，行政側の判断にゆだねられていることを理由に考慮していない点について，不動産鑑定評価基準運用上の留意事項においても，公的機関の担当部局に対する確認が要求されていることを指摘して，その妥当性を問題視しています。さらに，当審鑑定が取引事例比較法を適用していますが，その対象となる不動産の選定に問題があると指摘しています。このような理由から被告は当審鑑定を不合理だと主張しているのです。

　これに対して原告は，被告が指摘している本件2土地に対して建築許可が

下りる見込みが高いという点について，行政が建築確認を下ろすか否かは個別の条件によるものであって，一般的に建築確認が下りると断言することはできないと反論しています。また，被告が問題視している，当審鑑定における近隣地域の設定については，宅地化のための第一条件が接面する道路状況にあることは常識であることから妥当であると指摘しています。

このように，被告は自身の鑑定が最も合理的で妥当だと主張しています。それに対して当審鑑定がありますが，その妥当性と被告鑑定との優先関係についてどのように考えるべきかという問題があります。このように複数の鑑定などの評価額がある場合の優劣関係について裁判所は，「<u>ある土地について複数の異なる評価額の不動産鑑定が存在する場合は，まずそれらの合理性を比較検討した上で，より合理性が高いと判断できる鑑定の評価額をもって時価と評価すべきであり（仮に合理性について優劣の判断が全くなし得ない場合には，その平均値をもって時価と評価すべきである。），その上で通達評価額とを比較して，当該課税処分の適法性を判断すべきである</u>」（下線部筆者）と最も合理性があるものを用いるべきであると述べています。そして，それぞれが主張した項目について，認定事実に基づいて検討した上で，当審鑑定がより合理性を有すると判断しています。

このように，「時価」というものがある程度幅を持っていることから，複数の評価額が考えられますが，そのような場合には客観的価額に最も近いということについて最も合理性がある評価額をもって相続税の評価額とするという基準ができているといえます。

2 株式の評価

これに対して，株式はどうでしょうか。株式の場合，上場株式であれば，取引価格が公開されていますので，それに基づいて時価の判断ができます。しかし，同族会社のように閉鎖されている会社の株式については，取引が考えられないともいえます。そのような株式について財産評価基本通達はどのように定めているのか，概要を確認していきましょう。

株式も土地と同様にいくつかに分けて考えます。具体的には，①証券取引

第8章　相続税・贈与税の基礎理論—その2　財産評価の問題

所に上場されている上場株式，②日本証券業界によって店頭登録銘柄として登録されているものや，店頭管理銘柄として指定されている株式，それに上場の申請中や登録銘柄として登録する方針が明らかにされた株式，これらをまとめて「気配相場のある株式」といいます。そして③取引相場のない株式の3つに分けて評価することになります（基通168以下）。順にみていきましょう。

① 　上場株式：これは取引価格が分かりますので，原則として，証券取引所の公表する課税時期の最終価格によって評価されます。これを取引価格法といいます。ただし，その株価が課税時期の属する月以前3月前の毎日の最終価格の各月ごとの最終価格の平均額のうち，最も低い価格を超える場合には，その最も低い価格をもって評価することになります。

② 　気配相場のある株式：登録銘柄と店頭管理銘柄の株式は，日本証券業界が公表する課税時期の取引価格がありますので，それによって評価します。ただし，上場株式と同様に，その株価が課税時期の属する月以前3月前の毎日の最終価格の各月ごとの最終価格の平均額のうち，最も低い価格を超える場合には，その最も低い価格をもって評価することになります。

　　上場の申請中と登録銘柄として登録する方針が明らかにされた株式は，上場または登録の際に公募等が行われない場合には，取引価格等を勘案して評価することになっています。また国税局長が指定する株式があり，それについては，原則として，日刊新聞に掲載されている課税時期の取引価格と類似業種比準価額との平均額によって評価されます。

　　この類似業種比準価額というのは，評価すべき株式を発行している会社と同一あるいは類似の業種で上場している会社の平均株価等に比準して算出された株式の評価額です（基通180～183の2）。どういう要素を考慮するかといいますと，一株当たりの配当金額，利益金額と（帳簿価額による）純資産価額の3つが最も重要な要素であるといわれます。この3つの要素を，類似業種の3つの要素の平均値と対比させて，類似業種の平均株価に対応する金額を算出します。さらに評価の安全性を図るために，その70%が評価額となります。このとき，3つの要素は，配当金額と純資産価額が

それぞれ1に対して，利益金額を3という比率によって考慮することになっています。
③ 取引相場のない株式：これについては評価される会社（評価会社）を，従業員数，（帳簿価額による）純資産価額，および直前期末以前1年間における取引金額の3つの要素に基づいて，大会社，中会社，小会社の3つに区分して評価することになります（基通178）。

(a) 大会社：**類似業種比準法**と**純資産価額法**の選択によって評価します。純資産価額法というのは，評価会社の一株当たりの純資産価額によって株式を評価する方法です。この一株当たりの純資産価額というのは，評価会社の財産を相続税の評価額で計算した「正味財産価額」から，課税時期における負債の合計額，および，正味財産価額から帳簿価額による純資産価額を控除した「評価差額」に対する法人税等に相当する金額（42％（基通186の2））を控除して，それを発行済株式数で除して算出します。

(b) 中会社：類似業種比準法と純資産価額法とを併用する方式と純資産価額法との選択によって評価します。また，同族会社の場合には，同族株主以外の株主等が取得した株式については，その株式の発行会社の規模にかかわらず原則的評価方式に代えて特例的な評価方式の配当還元方式で評価します。**配当還元方式**は，その株式を所有することによって受け取る一年間の配当金額を，一定の利率（10％）で還元して元本である株式の価額を評価する方法です。

(c) 小会社：純資産価額法によって評価します。ただし，納税義務者の選択によって中会社と同様に，類似業種比準法と純資産価額法とを併用する方式を選択することもできます。

このように株式を評価することになります。このような評価方法を利用して租税回避がなされてきました。いわゆる「A社B社方式」というものが特に問題となりました。これは，純資産価額法を利用したものです。具体的には，①親が金融機関から多額の借入れをして，自己資金と合わせて法人

(A社)を設立します。②この法人の株式等を現物出資して持株会社（B社）を設立します。このとき，現物出資の受入れ価額を低くするとB社の純資産価額の計算上，資産の帳簿価額が下がりますので，評価差額が大きくなります。そして，親から子どもにB社の株式等を評価基本通達通りの評価額で売却します。このとき，②の段階で評価差額が大きいためそれに対する法人税等に相当する金額も大きくなります。その金額が控除されますので，評価額が時価の半分程度になるのです。さらに，子どもはB社の株式等を購入する代金を借入金によって賄います。そして，B社がA社を吸収合併します。そして，B社が減資払戻をすると，親が出資した資金を子どもが取得することができます。さらに，子どもはB社の株式等を購入するために行った借入金を返済することができます。

この方法は租税回避として規制されています（基通186の2(2)）。そこでは，「現物出資若しくは合併により著しく低い価額」で受け入れた資産や株式の価額を通達に定めるところにより評価した価額として扱うことが定められています。このような「著しく低い価額」での取引によって租税回避が行われることに対処するために，「みなし贈与」に関する規定があります（相続税法7条）ので，次にその規定に関する問題をみていきましょう。

Ⅱ 「みなし贈与財産」の問題

相続税でも贈与税でも，課税の公平の観点から，本来，相続財産ではない，あるいは，贈与ではないものを相続や贈与によって取得したものとみなし課税対象に含めるということをしています。これがみなし相続財産とみなし贈与財産です。例えば，債務免除などによって受けた利益はこれに含まれます（相続税法8条）。

これについて特に問題になるのは低額譲受による利益です。著しく低い価額の対価で財産の譲渡を受けた場合，その財産の対価と時価の差額に相当する金額を遺贈または贈与されたとみなして課税財産に含めるのです（相続税法7条）。そして，この「著しく低い価額」というのが問題になります。

例えば所得税法59条ですと，同じように「著しく低い価額」の譲渡は時価で譲渡があったものとみなすことになっています。このとき「著しく低い価額」となるのは，時価の2分の1という基準があります（所得税法施行令169条）。しかし，相続税法ではそのような基準がありません。そのため，どこからが「著しく低い価額」となるのか，という問題が生じます。

　例えば，所得税法と同じく，時価の2分の1という基準で考えてよいのかが争われた事例として横浜地裁昭和57年7月28日判決（訴月29巻2号321頁）があります。

　これは次のような事例です。原告は，昭和50年10月ころ，Aから田んぼ456㎡（以下「第1物件」という）を500万円で，Bから，隣接する田んぼ489㎡（以下「第2物件」といい，第1物件及び第2物件を合わせて「本件土地」という）を700万円でそれぞれ買い受けました（以下「本件売買契約」という）。これについて被告は，昭和53年11月27日付で原告に対し，本件土地の譲受がいずれも相続税法7条の規定する著しく低い価額の対価で財産の譲渡を受けた場合（以下「低額譲受」という）に該当するとして，贈与税決定処分（以下「本件贈与税決定処分」という）及び無申告加算税賦課決定処分（以下「本件無申告加算税賦課決定処分」という）をしました（以下両処分を合わせて「本件各処分」という）。

　本件各処分の適法性について，被告は次のような主張をしています。相続税法7条における「著しく低い価額の対価による譲渡であるか否かは，いわゆる実勢価額（その財産について不特定多数の当事者間で自由な取引が行われる場合に通常成立するであろうと認められる価額）はもとより，当該財産の譲受けの事情，当該財産の相続税評価額（相続税，贈与税における財産の評価につき定められた一定の方法に従って定められた価額）と譲受価額との開差の額，その開差額が相続税評価額に占める割合等を勘案し，社会通念にしたがって判断すべきである」。そして，本件土地の相続税評価額と実勢価額を算出し，「原告の譲渡価額（第1物件が500万円，第2物件が700万円）は，本件土地の相続税評価額（第1物件が1140万3990円，第2物件が1287万2925円）及び前記実勢価額等に比して著しく低いから，原告の本件土地の譲受は，相続税

法7条の規定にいう低額譲受に該当する」と主張しています。

これに対して原告は、「相続税法7条に定める『著しく低い価額の対価』とは、譲渡の対価が当該譲渡にかかる財産の相続税評価額の2分の1を下回る場合をいうものと解すべきである」と所得税法と同じ基準を採用すべきであると主張しています。その理由として次の点を挙げています。

「(1) 同条にいう時価が、相続税評価額であることは、課税庁も公表しているように確定した扱いである。

(2) 同条は『著しく低い価額の対価で財産の譲渡を受けた場合』と極めて抽象的に定めているが、何らかの合理的な基準があって然るべきところ、常識的にみて、贈与税を支払わなければ時価の5ないし6割の対価での売買が許されないというのではどうみても不合理であり、また、所得税法施行令169条は、同法59条1項2号を受けて、同規定にいう著しく低い価額の対価とは、資産の譲渡の時における当該資産の価額の2分の1に満たない金額をいうものと規定しているところ、これは他の税法におけるいわゆる低額譲渡についても一つの基準となりうるものである」。

つまり、「時価」というのは相続税評価額で、その2分の1というのが所得税法でも示されている基準なのだから、それを基準に「著しく低い価額」に該当するかを判断すべきだということです。

これを受けて被告も次のような反論をしています。「相続税法7条にいう低額譲受に該当した場合には、贈与税の課税価額を算出するため、当該財産の時価と当該譲渡価額との差額を算出することになるが、同条にいう時価とは、不特定多数の当事者間で自由な取引が行われた場合に通常成立すると認められる価額であると解されるところ、このような時価の評価が困難であるところから、課税庁では、一定の基準に基づく相続税評価額をもって、相続税法7条に規定する時価として課税事務を行っているにすぎない」。つまり、「時価」は不特定多数の当事者間での自由な取引で通常成立する価額であって、評価額は課税事務の便宜のためのものにすぎないということです。

そして、「相続税評価額は、市場価額よりも極めて低い価額となっているのであるから、この極めて低い相続税評価額の更に2分の1を下回る場合で

なければ，低額譲受にならないとする原告の主張は，到底是認しがたいものがある」と述べて，相続税評価額が取引価額よりも低いものであるから，それの2分の1という基準は採用できないと主張しています。さらに，原告が所得税法施行令169条を根拠としている点について，「同条及び所得税法59条1項2号は財産を譲渡した側の課税関係を律するために設けられた規定であるのに対し，相続税法7条は，法律的には贈与ではないが，対価と時価との差額については贈与とその実質を同じくすることから，負担の公平を図る見地から贈与があったものとみなして贈与税を課するのであり，財産を譲渡した側の課税関係と同列に判断することはできない。そして，実定法上，相続税法7条にいう『著しく低い価額』の意義について，時価の2分の1に満たない金額と解すべき根拠規定はない」と述べています。つまり，所得税法59条と相続税法7条は趣旨も異なっているし，課税される人も違っているので同じ基準で考える必要はないということです。

　このような主張を受けて裁判所は次のような判断をしました。「相続税法7条は，著しく低い価額の対価で財産の譲渡を受けた場合においては，当該財産の譲渡を受けた時において，当該財産の譲渡を受けた者が，当該対価と当該譲渡があつた時における当該財産の時価との差額に相当する金額を贈与により取得したものとみなす旨規定している。

　ところで，右規定にいう著しく低い価額の対価の意義については，所得税法59条1項2号に係る同法施行令169条のような規定がないところ，相続税法7条は，著しく低い価額の対価で財産の譲渡を受けた場合には，法律的には贈与といえないとしても，実質的には贈与と同視することができるため，課税の公平負担の見地から，対価と時価との差額について贈与があつたものとみなして贈与税を課することとしているのであるから，右の規定の趣旨にかんがみると，同条にいう著しく低い価額の対価に該当するか否かは，当該財産の譲受の事情，当該譲受の対価，当該譲受に係る財産の市場価額，当該財産の相続税評価額などを勘案して社会通念に従い判断すべきものと解するのが相当である」（下線部筆者）。そして，原告の「著しく低い価額の対価」を所得税法と同じく，時価（この場合は相続税評価額）の2分の1とすべきで

第 8 章　相続税・贈与税の基礎理論—その 2　財産評価の問題

あるという主張については次のように述べています。「<u>所得税法59条 1 項 2 号は『著しく低い価額の対価として政令で定める額による譲渡』と規定し，同法施行令169条はこれを受けて右の政令で定める額とは『資産の譲渡の時における価額の 2 分の 1 に満たない金額』と規定している。…これらの規定はどのような場合に未実現の増加益を譲渡所得としてとらえ，これに対して課税するのを適当とするかという見地から定められたものであつて，どのような場合に低額譲受を実質的に贈与とみなして贈与税を課するのが適当かという考慮とは全く課税の理論的根拠を異にするといわなければならない</u>」（下線部筆者）。このように，所得税法の規定の文言と相続税法 7 条の低額譲受の規定の文言が同一であっても，その目的とするところが違うので，基準も異なると判断しています。

　このように，相続税法 7 条における「著しく低い価額」は，所得税法59条とは別の規準で考えるということが判例で認められています。つまり，時価の 2 分の 1 を上回っていても「著しく低い価額」に該当する場合があるということになります。

　そうすると，この基準はどのように考えればよいのでしょうか。例えば，上の事例でも原告が指摘していますが，不特定多数の当事者間で成立する取引価格が「時価」として考えられます。しかし，相続税法では財産評価基本通達に基づく相続税評価額をもって「時価」と考えています。そしてこの相続税評価額が，不特定多数の当事者間で成立する取引価格である「時価」を下回るということが考えられます。このような場合に，相続税評価額が，相続税法 7 条における「著しく低い価額」に該当するという可能性も考えられることになります。このような課税が認められるのでしょうか。それとも，同じ相続税法の中での問題ですので，相続税評価額をもって「時価」として「著しく低い価額」を判断すればよいのでしょうか。この点について東京地裁平成19年 8 月23日判決（判タ1264号184頁）をみてみましょう。

　原告甲と丙の夫婦がいました。そして，その子どもが原告乙と丁です。原告甲は有限会社 A （以下「A 社」という）の代表者を務めています。この A 社は，原告乙と丁が全額出資している会社です。

丙は，平成13年8月23日，戊から宅地857.75㎡（以下「本件土地」という）と，これに隣接する私道4.13㎡を4億4200万円で買い，同年11月7日売買を原因として戊から丙への所有権移転登記がされました。そしてA社が，平成13年8月23日に戊から本件土地上の各建物（以下「本件各建物」という）を代金合計7800万円で買い，同年11月7日売買を原因として戊からA社への所有権移転登記もされました。
　このような取引によって丙が本件土地を取得した後，丙はこれをA社に賃貸しました。ただし，その際A社は丙に権利金を支払っていませんでした。A社がこの賃貸借の賃貸人（当初は丙のみであり，その後は本件土地の共有者となった者）に対して支払っている地代は，1㎡当たりの年額がおおむね2万円で計算されたものであり，これは，本件土地の路線価を基に計算した本件土地の価額の6％程度でした。
　その後，丙は，平成15年までに原告乙と丁に対し，本件土地の持分の一部を贈与しました。また，平成15年12月25日，原告甲に対し，本件土地の持分の一部を8902万6560円で売りました（以下，これにより原告甲が取得した持分を「甲購入持分」という）。また，原告乙に対しても，本件土地の持分の一部を3677万1840円で売っています（以下，これにより原告乙が取得した持分を「乙購入持分」といい，これらの売買を併せて「本件各売買」という）。
　本件各売買に係る契約書によれば，売買代金は，本件土地の1㎡当たりの価額は，平成15年度路線価×奥行価格補正率×（1－借地権割合）の計算式によって算出されています。
　これに対して被告は，この価額が「著しく低い価額」に該当すると判断し，更正処分を行ったのです。
　このような事案において，裁判所は相続税法7条における「著しく低い価額」の意義について判断を示しています。判決を順にみていきましょう。
　まず，相続税法7条の意義について次のように述べています。
　「贈与税は，相続税の補完税として，贈与により無償で取得した財産の価額を対象として課される税であるが，その課税原因を贈与という法律行為に限定するならば，有償で，ただし時価より著しく低い価額の対価で財産の移

第 8 章 相続税・贈与税の基礎理論―その 2 財産評価の問題

転を図ることによって贈与税の負担を回避することが可能となり，租税負担の公平が著しく害されることとなるし，親子間や兄弟間でこれが行われることとなれば，本来負担すべき相続税の多くの部分の負担を免れることにもなりかねない。<u>相続税法 7 条は，このような不都合を防止することを目的として設けられた規定であり，時価より著しく低い価額の対価で財産の譲渡が行われた場合には，その対価と時価との差額に相当する金額の贈与があったものとみなすこととしたのである</u>（遺贈の場合は相続税であるが，上に述べた贈与税と同じ議論が当てはまる。）。<u>したがって，租税負担の回避を目的とした財産の譲渡に同条が適用されるのは当然であるが，租税負担の公平の実現という同条の趣旨からすると，租税負担回避の意図・目的があったか否かを問わず，また，当事者に実質的な贈与の意思があったか否かをも問わずに，同条の適用があるというべきである</u>」（下線部筆者）。

このように，課税の公平の観点から相続税法 7 条があり，この適用は租税回避の意図の有無は問わないということを示しています。

そして，同条にいう「時価」については，「<u>財産の価額の評価の原則を定めた同法22条（「相続，遺贈又は贈与により取得した財産の価額は，当該財産の取得の時における時価に…よる。」）にいう時価と同じく，客観的交換価値，すなわち，課税時期において，それぞれの財産の現況に応じ，不特定多数の当事者間で自由な取引が行われる場合に通常成立すると認められる価額をいうと解すべきである</u>」（下線部筆者）と述べています。

では，この「時価」と相続税評価額とはどのような関係にあるのでしょうか。これについて判断する前提として，財産評価基本通達の意義について次のように裁判所は述べています。

「…相続税及び贈与税の課税対象となる財産の評価については，財産評価基本通達…が定められており，課税実務上，財産の評価は，この通達に従って行われる。同通達自身，『この通達の定めによつて評価することが著しく不適当と認められる財産の価額は，国税庁長官の指示を受けて評価する。』と定めており（同通達 6），個々の財産の態様に応じた評価を行う余地を残しているのであるが，原則として，財産の種類に応じて画一的な方法で評価

を行うこととしている。財産の時価すなわち客観的交換価値の評価は必ずしも容易ではなく，これを個別に評価することになれば，納税申告をする納税者にとって不便かつ負担であるばかりか，課税庁の事務負担が重くなり，課税事務の迅速な処理が困難となるおそれがあるため，財産評価基本通達により財産評価の一般的基準を定め，これに定められた方法によって画一的に評価をするものである。

このような課税実務上の取扱いは，納税者の便宜，公平，徴税費用の節減という見地からみて合理的であり，財産評価基本通達の定める画一的な評価方法を形式的にすべての納税者に適用して財産の評価を行うことは，租税負担の実質的公平を実現するものとして是認することができる」（下線部筆者）。

つまり，課税の公平や納税者の便宜のために財産評価基本通達によって画一的な評価をすることは正当性があるということです。

ただ，この通達による評価額は厳密には「時価」（＝客観的交換価値）ではなく，これはあくまでも，いわば時価を擬制しているに過ぎないという評価もできます。しかし，課税実務上，相続税法上は相続税評価額をもって「時価」として扱っています。この関係をどう考えるべきなのでしょうか。この点について，裁判所は次のように述べています。

「…同法22条にいう時価について検討してみると，相続税評価額によって課税を行う実務上の取扱いに合理性が認められることは既に述べたところであるが，このような合理性がこの取扱いを正当とするのであって，その正当化のために，原告らの主張するように同条にいう時価を相続税評価額と同視しなければならないという理由はないと解される。相続税評価額は，画一的な評価方法によって評価された価額であるという点で合理性が認められることから，それが客観的交換価値を超えない限りにおいて，課税実務上，同条にいう時価に相当するものとして通用するにすぎない。すなわち，同条は，相続税評価額を課税実務上時価に相当するものとして使用することを許容していると解されるが，現実には，相続税評価額と時価すなわち客観的交換価値との間に開差が存在することは否定することができないのであり，これをあえて同じものとみなす必要はないしそのようにすべきでもないのである。

第 8 章　相続税・贈与税の基礎理論──その 2　財産評価の問題

そうであるからこそ，原告らも主張するように，特別の事情のある場合には，相続税評価額を離れ，時価すなわち客観的交換価値をよりよく反映していると考えられる別の評価方法によって評価を行うべきこととなるものである」（下線部筆者）。

つまり，合理的な評価額として課税実務上使用することは正当だけれど，これは時価ではないので，特別な事情がある場合には，別の評価方法によって評価されるということです。そうすると，「時価を相続税評価額と同視しなければならないとする必要はないのであるから，そこにいう時価は，やはり，常に客観的交換価値のことを意味すると解すべきである」ということになります。そして，「同法 7 条にいう時価と同法22条にいう時価を別異に解する理由はないから，同法 7 条にいう時価も，やはり，常に客観的交換価値のことを意味すると解すべき」ということになるのです。

これを前提にすると，相続税法 7 条にいう「著しく低い価額」の判定基準はどのように考えればよいのでしょうか。この点については，「『著しく低い価額』の対価とは，その対価に経済合理性のないことが明らかな場合をいうものと解され，その判定は，個々の財産の譲渡ごとに，当該財産の種類，性質，その取引価額の決まり方，その取引の実情等を勘案して，社会通念に従い，時価と当該譲渡の対価との開差が著しいか否かによって行うべきである。

この点で特に問題となるのが相続税評価額の扱いである。…相続税評価額は，土地を取引するに当たり一つの指標となり得る金額であるというべきであり，これと同水準の価額を基準として土地の譲渡の対価を取り決めることに理由がないものということはできず，少なくとも，そのようにして定められた対価をもって経済合理性のないことが明らかな対価ということはできないというべきである」と述べています。そうすると，「相続税評価額と同水準の価額かそれ以上の価額を対価として土地の譲渡が行われた場合は，原則として『著しく低い価額』の対価による譲渡ということはでき」ないということになります。

このように，相続税法 7 条の適用に関しては，「時価」の判断基準とし

て，原則として相続税評価額を用いることが判例上認められているといえます。そして，その「時価」に比して「著しく低い価額」かどうか，という点については，みなし譲渡に関する所得税法59条とは異なり，時価の2分の1という形式的な基準は採用せずに，個別に，当該財産の譲受の事情，対価，市場価額などを総合勘案して判断すると考えられます。ただし，租税回避の意図・目的の有無は適用要件とはされず，価額の要件が満たされればみなし贈与としての課税がなされると考えられます。

　これについては，確かに，2分の1という形式的な基準を採用するとそれを利用した租税回避につながるということが指摘できます。しかし，その基準について個別に総合勘案するのでは，納税者としては予測ができません。また個別に判断するといいながらも租税回避の意図は，規定にそれが要件として定められていませんが，考慮されない点に疑問が残ります。課税の基本原理である租税法律主義の観点からは具体的な基準を示す必要があるといえますし，また課税の公平という観点から租税回避を防止するのが本条の目的であるならば，やはり租税回避の意図がある場合に限って適用されるべきであると考えられます。

第9章 租税手続法の構造

導入事例

M教授 今日から租税手続法領域の講義に入ります。これまでに租税実体法（課税要件法）について，各税目の税額計算方法を勉強しました。租税の賦課・徴収手続も勉強しなければなりません。

学生T 租税実体法の授業では，租税法の基本原則である租税公平主義と租税法律主義の視点から勉強しました。租税手続法でも同じ考え方ですか？

M教授 租税法の基本原則の視点から問題解決を図ることが重要です。とくに，租税法律主義の内容である手続保障原則，そして，租税公平主義の要請である平等取扱原則は，租税手続法を勉強するうえで不可欠な原理・原則です。

学生S 行政法の授業で，行政手続法について勉強しました。租税手続は行政手続の一つだと思います。行政法の授業では，行政手続法では租税手続が除外されてることを聞いたのですが。

M教授 そのとおりです。行政手続法は租税手続を除外しています。もっとも，手続法の目的は，国民の権利利益を守ることにあるわけですから，行政手続法の趣旨は，租税手続法においても尊重されるべきでしょう。

　この講義では国民の権利利益の保護という視点から租税手続法をめぐる問題を取り上げます。租税の賦課・徴収手続は，まさに国家の権力的作用ですから，権力行使の暴走に歯止めをかける法整備がなされているのかという点に注意を払いながら，問題解決を図っていく必要があるのです。

Ⅰ 租税手続法とは

租税手続法は，租税の確定と徴収の手続という租税手続に関する法の総称です。これまでの復習を踏まえて，租税手続法の意義を考えていきましょう。

納税義務は，各個別租税法に規定された課税要件を充足することによって成立します。課税要件とは，ある一定のことが充足されることによって納税義務が成立するという法律効果を生ずる法律要件のことです。具体的には，**①納税義務者，②課税物件，③課税物件の帰属，④課税標準，⑤税率**の５つがあります。誰が納税義務者となるか，課税対象（物件）は何か，その課税対象（物件）は誰に帰属するのか，課税対象（物件）の規模を金額・価格・数量などでどのように評価するか（課税標準），課税標準に対してどのような割合で税を課すか（税率）という５つの課税要件が充足されることによって，支払うべき税額は決定されます。

もっとも，これまでに勉強してきた所得税法，法人税法，相続税法という各個別租税法の定める課税要件を充足したときには，抽象的な意味での納税義務が成立したことを意味するにすぎません。具体的な税額が確定したわけではないのです。

国税通則法15条１項は，「国税を納付する義務（源泉徴収による国税については，これを徴収して国に納付する義務。以下「納税義務」という。）が成立する場合には，その成立と同時に特別の手続を要しないで納付すべき税額が確定する国税を除き，国税に関する法律の定める手続により，その国税についての納付すべき税額が確定されるものとする。」として，特別の手続（租税手続）によって具体的な納税義務が確定すると規定しています。

この税額を確定させる手続を**租税確定手続**といいます。租税確定手続を経て，納税者は実際に税額を納付します。納税者の自発的な納付がない場合には，租税行政庁は，租税を強制的に徴収しなければなりません。そうしなければ，真面目に納税した者とそうでない者との間で不公平感が生まれてしまいかねません。

そこで，租税行政庁は，滞納した納税者の財産を差し押さえて換価処分し，租税債権を強制的に徴収するという一連の行為を行います。この租税の納付及び徴収に関する手続を**租税徴収手続**といいます。ニュースで話題となる滞納処分とは，租税徴収手続の一つです。

以上のように，租税手続には，租税確定手続と租税徴収手続の2つがあります。

ところで，租税手続法の法源には，租税法律関係に関する基本的な事項などを定める国税通則法，国税徴収法という法律があります。このうち，国税通則法については，平成23年12月に大きな改正が行われましたので，後ほど検討します。所得税法，法人税法，相続税法には，各租税に関する確定と徴収の規定が置かれており，各個別租税法の租税手続規定も，租税手続法の法源です。

次章で検討する税務調査手続をめぐる問題にみられるように，我が国の租税法が，租税手続に関する詳細な規定を定めていないことから，法の不備をめぐって問題が生じています。租税法規定の不備を補うために，判例が，租税手続法の法源として，重要な役割を果たしていることは重要な点です。

租税手続法領域は，当然，憲法の統制下に置かれますから，憲法も租税手続法の重要な法源の一つであるといえます。以下では，租税手続法と租税法における憲法原理である**租税公平主義**及び**租税法律主義**との関係について，詳しく考えていきましょう。

Ⅱ 租税手続法と租税法の基本原則との関係

租税手続法領域は，租税実体法領域と同様に憲法の統制下に置かれることから，租税法の基本原則の視点から租税手続法をめぐる様々な問題が検討されるべきです。租税手続法と租税法の基本原則との関係を考えていくにあたり，まずは，租税法の基本原則について確認しましょう。

憲法14条の「法の下の平等」を法的根拠とする租税法の基本原則の一つである**租税公平主義**は，租税負担は担税力に応じて公平に配分されなければな

らないこと，そして，租税法律関係において国民は平等に取扱われなければならないことを要請しています。

具体的には，立法の側面において，租税公平主義は担税力に応じた課税を実現するために，租税法の立法過程を統制する立法原理として存在します（租税負担公平の原則）。また，執行の側面では，立法された租税法をすべての国民に平等に適用することによって，機会均等を実現する執行原理として存在します（平等取扱原則）。

一方で，**租税法律主義**は，憲法30条及び84条を法的根拠とする租税法の基本原則です。租税法律主義とは，法律の根拠に基づくことなし，国家は租税を賦課・徴収することはできず，租税の賦課・徴収には国民の同意が必要であるとする原則です。租税の本質が権力性にあることから，国民の自由と財産を守るために権力者の恣意的課税を阻止するところに，租税法律主義の目的を見出すことができます。

この租税法律主義の機能は，租税行政庁の恣意的課税を阻止し，国民の自由と財産を保障すること，そして，租税法律関係における納税者の予測可能性と法的安定性を確保することにあります。

租税法律主義は，具体的には，課税要件法定主義，課税要件明確主義，合法性の原則，手続保障の原則という4つの内容によって構築されています。

租税公平主義と租税法律主義の詳細な議論については，第1章を参考にしてください。

以上を踏まえて，租税手続法と租税法の基本原則との関係は，どのように理解すべきでしょうか。そして，租税手続法を勉強するうえで，どのような視点から問題の本質を捉えていくべきなのでしょうか。

租税公平主義の要請する担税力に応じた課税を実現するために，租税法には租税手続に関する様々な規定が定められています。例えば，国税通則法74条の2は，「国税庁，国税局若しくは税務署（以下「国税庁等」という。）又は税関の当該職員…は，所得税，法人税又は消費税に関する調査について必要があるときは，次の各号に掲げる調査の区分に応じ，当該各号に定める者に質問し，その者の事業に関する帳簿書類その他の物件…を検査し，又は当該

物件…の提示若しくは提出を求めることができる。」として、税務職員の質問検査権について規定しています。質問検査権に関する規定は、平成23年の国税通則法改正以前には、所得税法234条など各個別租税法に規定されていましたが、改正後は国税通則法に統一的に規定されました。

　申告納税制度を採用する我が国においては、質問検査権に基づく税務調査は、納税者の申告額が適正か否かを最終的に点検するために不可欠なものであり、租税公平主義の要請である担税力に応じた課税を確実に実現するための重要な法制度です。租税実体法が納税者に等しく適用されることを手続面から保障する法制度と位置付けることもできます。

　租税手続の場面では、納税者は平等に取り扱われるべきです。租税行政庁には、同一の状況にある納税者に対しては、同一に取り扱うことが要請されています。租税手続における租税行政庁の恣意的な取扱いは、平等取扱原則に反します。詳細な手続規定が整備されることによって、租税行政庁の恣意的な取扱いを排除し、租税手続における平等取扱原則を実現することができます。

　租税公平主義が要請する担税力に応じた課税と平等取扱原則は、租税手続法領域を統制しています。

　一方で、租税法律主義の内容の一つである手続保障の原則は、租税法律主義の本質が租税行政庁による恣意的課税の阻止にあることから、租税実体法領域ばかりでなく、租税の賦課・徴収手続といった租税手続法領域にも法の支配が確立されるべきであることを要請しています。租税の賦課・徴収手続については、適正手続が保障されるべきです。

　この手続保障の原則を具体化した規定には、例えば、所得税法155条2項、法人税法130条2項に規定される青色申告に対する更正処分の理由附記があげられます。

　青色申告とは、申告納税制度の定着を図るためにシャウプ勧告に基づいて導入された制度です。帳簿書類を基礎とした正確な申告を奨励するために、一定の帳簿書類を備え付けている者が、税務署長の承認を受けて青色の申告書を用いて行う申告のことです（⇒【コラム1】）。

青色申告に対する更正は，推計課税によって行うことはできず，帳簿書類を調査し，その調査によって金額に誤りがあると認められる場合に限ってすることができ，更正通知書には更正の理由を附記しなければなりません。同規定の立法趣旨は，適正手続の保障という観点からは，税務署長は，一定の帳簿書類を備え付けている納税者に対しては，具体的な理由を附記して更正処分を行うべきである，という点にあります。

【コラム１】青色申告と白色申告

　戦前の我が国では賦課課税制度が採用されていたことから，納税者には，帳簿書類の作成の習慣がありませんでした。戦後に採用された申告納税制度では，納税者が作成した帳簿書類に基づいて申告・納税が行われます。

　そこで，納税者が一定の帳簿を作成して申告を行う場合に認められる，青色の申告書による申告，青色申告制度が設けられました。納税者が税務署長から青色申告の承認を得た場合には，納税者は一定の帳簿の作成とその保存義務を負いますが，青色申告者には各種特典が用意されています。例えば，青色申告者に対する推計課税は禁止されており，帳簿書類の調査後にしか，更正処分をすることができません（所得税法155条１項）。

　青色申告ではない普通の申告である白色申告では，これらの各種特典を受けることができません。

　また，租税行政庁の処分に対する納税者からの審査請求については，**国税不服審判所**という審査機関によって審査が行われます。執行機関と審査機関とを分離することで，租税行政庁が自己有利な審判を行うことを防止し，手続の適正性を確保することが目的です（⇒【コラム２】）。

【コラム2】国税不服審判所の役割

　昭和45年に創設された国税不服審判所は，シャウプ勧告により創設された協議団制度に由来する，内国税に関する審査請求についての裁決機関です。国税の賦課・徴収を行う執行機関である国税庁と国税不服審判所とは別個の機関であり，国税不服審判所には一定の独立性が確保されています。

　もっとも，租税行政の統一性の確保のため，国税不服審判所は国税庁長官の指示権に服します（国税通則法99条）。また，国税不服審判所は，国税庁から完全に独立した裁決機関ではなく，税務署等の職員が審判官になるなど，人事面での独立性が確保されていません。

　国税不服審判所は本来，更正処分等を審査・裁決することによって，納税者の権利利益を救済機関であるはずです。今後この点に踏まえて，国税不服審判所の制度を再構築する必要があるでしょう。

　以上を踏まえて，租税手続法と租税法の基本原則との関係は，以下の通り整理することができます。租税手続法は，租税実体法と同様，憲法の統制下に置かれることから，租税法における憲法原理である租税公平主義と租税法律主義の要請が実現できるように，租税手続に関する法制度が構築されるべきです。

　具体的には，租税公平主義の視点からは，担税力に応じた課税の実現を担保するために，質問検査権規定などが整備されるべきであり，そして，同一の状況にある納税者に対しては，平等な取扱いがなされるべきです。

　租税法律主義の内容である手続保障の原則は，租税の賦課・徴収について適正手続の保障を要請していることから，租税の賦課・徴収に関する詳細な手続規定の整備がなされるべきであるといえます。

　租税手続法領域における様々な問題は，租税法の基本原則である租税公平主義と租税法律主義の視点から検討され，解決を図るべき問題なのです。

　ところで，租税手続は，租税行政庁による権力的作用であることから，詳細な手続規定が置かれていない場合には，租税行政庁が，権力を背景に納税

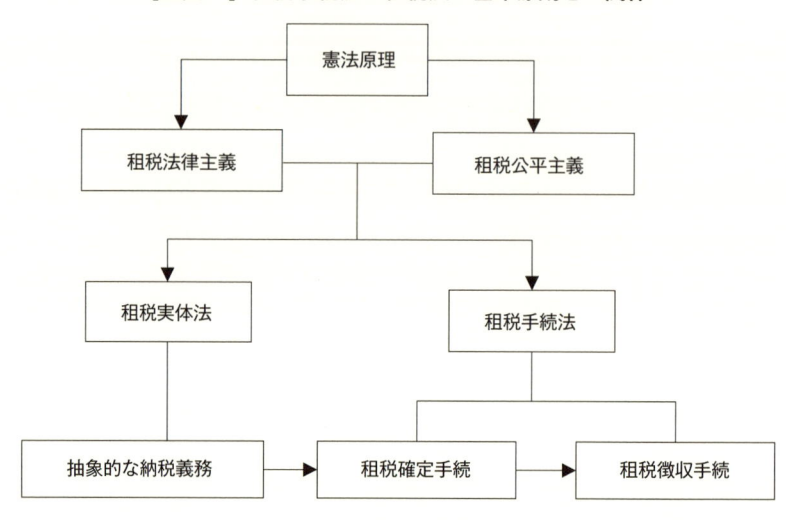

【図表1】 租税手続法と租税法の基本原則との関係

```
                    憲法原理
                   /        \
              租税法律主義    租税公平主義
                   |            |
              租税実体法      租税手続法
                   |         /      \
         抽象的な納税義務  租税確定手続  租税徴収手続
```

者に対して恣意的な取扱いを行うことがないのかという点が危惧されます。

　租税法の基本原則の視点から問題を検討することにより，納税者の権利利益を保護することができます。**租税手続法の意義は，租税法の基本原則である租税公平主義と租税法律主義の統制によって手続的正義を実現することにあります。租税行政庁による恣意的な租税行政を阻止し，納税者の権利利益を保護することが租税手続法の存在意義といえるでしょう。**

　この点については，次の租税手続法と行政手続法との関係で詳しく考えていきましょう。

Ⅲ　租税手続法と行政手続法との関係

　行政手続法1条は，「この法律は，処分，行政指導及び届出に関する手続並びに命令等を定める手続に関し，共通する事項を定めることによって，行政運営における公正の確保と透明性…の向上を図り，もって国民の権利利益の保護に資することを目的とする。」と規定しています。行政手続法は，行政運営の公正・透明化と，国民の権利利益の保護のために平成5年に制定さ

れた，比較的新しい法律です。

　租税手続は行政手続の一つですから，行政手続法は当然，租税手続についても適用されると考えられがちですが，しかし実際には，租税手続については，広い範囲で租税手続法の適用が除外されています。適用除外の方法には，行政手続法による適用除外と国税通則法による適用除外の2つがあります。ここでは，前者について説明します。

　行政手続法3条の適用除外規定では，租税手続に関する適用除外が規定されています。例えば，国税通則取締法に基づく処分および行政指導（行政手続法3条1項6号），遂行上必要な情報の収集を直接の目的としてされる処分及び行政指導（14号），審査請求，異議申立てその他の不服申立てに対する行政庁の裁決，決定その他の処分（15号）などは，行政手続法の適用除外です。税務調査については，行政手続法は適用できません。

　行政手続法は，なぜ租税手続を適用除外としているのでしょうか。一般に，租税手続に関しては，国税通則法や国税徴収法など現行法でも独自に充分に整備されており，かつ，税そのものが大量的であり，租税行政の円滑化，迅速化という要請に基づく特質性を持っていることが理由である，と説明されています（松沢智『租税手続法』234頁以下（中央経済社，1997年））。

　確かに，租税手続には独自の手続法である国税通則法などが整備されていますし，租税行政は大量・反覆的なものです。しかしながら，行政手続法が租税手続を適用除外とする十分な理由とはいえません。

　この点について，松沢智教授は，「憲法31条の**『適正手続の保障』**は刑事手続のみならず，行政手続にも及び，そのため，これを具体化したのが『手続法』なのである。したがって，行政手続の運用において，公正の確保と透明性こそ，憲法の**『適正手続の保障』**の理念の表れとして，国民の権利利益の保護に資することになる。この公正の確保と透明性は，租税行政手続においても基本的原理として，その確立を図らねばならない。」（松沢智『租税手続法』241頁）と述べられています。

　租税手続法は，行政手続法と全く別個のものとして考えるべきではありません。行政手続法の趣旨である行政運営の公正・透明化と，国民の権利利益

の保護を踏まえて，租税手続法の各規定の解釈・適用が行われるべきです。また，今後，行政手続法の趣旨を実現するために，租税手続規定の整備が行われるべきです。

平成23年の国税通則法改正では，納税者の権利利益の保護を重視する視点から法改正が行われました。例えば，租税手続についても適正手続の要請ないし手続保障原則をもっと重視すべきであるという意見が強くなったこと，および，従来は，青色申告者を除き，小事業所得者等については，前々年または前年の所得が300万円を超える者についてのみ記帳義務が課されていたが，平成23年12月改正で，事業所得を有する者はすべて記帳義務を課されることになった（所得税法231条の2）ことに対応して，手続保障の原則重視の観点から，原則としてすべての申請に対する拒否処分および不利益処分について理由の提示ないし附記が要求されることになりました（国税通則法74条の14）（金子宏『租税法19版』761頁（弘文堂，2014年））。

前述したとおり，租税手続法は，租税行政庁による恣意的な租税行政を阻止し，納税者の権利利益を保護するための法であるべきです。今後も，憲法31条の適正手続の保障や，租税法律主義の内容である手続保障の原則を実現する租税手続規定が整備されるべきです。

Ⅳ 租税手続―租税確定手続，是正手続，租税徴収手続

租税手続には，租税確定手続と租税徴収手続があります。ここでは，租税手続について，租税確定手続，申告の是正手続，租税徴収手続に分けて概観していきましょう。

1 租税確定手続

租税確定手続とは，各個別租税法に規定された課税要件を充足することで成立した抽象的な納税義務の内容を具体化する手続です。納税義務の確定方式には，申告納税方式，賦課課税方式，自動確定方式の3つの方式があります。

申告納税方式とは，納税者が納付すべき税額を自ら申告することによって確定する方式です（国税通則法16条1項1号）。所得税や法人税，相続税などの国税については，申告納税方式が原則的・一般的な方法として用いられています。

賦課課税方式とは，租税行政庁が納付すべき税額を処分によって確定する方式です（国税通則法16条1項2号）。現在は，住民税などの地方税について，賦課課税方式が原則的に用いられています。戦前は，国税についても，賦課課税方式が一般的に用いられてきましたが，現在では申告納税方式が用いられています。

自動確定方式とは，納税者，租税行政庁による特別の手続を必要とせずに，納税義務の成立と同時に納付すべき税額が確定する方式です（国税通則法15条3項）。この方式は，課税標準の金額や数量が明確で，税額の算定が簡単な租税で用いられています。例えば，印紙税の課税対象は経済取引を表現している契約書や領収書などの文書であることから，印紙税の税額は客観的に決定することができます。印紙税では自動確定方式が用いられています（印紙税法8条）。

ところで，伝統的にアメリカで用いられてきた申告納税方式と，ヨーロッパで用いられてきた賦課課税方式では，どちらが納税義務の確定方式として民主主義国家に相応しいといえるのでしょうか。

納税者が自ら税額を計算し申告することによって納税義務を確定することから**自己賦課**（self-assessment）と呼ばれている申告納税方式は，民主主義的思想に適合するといわれています。我が国が民主主義国家であり，憲法1条で国民主権を定めていることからは，我が国の納税義務の確定方式としては，申告納税方式が最も優れているといえます。

しかしながら，申告納税方式による納税義務の確定には問題点があります。申告納税制度では，納税者が自ら納付すべき税額を計算し申告することから，納税者の計算した税額が間違っているかもしれません。意図的に適切な申告を行わない，または申告自体を行わない納税者がいるかもしれません。このような状況を放置すると，真面目に正確な申告を行った納税者が不

信感を抱くようになり，申告納税制度の根幹が揺らぎかねません。

そこで，租税行政庁は，納税者の行った申告を点検し，租税法を適正に解釈・適用して税額計算が行われているかのチェックを行います。これが，質問検査権に基づく税務調査です。

実効性ある申告納税制度を構築するには，納税者の納税意識の向上，そして，納税者と租税法の専門家である税理士が，租税法を適正に解釈・適用する能力を身につけることが不可欠なのです。

2　申告の是正手続

納税者の申告した税額が間違っていた場合には，正しい税額に修正（是正）しなければなりません。以下では，税額の是正手続について，納税者が行う場合と租税行政庁が行う場合とに分けて，説明していきます。

納税者が申告税額の是正する場合には，申告税額よりも是正税額が増える（申告税額から増額する）ときと，是正税額が減る（申告税額から減額する）ときで，異なる手続が準備されています。

申告税額を増額するときには，納税者は修正申告書を提出する（**修正申告**を行う）ことによって，税額を是正することができます（国税通則法19条）。一方で，申告した税額を減額するときには，更正の請求を行うことによって，税額を是正します（国税通則法23条）。

更正の請求は，租税行政庁に税額の減額を求める手続ですから，更正の請求を行うだけで税額が減額されるわけではありません。更正の請求を受けた租税行政庁が税務調査を行い，「更正の理由あり」と判断した場合のみ，税額が減額されることになります。この更正の請求をめぐる問題については，次章で詳しく考えていきます。

一方で，租税行政庁は，決定処分や更正処分によって，納税者の申告した税額を増額・減額することができます。更正とは，租税行政庁が，納税者の申告により確定した税額を変更する処分です（国税通則法24条）。決定とは，納税者の申告が提出されていないときに，租税行政庁が納税義務を確定する処分です（国税通則法25条）。

ところで，申告した税額が実際の税額よりも少なかったり，申告期限までに申告を行わなかった場合には，加算税が課されます。加算税は，真面目に申告・納付を行わなかった者に対するペナルティーであり，申告納税制度の定着を図るための行政上の制裁（行政罰）です。加算税には，過少申告加算税，無申告加算税，不納付加算税，これらに対する重加算税があります（⇒【コラム３】）。

> **【コラム３】加算税**
>
> 　申告義務違反及び徴収納付義務違反を行った納税者にはペナルティ（加算税）を課すことによって，申告納税制度や徴収納付制度の実効性を確保し，公平な課税を実現しなければなりません。加算税は，特別の経済的負担である行政罰です。
> 　加算税には，過少申告加算税，無申告加算税，不納付加算税および重加算税の４つがあります。過少申告には10％，無申告には15％，源泉徴収義務の不納付には10％の加算税が課されます（国税通則法65条以下）。
> 　事実の仮装・隠ぺいに基づく過少申告，無申告，不納付があった場合には，過少申告加算税，無申告加算税，不納付加算税の代わりに重加算税という，特別に重いペナルティが課されます。例えば，無申告に対する重加算税は40％です（国税通則法68条）。

３　租税徴収手続

　納税義務が確定すると，納税者は，法律で定められた期限（法定納期限）までに自主的に税額を納付することになります。納付は，金銭で租税を納付する金銭納付が原則です。金銭以外の財産で納付する物納は，相続税で例外的に認められています（相続税法41条）。

　法定申告期限と法定納期限は同一の日ですが，税目によりその期限は異なります。例えば，所得税の場合は，翌年の３月15日（所得税法120条），法人税の場合は，事業年度終了の日から２月を経過する日（法人税法77条），相続

税の場合は，相続の開始があったことを知った日の翌日から10月を経過する日（相続税法33条），贈与税の場合は，翌年の3月15日（相続税法33条）です。

納税者が法定納期限までに納付を行わなかった場合には，ペナルティーとして延滞税が生じます（国税通則法60条）。

租税行政庁は督促状と呼ばれる書面によって，納税の督促を行います（国税通則法37条1項）。それでも納税者が自主的に税額を納付せず，完納されない場合には，租税行政庁は強制的に税額の徴収を行うことになります。

国税徴収法は，租税行政庁が，納税者に対して強制的に税額の徴収を行う権限を認めています。この租税行政庁による強制的な税額徴収にかかる一連の手続のことを，**滞納処分**（強制徴収）といいます。滞納処分では，租税行政庁が自ら納税者の財産を差し押さえて，差押え財産を公売によって換価し，換価代金を滞納税額に充当するという一連の手続きによって，強制的に税額の徴収を行います。

ところで，震災などの自然災害によって損失を受けるなど，納税者が自主的に納税できない状況に直面する場合もあるでしょう。そこで，一定の要件を充足し，手続を行うことによって，納税を猶予する制度が設けられています（国税通則法46条）。

租税法律主義の内容の一つである合法性の原則は，課税要件を充足する限り，租税行政庁は税額を徴収する義務があり，租税行政庁には税額を減免する自由は認められない，としています。一方で，租税公平主義の要請する担税力に応じた課税の視点からは，自然災害による損失などによって担税力が減少した納税者に対して何らかの救済措置を講じることが求められます。納税猶予の制度は，合法性の原則を維持しつつ，担税力に応じた課税を実現するために設けられた法制度です。

4　まとめ

以上のとおり，租税確定手続，申告是正手続，租税徴収手続について，租税手続を概観しました。

ところで，多くのサラリーマンは，自ら税額を申告し納付を行うことな

く，会社が**源泉徴収**を行い，申告・納付が終了する場合がほとんどです。会社から給与をもらうサラリーマンの場合には，会社（納税義務者）が毎月の給与（一般に「額面給与」といいます。）の一部を天引きし，実際の給与（一般に「支給額」，「手取り」などといいます。）を支払います。毎月の給与から天引きを行うことによって，会社が納税者の代わりに所得税を納めているので，サラリーマンは，基本的には申告・納付を行う必要がないのです。

　源泉徴収制度によると，納税者は，確定申告のために手間や時間は不要となります。また，納税者の大部分であるサラリーマンの申告を会社負担で画一的に行ってもらうことで，租税行政庁の徴税コストは大幅に縮減できます（最（大）判昭和60年3月27日民集39巻2号247頁（大島訴訟最高裁判決）参照）。

　しかしながら，納税者は税負担の痛みを感じることがなく，租税に対する主体的な意識が薄れてしまうという問題が指摘されています（岡村忠生ほか『ベーシック税法第7版』333頁（有斐閣，2013年））。

　前述したように，租税確定の方式としては，申告納税方式が最も優れているのですから，すべての納税者が自ら税額を申告し納税できる環境が整えられるべきであり，今後の制度改革が望まれるところです。この点について，納税環境の整備・改善を目的として平成16年に導入された**電子申告（e-Tax）**が注目されます（⇒【コラム4】）。電子申告では，租税行政庁の徴税コストの増大も避けつつ，納税者が，時間を気にせずに，自宅から確定申告を行うことができます。電子申告の普及は，申告納税制度と関連する重要なテーマといえます。

【コラム4】電子申告（e-Tax）

　電子申告（e-Tax）では，インターネットを通して，国税に関する申告，届出や納付などの手続を行うことができます。行政運営の簡素化・効率化を図るために，平成16年2月より開始されました。

　国民のニーズに対応する租税行政の執行が求められますが，国民のライフスタイルが多様化する中で，コンビニエンスストアのように税務署を24時間

年中無休で開庁しておくことは現実的には難しいでしょう。電子申告の利用によって，国民は時間を気にすることなく，自宅で租税手続を行うことができるようになり，利便性が大きく向上しました。

　電子申告を利用するには，パソコンなどの機材を準備するだけでなく，事前の届出を行い，電子証明書を取得しなければなりません。e-Tax の使い方は，国税庁の HP を参考にしてください。

V　租税手続法の考え方

　我が国では歴史的に，いかに効率的に納税者から租税を徴収すべきかという点に重点が置かれた租税行政が行われてきました。

　国税通則法1条は，「この法律は，国税についての基本的な事項及び共通的な事項を定め，税法の体系的な構成を整備し，かつ，国税に関する法律関係を明確にするとともに，税務行政の公正な運営を図り，もつて国民の納税義務の適正かつ円滑な履行に資することを目的とする。」と規定しています。また，国税徴収法1条も，「この法律は，国税の滞納処分その他の徴収に関する手続の執行について必要な事項を定め，私法秩序との調整を図りつつ，国民の納税義務の適正な実現を通じて国税収入を確保することを目的とする。」と規定しています。要するに，租税手続法の基本的な考え方では，①円滑な税務行政を運営するための納税環境の整備と，②納税者の納税義務の適正な履行，という2つの観点に重点が置かれていたのです。

　本章を通して，本来あるべき視点が欠けていたことが理解できたはずです。それは，納税者の権利利益の保護という視点です。

　租税手続は，租税行政庁による権力的作用ですから，これをコントロールする租税法規定が必要なのです。租税実体法領域では，納税者の権利利益の保護のための一義的・明確な課税要件規定が定められることによって，租税行政庁の恣意的課税が阻止できたとしても，租税手続法領域が同様の視点で法整備されていなければ，租税行政庁の恣意的な行政運営を阻止できず，納

税者の権利利益は十分に保護することができません。

　恣意的な租税行政を阻止し，納税者の権利利益を保護するためには，租税法における憲法原理に基づいた租税手続規定が定められるべきなのです。この点については，租税手続法と租税法の基本原則との関係で論じてきました。

　租税手続法とは，本来は，租税行政庁の恣意的な行政運営を阻止し，納税者の権利利益を保護することを目的とする法です。租税手続法は，租税実体法と同様に憲法の統制下に置かれることから，租税法の基本原則である租税公平主義と租税法律主義の視点から，租税法における手続的正義が実現されなければなりません。

　次章では，租税公平主義と租税法律主義の視点から，租税手続法をめぐる問題を検討し，納税者の権利利益の保護の在り方を考えていきます。

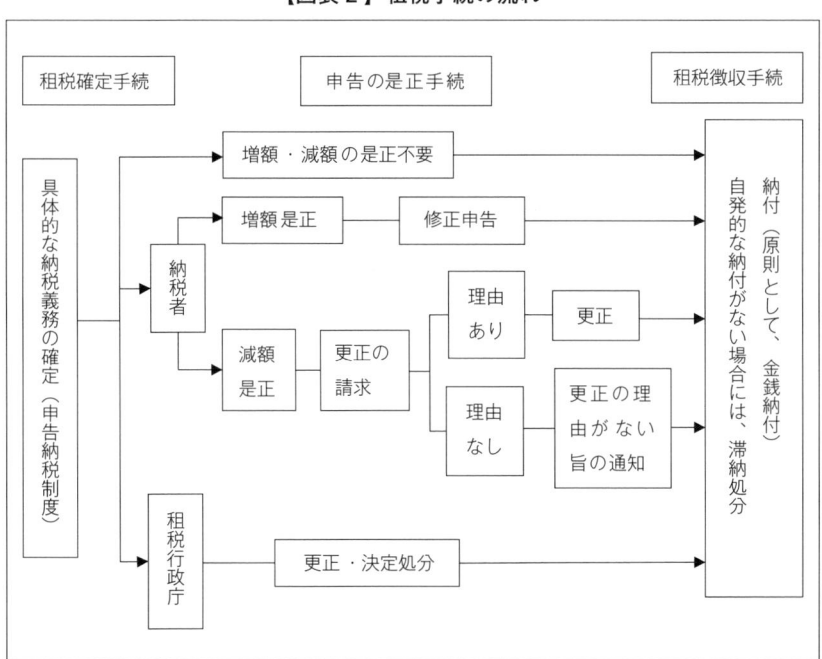

【図表2】租税手続の流れ

Ⅵ 今後の課題

　国民の権利意識の高まりを受けて，国民の権利利益の保護を図り，適正手続の保障を実現するために，行政手続法が平成5年に制定されました。租税手続に関しては国税通則法が存在することなどから，行政手続法が適用除外とされました。しかし，国税通則法は，国民の権利利益の保護といった視点から法整備がなされていないことから，租税手続に関する法整備が早急に行われるべきであると指摘され続けました。

　平成23年12月の国税通則法改正は，「納税者の権利保護」を図りつつ，「税務行政と納税者の対等化」を実現するために，国税に関する手続一般に「適正手続の保障」の理念を導入することによって，行政手続法の本旨である納税者の権利利益の保護の思想の法制度化するものです（増田英敏「続・実践租税正義学（第45回）国税通則法の改正と手続的正義（上）」税務弘報60巻10号121頁（2012年））。

　改正では，税務調査手続の整備，更正の請求の期間制限の5年への延伸，更正の請求の対象の拡大—当初申告要件等の緩和，修正申告の勧奨についての規定の整備，修正申告の勧奨に応じて修正申告を行う場合における更正の請求，不利益処分における理由附記の拡充などの改正が実現しました。

　もっとも，今回の改正で実現できなかった項目もあります。例えば，国税通則法1条の目的規定の改正や納税者権利憲章の制定などです。改正の内容は不十分であると指摘されていますが，今回の国税通則法改正では，納税者の権利利益の保護という視点から租税手続に関する法整備が行われたという点は評価できるでしょう。

　ただし，国税通則法改正に対する評価と実際の租税行政の運営とは区別して考えるべきです。租税手続に関する法整備が行われたとしても，法律に基づいた適正な租税行政が行われなければ絵に描いた餅です。納税者の権利利益を保護するためには，今後も，適正手続の保障の観点から租税手続に関する法規定の整備が行われるとともに，法の支配の下で租税行政が行われているかが問われ続けることが必要なのです。

第10章 租税手続法の論点

導入事例

M教授　前回の講義では，租税手続法の考え方，特に租税手続法と租税法の基本原則との関係について考えてきました。

学生T　質問があるのですが，先日，私のアルバイト先の飲食店で税務調査が行われました。店長は，いきなりの調査で驚いていました。店長が所用で店を留守にしており，私だけが店にいる場合には，私一人で対応しないといけないのですか。そもそも，事前に税務調査を行うことを知らせず，抜打ちで税務調査がなされると，私たちの予測可能性は確保されていないと思います。

M教授　税務調査の事前通知については，平成23年の国税通則法改正以前の各個別租税法は，税務職員が質問検査権規定に基づいて税務調査できると規定していたのですが，いつ税務調査ができるのか，また，事前通知が必要かどうかなど，税務調査に関する手続規定が定められていませんでした。

学生S　前回の講義で，税額を間違って申告した場合には，納税者と租税行政庁で是正の方法が異なることを勉強しました。納税者が是正する場合にはなぜ，増額と減額で違いがあるのですか？

M教授　納税者が申告した税額を是正する場合には，増額する場合と減額する場合で手続が異なります。特に，国税通則法改正以前は，更正の請求の期間は，原則として，法定申告期限後１年間であるという厳しい制限が設けられていました。この点は，国税通則法改正で是正期間の統一がなされました。

I 租税手続法をめぐる問題（論点整理）

　本章では，租税手続法とは，租税行政庁の恣意的な行政運営を阻止し，納税者の権利利益を保護することを目的とする法であることを踏まえて，租税手続法をめぐる問題を検討していきます。具体的には，租税公平主義と租税法律主義の視点から問題を検討し，租税法における手続的正義がいかにして実現されるべきかを考えていきます。

　ところで，租税手続の様々な場面で，納税者の権利利益が十分に保護されていないのではないかという問題が指摘されていますが，ここでは，納税者と租税行政庁との間での実際の紛争事例を参考に，租税手続法の論点整理を行いたいと思います。

　租税手続法をめぐる問題のうち，多様な視点から問題提起がなされ，判例・学説で様々な議論が展開されてきた重要な問題が，質問検査権行使に関する税務調査をめぐる問題です。この問題については，後ほど検討します。

1　更正の請求と修正申告

　申告の是正手続の一つである更正の請求については，学界から多くの問題提起がなされ続けてきました。前章でも確認したとおり，更正の請求は，納税者が租税行政庁に税額の減額を求める手続ですから，更正の請求をしただけで税額が減額されるわけではありません。更正の請求を受けた租税行政庁が税務調査を行い，「更正の理由あり」と判断した場合のみ，税額が減額されることになります。納税者が修正申告を提出するだけで済む申告税額を増額する場合と比べると，アンバランスな制度設計になっています。

　この増額と減額との是正方法の違いをめぐる問題以外にも，更正の請求の期間制限の問題，更正の請求の範囲の問題などがあります。この点についても，後ほど検討します。

　ところで，更正の請求の期間を徒過した場合に例外的に認められる，**後発的理由による更正の請求**という制度が設けられています。例えば，申告，更正又は決定に係る課税標準等又は税額等の計算の基礎となった事実に関する

訴えについての判決により，その事実が当該計算の基礎としたところと異なることが確定したときには，その確定した日の翌日から起算して2月以内は，更正の請求をすることができます（国税通則法23条2項1号）。更正の請求の期限を徒過した場合には，極めて例外的な場合に限り，更正の請求が認められるにすぎません。

　申告税額を誤った納税者は，適正な税額に是正する権利が保障されるべきなのですが，現行の法制度では，更正の請求の期間を徒過した場合には十分な是正の機会が保障されていません。

2　加算税

　他にも租税手続をめぐる様々な問題が指摘されています。過少申告加算税における「正当な理由」をめぐる問題はその一つです。申告納税制度においては，法定申告期限内に納税者が正確な申告を行うことが前提となっていることから，当初の申告に対して修正申告または更正がなされ，当初の申告税額が結果的に実際の税額よりも過少となったときは，増差税額について10％の過少申告加算税が課されます（国税通則法65条1項）。

　ただし，納税者が過少申告に至るに際して「正当な理由」がある場合には，過少申告加算税は課されません（同条4項）。加算税の目的は，申告納税制度及び徴収納付制度の定着と発展を図るため，申告義務および徴収納付義務違反に対して特別の経済的負担を課すことによって，それらの義務の履行の確保を図り，これらの制度の定着を促進することにあります（金子宏『租税法第19版』737頁（弘文堂，2014年））。過少申告加算税の計算の基礎となった事実に関して，当初の税額の計算の基礎とされていなかったことについて，納税者に正当な理由があると認められる場合には，過少申告加算税を課すべき理由がないのです。

　もっとも，国税通則法65条4項は「正当な理由」と掲げるのみで，具体的にいかなる場合に正当な理由があるといえるかついては，条文上には明確な判断基準が規定されていません。裁判所は，「真に納税者の責めに帰すことのできない事情があり，過少申告加算税の趣旨に照らしても，なお，納税者

にそれを付加することが不当または酷になる場合をいう」(最判平成18年4月20日民集60巻4号1611頁)と判示していますが,実際には,いかなる場合が「正当な理由」に該当するかについては,裁判例の蓄積を待つほかないのです。「正当な理由」の有無について,租税行政庁の恣意的な判断を排除するための具体的な基準が用意されていないことが問題であると指摘されています。

3 推計課税

　推計課税に対する実額反証の可否をめぐる問題があります。**推計課税**とは,納税者の申告が適正でない場合に,税務署長が所得税または法人税について更正・決定をする場合に,直接資料によらず,各種の間接的な資料を用いて所得を認定し課税することです。例えば,事業所得者の所得税に係る推計課税は,事業者の電気またはガスの使用料等から売上高を推計し,それに同業者率を適用して所得を算定する方法によって,所得を認定し課税します。

　本来は直接資料を用いて所得の実額を把握すべきですが,直接資料が入手できない場合には,何らかの資料を根拠に課税を行わざるをえません。もし課税が行われないとすると,納税者間の公平を確保することができません。推計課税が認められる理由は,この点にあるのです。

　一方で,帳簿等の直接資料が存在するのであれば,もちろん直接資料に基づいた課税が望ましいといえるでしょう。しかしながら,納税者はいったんは資料を用意しなかったのですから,いかなる場合でも資料の後出しが可能であるとすると,租税行政は混乱するとともに,初めから真面目に直接資料に基づく申告を行った納税者との公平が担保できません。

　ここで問題となるのが,推計課税に対する**実額反証**の問題です。納税者が推計課税に対して実額での課税を求める場合には,推計課税の合理性を覆すことが要件とされています。推計課税の合理性を判断する基準には,①複数の間接資料が存在する場合には,最もよく所得を反映すると見られる資料を用いて推計しなければならない(大阪高判昭和49年12月25日月報21巻1号106

頁），②比率法において用いられる比率および効率法において用いられる比率は，合理的な方法で算出されたものでなければならない（大阪高判昭和59年3月30日月報30巻8号1498頁），③推計課税をされる納税義務者に顕著な特殊事情がある場合には，推計にあたってそれを加味しなければならない，などがあります（金子宏『租税法第19版』807頁）。

　訴訟において，租税行政庁が推計課税の合理性を立証した場合には，実際の所得額が推計額と異なることの立証責任は，納税者が負います。推計課税に対する実額反証には，納税者に高いハードルを課していることが確認できます。

4　更正の理由附記

　最後に，青色申告に対する更正の理由附記をめぐる問題を確認しておきます。所得税法155条は，青色申告に対する更正は，納税義務者の帳簿書類を調査して，誤りがあると認められる場合に限って行うことができ，青色申告を更正するには，更正通知書に更正の理由を附記しなければならないと規定しています。青色申告では，すべての取引が記録された一定の帳簿書類が保存されていることから，帳簿書類の内容を否定する明確な理由が附記されるべきです。

　また，更正の理由の内容については，「附記すべき理由は例文的・抽象的なものでは足りず，帳簿書類との関連において更正処分の具体的根拠を明らかにするものでなければならない」（金子宏『租税法19版』800頁）とされています。実際に，更正の理由の内容が具体的根拠を明らかにするものでないことを理由に，処分が取消された裁判例（大阪高判平成25年1月18日判時2203号25頁）も存在します。租税法律主義が手続保障の原則を要請していることからは，適正手続が保障されていない租税手続は違法な処分として取消されてしまうのです。

5　まとめ

　以上のことを踏まえると，租税手続法をめぐる問題には共通点を見出すことができます。租税手続法をめぐる問題では，租税行政の効率に重点を置いて判断することの妥当性が問われているのです。

　租税行政の効率の視点からは，大量・反復的な租税行政は形式的な取扱いによって納税義務を早期確定させることが望まれます。租税行政庁の主張は，租税行政の効率を重視する考え方に立つものです。

　しかしながら，このような考え方は妥当なのでしょうか。租税手続法は，本来，租税行政庁の恣意的な行政運営を阻止し，納税者の権利利益を保護することを目的とする法であるはずです。租税手続法をめぐる問題を考えるうえで，納税者の権利利益の保護の視点は不可欠です。租税公平主義が租税手続法領域をも統制していることからは，公平な課税を実現するためには，形式的な取扱いではなく，納税者の実体に即した取扱いが必要です。租税手続法をめぐる論点は多岐に及びますが，問題の本質は，納税者の権利利益の保護という点に集約されるといえます。

　以下では，租税手続法をめぐる重要論点である，税務調査をめぐる問題と更正の請求をめぐる問題を検討しますが，問題の根底には，租税行政の効率と納税者の権利利益の保護のいずれが重視されるべきか，という対立があることを意識して考えていきましょう。

　ところで，平成23年の国税通則法改正では，納税者の権利利益を保護するための改正がなされました。改正の内容を確認することによって，解決された問題，今後の課題を考えていきましょう。

II　税務調査とは

　申告納税制度を採用する我が国では，納税者が租税法を解釈・適用したうえで税額を申告し，納税を行うことから，納税者の申告した税額が適正かどうかをチェックする仕組みが必要です。せっかく担税力に応じた課税を実現するために所得税法などの各個別租税法を立法しても，租税法規定を適正に

解釈・適用したうえで申告がなされなければ，公平な課税は実現できません。

税務調査は，租税行政庁が納税者の申告した税額が正しいかどうかチェックする仕組みであり，租税公平主義を実質的にサポートする重要な役割があります。

1　税務調査の種類

税務調査には，いくつかの種類があります。

まず，法律上の根拠を必要としない，「純粋な任意調査」があります。納税者の同意を得たうえで，税務職員が調査を行います。法律上の根拠がない任意の調査ですので，納税者は，調査を受けても良いですし，当然断ることもできます。

これに対して，法律上の根拠を必要とする調査には，「課税処分のための調査」，「滞納処分のための調査」，「犯則事件のための調査」の3種類があります。

課税処分のための調査とは，更正・決定，賦課決定などの課税処分を行うための資料収集を目的とする調査であり，国税通則法改正以前は，所得税法234条，法人税法153条以下，相続税法60条などに規定されていました。

滞納処分のための調査とは，滞納処分手続を遂行するための調査であり，国税徴収法141条以下に規定されています。

犯則事件のための調査とは，犯則事件の嫌疑者に対して，質問・検査し，場合によっては臨検・捜索を行うものであり，国税犯則取締法1条以下に規定されています。

2　法的性質

それぞれの調査は，目的及び根拠条文が異なりますが，ここで問題になるのが，課税処分のための調査の法的性質です。

質問検査権行使による税務調査の法的性格は，滞納処分のための調査及び犯則事件のための調査とは異なります。税務調査は直接的な強制力を持つ強制調査ではありません。しかし，質問に対する不答弁等に対しては罰則が用

意されていることから，納税者は間接的な強制を強いられます。租税法学上は，税務調査の法的性格は純粋な任意調査ではなく，調査に対する受忍義務を負う間接強制を伴う任意調査であると解されています。

　そうすると，適法な調査に対しては，納税者が質問に答え検査を受忍する義務があるが，税務職員が違法な調査を行う場合には拒否することが可能であるはずです。しかし，質問検査権規定は，税務職員が必要があるときに調査を行うことができると規定するのみです。質問検査権行使の発動要件について明文規定が置かれておらず，違法な税務調査といえるかどうかを判断する明確な基準がありません。納税者が，違法な調査がなされていると感じた場合でも調査拒否には罰則が科されますから，結果的には，納税者は調査を受忍せざるを得ないということになってしまいます。

　要するに，質問検査権行使が合理的かどうかを判断する基準が条文上，存在しないことが問題なのです。納税者には調査の受忍義務が課されるのですから，まさに質問検査権の発動は，公権力の行使といえるでしょう。税務調査をめぐる問題では，税務調査における納税者の権利利益が保護されているか，すなわち，税務調査に関する租税行政庁の権限の範囲が法律で明確化されているかが問題点として浮上してきます。

Ⅲ 税務調査をめぐる問題
（質問検査権の発動要件と税務調査手続規定）

　質問検査権行使による税務調査については，国税通則法改正以前は，各個別租税法にその根拠規定が置かれていました。例えば，所得税法234条は，「国税庁，国税局又は税務署の当該職員は，所得税に関する調査について必要があるときは，次に掲げるものに質問し，又はそのものの事業に関する帳簿書類そのほかの物件を検査することができる」と規定していました。質問検査権行使に係る具体的な規定は，税務職員の身分証明書の携帯，提示に関する規定（所得税法236条）が置かれているだけでした。

　所得税法234条は，①誰が（質問検査の主体＝「租税職員」），②いかなる時

もしくは場合に（質問検査の発動要件＝「必要があるときに」），③誰もしくは何に対して（質問検査権の相手方＝対象物件「納税者とその帳簿等」），④質問・検査できる，と規定して，租税職員の質問検査権の「発動要件」と「質問検査権の行使対象範囲」と「権限の法的性格」をシンプルに定めています（増田英敏「続・実践租税正義学（第29回）納税環境の整備─税務調査手続規定の整備の必要性（中）」税務弘報59巻5号125頁（2011年））。

このため，次の2つのことが問題となってしまいました。

第1は，誰がいつ税務調査を行うことを決定するのかという質問検査権の発動要件をめぐる問題です。同条は「調査について必要があるとき」としか規定していませんので，法解釈によってその意味内容が明らかにされなければなりません。

第2は，実際の税務調査に関する手続規定をめぐる問題です。法律には，税務調査に関する具体的な手続規定が定められておらず，租税行政庁の裁量に委ねられています。

この税務調査に関する規定の不備に基因して，租税行政庁の広範な裁量権が問題となり，質問検査権行使をめぐって多くの紛争が生じ，訴訟が提起されてきました。

一般に，税務調査をめぐる問題は，3期に分けて整理・理解されています（増田英敏『租税憲法学第3版』190頁以下（成文堂，2006年）参照）。

第1期は，質問検査権行使をめぐる紛争の頻発・激化期です。これは昭和40年代初期から47年頃までの質問検査権行使をめぐる紛争が激化した時期です。この時期には，裁判所は，「税の徴収確保と被調査者の私的利益の保護との調和するところで，質問検査権の限界を考察すると，被調査者は当該税務職員に対し調査の合理的必要性の開示を要求でき，右要求が入れられない限り，適法に質問検査を拒むことができる。」（千葉地判昭和46年1月27日判時618号11頁）と判示するなど，調査の合理的必要性の開示を質問検査権行使の法的要件とするとの判断を下しています。裁判所は，質問検査権行使に関しては，一定の制約が設けられるべきであるという考え方に立っているとみることができます。

第2期は，判例による判断基準の確立期です。昭和47年から48年にかけて，質問検査権に基づく税務調査をめぐる問題について，最高裁の判断が示されました。とくに，最高裁昭和48年7月10日決定（刑集27巻7号1205頁）により，質問検査権行使の合憲性をめぐる争いには終止符が打たれました（⇒【コラム1】）。

　最高裁は，「所得税法234条1項の規定は，国税庁，国税局または税務署の調査権限を有する職員において，当該調査の目的，調査すべき事項，申請，申告の体裁内容，帳簿等の記入保存状況，相手方の事業の形態等諸般の具体的事情にかんがみ，客観的な必要性があると判断される場合には，前記職権調査の一方法として，同条1項各号規定の者に対し質問し，またはその事業に関する帳簿，書類その他当該調査事項に関連性を有する物件の検査を行なう権限を認めた趣旨であつて，この場合の質問検査の範囲，程度，時期，場所等実定法上特段の定めのない実施の細目については，右にいう質問検査の必要があり，かつ，これと相手方の私的利益との衡量において社会通念上相当な限度にとどまるかぎり，権限ある税務職員の合理的な選択に委ねられているものと解すべく，また，暦年終了前または確定申告期間経過前といえども質問検査が法律上許されないものではなく，実施の日時場所の事前通知，調査の理由および必要性の個別的，具体的な告知のごときも，質問検査を行なううえの法律上一律の要件とされているものではない。」と述べています。すなわち，税務調査権は，客観的な必要性があると判断される場合に行使することができ，実施の細目は税務職員の合理的な選択に委ねられるとの判断を下しました。事前通知は，法律上一律の要件ではないと判示しました。この判例は租税行政庁の裁量権を広範に認めるものです。

【コラム1】最高裁昭和48年7月10日決定（刑集27巻7号1205頁）（荒川民商事件）の事案の概要

　X（納税者）は事業を営んでおり，昭和41年3月，Y（税務署長）に対し

> て，昭和40年分の所得税の確定申告書を提出，税額を納付していました。
>   YがXの確定申告には調査の必要があると判断したことから，税務署員は計3回，税務調査に出向きましたが，Xらと押問答になって調査することができませんでした。
>   そこで税務職員は再びX方に出掛けて，所得税法234条の質問検査権に基づいて，必要があって調査すること，調査に応じないと罰則があることを告げたうえで，帳簿書類を見せてほしいなどと発言しました。しかし，Xは，見せられない，言えないと述べて，「何度話してもおなじだから，もう帰ってくれ」と発言しました。押問答の過程では，Xが税務署員の体を押す行動がありましたが，刑法上の暴行に当たるほどではありませんでした。

　第3期は，判例の確立を経てから現在までの期間であり，紛争の展開期と位置付けられます。その後も質問検査権行使をめぐる紛争が生じていますが，判例確立後は，質問検査権の合憲性を争うよりも，質問検査権行使の具体的な内容が争われています。

　税務職員の違法な税務調査に対して納税者が権利救済を図るには，裁判を通して税務職員の行った調査の違法性を証明するしかありません。例えば，最高裁昭和63年12月20日判決（月報35巻6号979頁）は，無断での納税者の店舗立ち入り調査は，所得税法234条1項に基づく質問検査権の範囲内の正当な行為とはいえず，国家賠償法1条1項に該当するとして，国に対して慰謝料の支払いを命じました。また，税務調査における税務職員の行為の違法性を具体的に指摘したうえで国家賠償請求が認容された裁判例（京都地判平成7年3月27日判時1554号117頁）もあります。

　質問検査権行使をめぐる判例の動向に対しては，学説から様々な問題提起がなされてきました。判例の判断基準を用いた，質問検査権行使に対する法的統制が議論されてきました。例えば，判例のいう「客観的必要性」については，「ここに『客観的必要性』とは右の例示された諸般の具体的事情からすれば，何故調査が必要なのかということが通常一般人の見地において何人も肯認し得る程度の理由の存することが当然に要求されるということを意味

する。『客観的必要性』を示す具体的事情が当然に各事案につき存在していると認められる場合に限って調査の必要性が認められるのである。決して，税務職員の『主観的裁量』で必要か否かを判断するものではない。」(松沢智『租税手続法』189頁以下（中央経済社，1997年))との見解があります。

　質問検査権行使に対する判例による統制には限界があります。そこで，「所得税法234条に代表される質問検査権規定は，質問検査権が租税行政庁職員に必要があるときに同検査権を行使できるとする旨を規定するにとどまり，いかなる手続により同権限を行使できるのかに関して規定を欠いているに等しいといわざるを得ない。このような詳細な手続を規定しない理由が，調査効率の向上のために必要であるといった見解が見られるが，この見解は全く租税法律主義の存在を無視した見解といわざるを得ない。租税法律主義は，課税要件規定のみでなく，賦課・徴収手続をも法定し，その規定は明確であるべきことを要請しているのであるから，租税法律主義の要請に沿うよう法整備の必要性があるといえる。」(増田英敏『租税憲法学第3版』206頁)との指摘がなされています。質問検査権の発動要件の明確化と税務調査手続規定の制定という，法整備の必要性が求められます。

　税務調査に関する手続規定が用意されていないことから，判例確立後も紛争が生じています。質問検査権行使に対する十分な法的統制がなされていないことが大きな問題であるとされつつも，具体的な法整備は一向に進みませんでした。

　本来は，納税者が調査の受忍義務を負うのであれば，調査の適法性の基準を明確に規定するとともに，税務調査手続も具体的に規定し，納税者の権利保障が図られなければならないはずです。違法な税務調査を排除するための仕組みを法律上で規定するなど，質問検査権行使の適正性を担保する法整備に早急に取り組む必要があったのです。

IV　税務調査と国税通則法の改正

　税務調査をめぐる問題が指摘されつつも，税務調査に関する手続規定の整

第10章　租税手続法の論点

備は長期間，放置され続けました。今回の国税通則法改正では，税務調査手続に関する規定が整備されました。

まず，質問検査権に係る条文が各個別租税法から国税通則法に移動され，統一的なものとなりました。

国税通則法74条の2は，「国税庁，国税局若しくは税務署（以下「国税庁等」という。）…は，所得税，法人税又は消費税に関する調査について必要があるときは，次の各号に掲げる調査の区分に応じ，当該各号に定める者に質問し，その者の事業に関する帳簿書類その他の物件…を検査し，又は当該物件（その写しを含む。次条から第七十四条の六まで（当該職員の質問検査権）において同じ。）の提示若しくは提出を求めることができる。」と規定して，質問検査権に係る税務調査を規定しています。74条の3は，相続税の税務調査に関する質問検査権を規定しています。

また，提出物の留置きが規定され（国税通則法74条の7），質問検査権規定が犯則捜査のために認められたものではないことを明確化するために，権限の解釈方法が規定されました（国税通則法74条の8）。改正以前は，法律上の一律の要件ではないとされていた事前通知について，明文の規定が置かれました（国税通則法74条の9）。調査終了の際の手続規定も整備されました（国税通則法74条の11）。

改正以前の税務調査に関する質問検査権行使の手続規定が，税務職員の身分証明書の携帯・提示だけであったことと比較すると，納税者の権利利益の保護の視点からは重要な改正であったと評価できます。

ところで，納税義務者等に対する調査の**事前通知**の規定が定められました。国税通則法74条の9は，「税務署長等（国税庁長官，国税局長若しくは税務署長又は税関長をいう。以下第74条の11（調査の終了の際の手続）までにおいて同じ。）は，国税庁等又は税関の当該職員（以下同条までにおいて「当該職員」という。）に納税義務者に対し実地の調査…において第74条の2から第74条の6まで（当該職員の質問検査権）の規定による質問，検査又は提示若しくは提出の要求（以下「質問検査等」という。）を行わせる場合には，あらかじめ，当該納税義務者（当該納税義務者について税務代理人がある場合には，当

239

該税務代理人を含む。）に対し，その旨及び次に掲げる事項を通知するものとする。」と規定しています。

以下では事前通知に関する規定について詳しく考えていきましょう。

税務調査の事前通知を行うと，納税者が都合の悪い資料等を隠し申告の適正性を確認できないという側面がありますが，調査は納税者の権利が十分に保障されたうえで行わなければならないことはいうまでもありません。もっとも事前通知がない突然の調査のために担当者の不在や資料の準備ができないことが往々にしてあるのも事実です。

税務調査の日時・場所・理由等を納税者に事前通知すべかどうかについては，これまで判例は必ずしも事前通知の必要はないと解してきました。最高裁昭和48年7月10日決定（刑集27巻7号1205頁）は，「実施の日時場所の事前通知，調査の理由および必要性の個別的，具体的な告知のごときも，質問検査を行なううえの法律上一律の要件とされているものではない。」として，事前通知については税務職員の裁量に委ねられると判断しました。その後，裁判所は最高裁決定を踏襲し，納税者に対する調査の事前通知には消極的立場に立ってきたのです。

国税通則法改正では，事前通知について明文規定が置かれました。国税通則法74条の9第1項は，税務署長等は，納税義務者に対する実地の調査に際して質問検査権を行使する場合には，あらかじめ，納税義務者に対し，その旨，及び，①質問検査等を行う実地の調査を開始する日時，②調査を行う場所，③調査の目的，④調査の対象となる税目，⑤調査の対象となる期間，⑥調査の対象となる帳簿書類その他の物件，⑦その他調査の適正かつ円滑な実施に必要なものとして政令で定める事項を通知しなければならないと規定しています。税務調査は税務職員の合理的裁量で行うことができると解されてきたこれまでの租税法実務を変更する重要な改正です。

一方，同条2項は，事前通知のない調査が許容される場合には，業務繁忙を理由に調査延期を求めることができるかどうかは，税務職員の裁量に委ねられると規定しています。もっとも，納税者が合理的理由を付して調査変更を求めた場合には，調査担当職員等は納税者との協議に努めなければならな

いと規定しています。納税者が合理的理由を説明することによって，調査延期を求めることが可能になりました。同規定は，調査は納税者の同意に基づき行われるべきことを明らかにしたものといえます。

さらに国税通則法79条の10は，税務署長等が，納税義務者の申告等について違法又は不当な行為を容易にし，正確な課税標準等又は税額等の把握を困難にするおそれ等があると認める場合には，事前通知を要しないと規定しますが，これは適正な税務調査の遂行が極めて難しい場合の例外規定であり，原則，調査の事前通知を要求しているのです。

税務調査をめぐる重要な問題の一つには消費税の仕入税額控除の否認の問題があります。

我が国の消費税は，課税資産の譲渡等の対価の合計額（課税標準）に課される消費税（売上税額）から，課税仕入に含まれていた消費税を控除する（仕入税額控除），という法構造になっています。

仕入税額控除制度によって，税負担の累積が防止され，消費税負担は最終消費者に転嫁されます。消費税が，付加価値税の性質を持つとされる理由です。

消費税法30条7項は，「事業者が当該課税期間の課税仕入れ等の税額の控除に係る帳簿及び請求書等…を保存しない場合には，当該保存がない課税仕入れ又は課税貨物に係る課税仕入れ等の税額については，適用しない。ただし，災害その他やむを得ない事情により，当該保存をすることができなかったことを当該事業者において証明した場合は，この限りでない。」と規定しています。

仕入税額控除の要件は，納税者が帳簿を「保存」していることです。消費税の税務調査において，納税者が帳簿を「提示」しなかった場合に，租税行政庁が，帳簿を「保存」していなかったと認定し，仕入税額控除を否認できるかどうかが問題になります。仕入税額控除が否認された場合には，事業者は最終消費者に消費税負担を転嫁することができず，売上に係る消費税全額を負担することになります。

裁判所は，「事業者が，…法30条7項に規定する帳簿又は請求書等を整理

し、これらを所定の期間及び場所において、法62条に基づく税務職員による検査に当たって適時にこれを提示することが可能なように態勢を整えて保存していなかった場合は、法30条7項にいう『事業者が当該課税期間の課税仕入れ等の税額の控除に係る帳簿又は請求書等を保存しない場合』に当たり、事業者が災害その他やむを得ない事情により当該保存をすることができなかったことを証明しない限り（同項ただし書）、同条1項の規定は、当該保存がない課税仕入れに係る課税仕入れ等の税額については、適用されない」と判示しています（最判平成16年12月16日民集58巻9号2458頁）。

　納税者が税務調査時に帳簿を提示していれば、仕入税額控除は否認されないのであるから、納税者の責任ではないかという意見があるでしょう。しかし、納税者が違法な調査であることを理由に税務調査を断った場合にも、租税行政庁は仕入税額控除を否認することができるわけですから、調査拒否に対する制裁として利用される危険性があります。

　税務調査手続規定の不備に起因する問題であるといえるでしょう。

Ⅴ 「更正の請求」をめぐる問題

　納税者が申告した税額を是正する場合には、税額を増額する場合と減額する場合とで方法が異なります。増額する場合には、納税者が修正申告書を提出することによって是正を行うことができますが、減額する場合には、納税者はまず、更正の請求を行い、租税行政庁が税務調査を行い、「理由あり」と判断した場合のみ、申告した税額を減少できます。

　納税者の申告是正については、増額と減額とでアンバランスな制度設計となっています。法が更正の請求の手続を設けたという立法趣旨を踏まえると、申告税額を減額する場合には、原則として、他の救済手段は許されないと解されることから、抗告訴訟の排他性に倣って、**更正の請求の原則的排他性**と呼ばれています（金子宏『租税法第19版』790頁以下）。

　最高裁をはじめとする裁判例も、更正の請求の原則的排他性の考え方を支持し、国税通則法等が更正の請求制度を準備している以上、この手続による

のでなければ申告税額の減額を認めないとする判断で一貫しています（最判昭和39年10月22日民集18巻8号1762頁）。裁判所は，法が権利救済制度を法定している以上，その制度を利用すべきであると考えているようです。

　もっとも，申告税額の是正は，増額・減額いずれにおいても適正な税額に訂正するのが目的であることからは，本来は増額・減額で同じ方法が用いられるべきであるといえるでしょう。

　申告税額を減額する場合には，他にも様々な制約が設けられています。国税通則法改正以前の更正の請求に関する規定は以下のとおりです。

　国税通則法23条1項は，「納税申告書を提出した者は，次の各号の一に該当する場合には，当該申告書に係る国税の法定申告期限から一年以内に限り，税務署長に対し，その申告に係る課税標準等か又は税額等…の規定による更正…があった場合には，当該更正後の課税標準等又は税額につき更正をすべき旨の請求をすることができる。」として，同項各号に該当する場合のみ，更正の請求ができると規定しています。例えば，同項1号は，「当該申告書に記載した課税標準等若しくは税額等の計算が国税に関する法律の規定に従つていなかつたこと又は当該計算に誤りがあつたことにより，当該申告書の提出により納付すべき税額が過大であるとき。」と規定しています。

　国税通則法は，①法定申告期限から1年以内の更正の請求であること，②23条1項各号のいずれかに該当すること，の2つの要件を充足した場合のみに，更正の請求を認めているのです。さらに，②の要件のうち，とくに同項1号にいう「当該申告書に記載した課税標準等若しくは税額等の計算が国税に関する法律の規定に従つていなかつたこと又は当該計算に誤りがあつたことにより，当該申告書の提出により納付すべき税額が過大であるとき」の意義を，租税行政庁は厳格に解釈しており，更正の請求の範囲を狭く捉えてきました。租税行政庁の主張を踏まえて，裁判所は，特別措置の適用を選択して確定申告した後，通常の規定に従った方が税額が少なくなることに気付いた場合は，同項1号に該当せず，更正の請求は認められないと判示しています（最判昭和62年11月10日月報34巻4号861頁）。

　納税者の権利救済制度である更正の請求の制度は，①増額・減額の是正方

法のアンバランス，②更正の請求の期間制限，③更正の請求の範囲の厳格な解釈という３つの制約が課されており，使い勝手の悪いものでした。

【図表１】納税者による申告税額の是正方法

	手続	期間	範囲
申告税額を増額する場合	修正申告（国税通則法19条）	期限なし（もっとも，国税の徴収権の消滅時効が５年間のため，法定納期限から５年経過後は，修正申告は義務付けられていない（国税徴収法72条）。）	制限なし
申告税額を減額する場合	更正の請求（国税通則法23条）	５年間（平成23年の国税通則法改正により，１年間から５年間へ延長された。），一部例外あり。	国税徴収法23条１項各号に該当する場合のみ

Ⅶ 「更正の請求」と国税通則法の改正

　国税通則法改正では，税務調査手続だけでなく，更正の請求の制度も改正がなされました。

　改正後の国税通則法23条１項は，「納税申告書を提出した者は，次の各号のいずれかに該当する場合には，当該申告書に係る国税の法定申告期限から五年…以内に限り，税務署長に対し，その申告に係る課税標準等又は税額等…があつた場合には，当該更正後の課税標準等又は税額等）につき更正をすべき旨の請求をすることができる。」と規定したうえで，同項１号は，「当該申告書に記載した課税標準等若しくは税額等の計算が国税に関する法律の規定に従つていなかつたこと又は当該計算に誤りがあつたことにより，当該申告書の提出により納付すべき税額（当該税額に関し更正があつた場合には，当該更正後の税額）が過大であるとき。」と規定しています。

　今回の国税通則法改正では，増額と減額の是正方法のアンバランスは解消されませんでした。

大きな改正点は，更正の請求の期間が1年から5年に延長されたことです。減額の是正期間が大幅に延長され，増額是正の期間と統一されました。

改正以前は，法定申告期限から1年を超えた場合には，納税者は，租税行政庁に嘆願書等を提出し，減額更正を「お願い」するほかありませんでした。租税行政庁がそのお願いを聞き入れ，減額更正するかどうかは，租税行政庁の自由裁量に委ねられていました。改正によって，納税者には，法定申告期限から5年間，更正の請求により減額を求めることが法的に認められました。これは重要な改正といえるでしょう。

もっとも，更正の請求の範囲については，改正がなされていません。納税者の権利利益の保護の視点からは，十分な法整備がなされたとはいえず，今後に大きな課題が残されてしまいました。

ところで，更正の請求をめぐっては，注目すべき改正事項があります。

これまで租税法実務では，税務調査を税務職員が修正申告に応じるよう勧める行政指導を行う，修正申告の慫慂（しょうよう）が慣例的に行われてきました。納税者は，修正申告の慫慂に応じる義務はないのですが，これに応じて修正申告書を提出した場合には，納税者は自発的に増額是正したことになります。納税者が，修正申告は間違っていたと思い，減額是正したいと考えた場合に，不服申立はできないとされていたことから，修正申告の慫慂に応じた納税者の権利救済の道は閉ざされていました。一方で，税務調査に基づき租税行政庁が更正処分を行った場合には，納税者は処分に対する不服申立を行うことができます。

国税通則法改正では，修正申告の慫慂という実務慣行を法定化するだけでなく，納税者の権利救済の手段を規定しました。国税通則法74条11第3項は，国税に関する調査の結果，更正決定等をすべきと認めるとき，当該職員は，当該納税義務者に対し，その調査結果の内容を説明する際には，修正申告又は期限後申告を勧奨することができるとしたうえで，「当該調査の結果に関し当該納税義務者が納税申告書を提出した場合には不服申立てをすることはできないが更正の請求をすることはできる旨を説明するとともに，その旨を記載した書面を交付しなければならない。」と規定しています。

修正申告の慫慂は，**修正申告の勧奨**として法定化されました。納税者が修正申告の勧奨に応じた場合には，不服申立はできないが，**更正の請求**ができることが明らかにされました。

改正後の更正の請求の制度も改正前と同様に，使い勝手の良いものとはいえませんが，納税者の権利利益を保護するための重要な法整備がなされたことは注目すべき点です。

VIII 今後の課題

国税通則法改正によって，租税手続法をめぐる様々な問題の解決が図らると期待されていました。ところが，目標とした「**納税者権利憲章**」の制定までは踏み込まず，国税通則法の改正にとどまりました（⇒【コラム2】）。また，国税通則法1条の目的規定も改正対象からはずされ，行政手続法と国税通則法は立法目的の異なる法のまま並存することになりました。

本来，権利と義務とは対称関係であるはずですから，納税者の義務について詳細な規定が置かれるのであれば，納税者の権利についても，詳細な規定が置かれるべきです。租税行政の効率に重点を置いた租税手続法は，納税者の権利利益を保護するための法とはいえません。

ところで，諸外国では，納税者の権利を手厚く保護することによって，納税者の信頼を勝ち得て，租税行政の効率を高めようとする取組みがなされています。納税者権利憲章の制定は，この取組みの一つです。納税者に十分な権利利益を保護することは，租税行政の効率にも寄与するのです。

我が国の租税手続法をめぐる議論は，国税通則法改正をもって終了したわけではありません。改正によっても積み残された課題については今後，さらに適正手続の保障の観点から，納税者の権利利益を保護するための租税手続規定の整備が行われることが求められます。

【コラム2】納税者権利憲章とは？

　諸外国では，納税者と租税行政庁との信頼関係を構築し，効率的な租税行政を執行する手段として，法律や行政上の宣言文書である，納税者権利憲章が制定されています。そこでは，代理人の立会い権や，調査の録音権など，租税手続における納税者の権利利益の保護について具体的に規定しています。

　例えばアメリカでは，1988年に包括的納税者権利保護法が制定され，その後，1998年には第3次納税者権利保護法が成立し，納税者の権利利益の保護の視点から納税環境の整備が進められています（増田英敏「外国における納税環境の整備」税研174号42頁以下（2014年））。

　我が国では，納税者の権利利益の保護の視点から国税通則法改正が行われましたが，部分的な改正にとどまりました。諸外国のような全体的な法整備を行うことが，今後の課題といえます。

参考文献一覧

教科書・論文集など

岡村忠生ほか『ベーシック税法第7版』（有斐閣，2013年）
金子宏『所得課税の法と政策』（有斐閣，1996年）
金子宏『租税法第19版』（弘文堂，2014年）
金子宏編『租税法の基本問題』（有斐閣，2007年）
金子宏編『租税法の発展』（有斐閣，2010年）
木村弘之亮『租税法総則』（成文堂，1998年）
清永敬次『租税回避の研究』（ミネルヴァ書房，1995年）
田中治監修『税理士と実務家のための租税回避行為をめぐる事例研究―判例に学ぶ税務判断の指針―』（清文社，1998年）
谷口勢津夫『税法基本講義第4版』（弘文堂，2014年）
中里実ほか編『租税法概説』（有斐閣，2011年）
中村芳昭・三木義一編『演習ノート租税法第3版』（法学書院，2013年）
日本税務研究センター編『同族会社の行為計算の否認規定の再検討』（財経詳報社，2007年）
林仲宣『実務に役立つ租税基本判例120選』（税務経理協会，2010年）
増井良啓『租税法入門』（有斐閣，2014年）
増田英敏『納税者の権利保護の法理』（成文堂，1997年）
増田英敏『租税憲法学第3版』（成文堂，2008年）
増田英敏『リーガルマインド租税法第4版』（成文堂，2013年）
増田英敏・林仲宣編『はじめての租税法』（成文堂，2011年）
三木義一『よくわかる税法入門第8版』（有斐閣，2014年）
水野忠恒『租税法第5版』（有斐閣，2010年）

所得税

佐藤英明『スタンダード所得税法補正第3版』（弘文堂，2014年）
酒井克彦『所得税法の論点研究』（財経詳報社，2011年）

参考文献一覧

法人税

江頭憲治郎『株式会社法第4版』(有斐閣，2011年)
岡村忠生『法人税法講義第3版』(成文堂，2008年)
岡村忠生編『新しい法人税法』(有斐閣，2007年)
小松芳明『法人税法概説5訂版』(有斐閣，1993年)
小宮保『法人税法の原理』(中央経済社，1968年)
桜井久勝『財務会計学講義第15版』(中央経済社，2014年)
武田昌輔『立法趣旨法人税法の解釈平成10年度版』(財経詳報社，1998年)
武田昌輔編『DHC コンメンタール法人税法』(第一法規，加除式)
武田隆二『法人税法精説平成17年度版』(森山書店，2005年)
田中亘編『数字でわかる会社法』(有斐閣，2013年)
西野襄一『法人税法原論』(税務経理協会，1981年)
雪岡重喜『所得税・法人税制度史草稿』(国税庁，1955年)
吉国二郎『法人税法講義』(大蔵財務協会，1953年)
吉国二郎監修『戦後法人税制史』(税務研究会，1996年)
吉国二郎・武田昌輔『法人税法理論編増補新訂版』(財経詳報社，1978年)
吉牟田勲・古市勇『法人税法総論』(財経詳報社，1985年)
渡辺淑夫・山本守之『法人税法の考え方・読み方4訂版』(税務経理協会，1997年)
田中治「過払金の返還による後発的理由とその是正方法」税研160号(2011年)
中里実・小池信行「貸金業者の過払金返還と納付済み租税還付の法的可能性」NBL985号(2012年)

相続税

池本征男・酒井克彦『判例からみる相続税・贈与税3訂版』(大蔵財務協会，2013年)
品川芳宣・緑川正博『相続税財産評価の論点』(ぎょうせい，1997年)
水野正一『改訂版資産課税の理論と課題』(税務経理協会，2005年)
三木義一『相続・贈与と税の判例総合解説』(信山社，2005年)
『相続税・贈与税の諸問題(日税研論集61巻)』(日本税務研究センター，2011年)

租税手続法

黒坂昭一『平成25年度図解国税通則法』(大蔵財務協会，2013年)
林仲宣『租税手続法の解釈と適用』(税務経理協会，2009年)

増田英敏「実践租税正義学」,「続・実践租税正義学」税務弘報57巻 1 号〜（2009年〜）
松沢智『租税手続法』（中央経済社，1997年）
「国税通則法の改正に関して」自由と正義63巻 4 号（2012年）
「申告納税制度をとりまく環境の変化と整備」税研174号（2014年）

事項索引

(あ)

青色申告 …………………… 213

(い)

遺産取得税方式 ………………… 168
遺産税方式 …………………… 167
一時所得 ……………………… 80
一般対応・期間対応の必要経費 … 85
一般に公正妥当な会計処理の基準
　……………………………… 47
違法支出 ……………………… 87
岩瀬事件 ……………………… 23

(え)

益金 ………………………… 127
益金の帰属年度 ……………… 143
延納 ………………………… 174

(お)

応能負担原則 ………………… 112
大島訴訟 ………………… 7, 20, 72

(か)

回帰性所得 …………………… 66
会計の三重構造 ……………… 130
外国法人 ……………………… 125
確定決算主義 ………………… 130
加算税 …………………… 221, 229
家事関連費 …………………… 84
家事費 ………………………… 84
過少申告加算税 ……………… 221
課税遺産総額 ………………… 164
課税処分のための調査 ………… 233
課税単位 ……………………… 93

課税要件 ………………… 15, 210
課税要件法定主義 ……………… 15
課税要件明確主義 ……………… 15
家族単位主義 ………………… 96
株式の評価 …………………… 196
還付請求権 …………………… 179
管理支配基準 …………… 103, 144

(き)

期間税 ………………………… 102
企業会計 ……………………… 47
企業会計準拠主義 ……………… 128
帰属 ………………………… 46
帰属所得 ……………………… 61
帰属家賃 ……………………… 62
基礎控除 ………………… 165, 170
寄附金 ………………………… 137
逆基準性 ……………………… 131
客観的交換価値 ……………… 186
給与所得 ……………………… 71
給与所得控除 …………… 72, 109
行政手続法 …………………… 216
居住者 ………………………… 91
金銭納付 ……………………… 221
勤労性所得 …………………… 66

(く)

グループ法人税制 ……………… 161

(け)

経済的利益 …………………… 58
形成力 ……………………… 180
決算調整 ……………………… 131
決定 ………………………… 220
原価の帰属年度 ……………… 145

現金主義 ………………………………… 102
源泉徴収 ………………………… 72, 222
権利確定主義 ………………… 103, 143
権利の確定 …………………………… 144
権力関係 ………………………………… 28

(こ)

公益法人等 …………………………… 123
公共法人 ………………………………… 123
交際費 …………………………………… 136
公序の理論 ……………………………… 87
更正 ……………………………………… 220
公正処理基準 ………………………… 128
更正の請求 ……… 148, 220, 228, 242, 246
更正の請求の原則的排他性 ……… 242
更正の理由附記 ……………………… 231
公定力 ………………………………… 180
後発的理由による更正の請求 … 228
公平 ………………………………………… 6
合法性の原則 ………………………… 17
合理性の基準 ………………………… 21
国税通則法改正 ……………… 239, 244
国税不服審判所 ……………………… 214
個人単位主義 ………………………… 93
固定資産評価額 ……………………… 187
個別的否認規定 ……………………… 160
固有概念 ……………………………… 44

(さ)

財産評価 ……………………………… 186
財産評価基本通達 …………………… 186
最低生活費非課税 …………………… 115
債務確定基準 ………………………… 86
債務確定主義 ………………………… 146
債務関係 ………………………………… 28
雑所得 …………………………………… 81
サラリーマン税金訴訟 ……………… 20
山林所得 ……………………………… 74

(し)

仕入税額控除の否認 ………………… 241
時価 …………………………… 186, 192
事業主基準 …………………………… 101
事業所得 ………………………………… 70
自己賦課 ……………………………… 219
資産性所得 …………………………… 66
資産損失 ………………………………… 88
資産と勤労の結合所得 ……………… 66
事前通知 ……………………………… 239
実額反証 ……………………………… 230
実現 …………………………………… 59, 143
実現主義 …………………… 76, 102, 143
実質主義 ………………………… 26, 41
実質所得者課税の原則 …… 46, 95, 101
質的担税力 …………………………… 65
質問検査権 …………………………… 29
質問検査権の発動要件 ……………… 234
自動確定方式 ………………………… 219
私法上の法律構成 …………………… 34
借用概念 ………………………… 44, 91
収益事業 ……………………………… 124
重加算税 ……………………………… 221
修正申告 ……………………………… 220
修正申告の勧奨 ……………………… 246
収入の帰属年度 ……………… 102, 105
趣旨解釈 ………………………………… 31
受贈者課税方式 ……………………… 169
取得費 …………………………………… 79
純資産価額法 ………………………… 198
純資産増加説 ………………………… 58
純所得課税 …………………………… 54
純所得課税の原則 …………… 54, 87
譲渡所得 ……………………………… 75
譲渡損失 …………………………… 80, 88
譲渡費用 ………………………………… 79
所得 …………………………………… 55
所得概念 ……………………………… 55
所得課税 ……………………………… 54

所得控除 ……………………………… 107
所得税 …………………………………… 55
所得なきところに課税なし ………… 148
所得の人的帰属 ……………………… 101
所得分類 ……………………………… 65
白色申告 ……………………………… 214
仕訳の三段論法 ……………………… 48
侵害規範 …………………………… 30, 35
人格のない社団等 …………………… 124
申告調整 ……………………………… 132
申告調整項目 ………………………… 132
申告納税方式 ………………………… 219
人的控除 ……………………………… 107

(す)

推計課税 ……………………………… 230
垂直的公平 …………………………… 9
水平的公平 …………………………… 9

(せ)

税額控除 ……………………………… 114
制限的所得概念 ……………………… 58
税制の中立性 ………………………… 54
正当な理由 …………………………… 229
税務調査 ……………………………… 233
税務調査手続規定 …………………… 234
節税 …………………………………… 37
前期損益修正損 ……………………… 148

(そ)

増加益清算課税説 ………………… 75, 154
総合課税 ……………………………… 68
相続時精算課税制度 ………………… 171
相続税 ………………………………… 164
贈与者課税方式 ……………………… 169
贈与税 ………………………………… 169
組織再編税制 ………………………… 161
租税 …………………………………… 3
租税回避 ………… 26, 37, 99, 160, 198, 205
租税回避行為の否認 ………………… 41

租税回避の意図 ……………………… 45
租税確定手続 …………………… 210, 218
租税公課 ……………………………… 138
租税公平主義 ……… 19, 31, 59, 115, 211
租税債権優先の原則 ………………… 29
租税実体法 …………………………… 4
租税処罰法 …………………………… 4
租税正義 …………………………… 6, 31
租税争訟法 …………………………… 4
租税徴収手続 …………………… 211, 221
租税手続法 ……………………… 4, 210
租税手続法の法源 …………………… 211
租税特別措置法 ……………………… 131
租税負担公平の原則 ………………… 212
租税法 ………………………………… 3
租税法序説 …………………………… 4
租税法と会計 ………………………… 45
租税法と私法 ………………………… 32
租税法の解釈適用 …………………… 33
租税法の法源 ………………………… 18
租税法律関係 ………………………… 28
租税法律主義 ……… 4, 12, 21, 25, 31, 159
  212
損益通算 …………………………… 68, 89
損金 …………………………………… 127
損金経理 ……………………………… 131
損金の帰属年度 ……………………… 145
損失 …………………………………… 88
損失の帰属年度 ……………………… 147

(た)

対応的調整 …………………………… 160
退職所得 ……………………………… 74
滞納処分 ……………………………… 222
武富士事件 …………………………… 44
脱税 ……………………………… 37, 42
短期譲渡所得 ………………………… 76
単純累進税率 ………………………… 113
担税力 ………………………………… 59
担税力に即した課税 ………………… 6

担税力の指標 ………………………… 10

（ち）

中立性 ………………………………… 6
超過累進税率 ……………… 113, 142
長期譲渡所得 ………………………… 76
直接対応・個別対応の必要経費 …… 85

（つ）

通達 …………………………………… 18

（て）

低額譲受 …………………………… 199
適正所得算出説 …………………… 154
適正手続の保障 …………………… 217
手続的正義 ………………………… 216
手続保障の原則 ……………… 17, 215
電子申告 …………………………… 223

（と）

同一価値移転説 …………………… 151
統一説 ……………………………… 92
同族会社 …………………… 16, 157
同族会社の行為・計算の否認 …… 158
特定同族会社 ……………………… 157
特定扶養控除 ……………………… 109
土地の評価 ………………………… 187

（な）

内国法人 …………………………… 125

（に）

二段階課税 ………………………… 121

（ね）

年度帰属論 ………………………… 142

（の）

納税者権利憲章 …………………… 246

納税猶予 …………………………… 222

（は）

パートナーシップ課税 …………… 126
配偶者控除 ……………… 110, 167, 170
配当所得 …………………………… 69
配当所得税額控除方式 …………… 122
倍率方式 …………………………… 187
発生主義 …………………………… 143

（ひ）

非回帰性所得 ……………………… 66
非課税財産 ………………………… 176
非課税所得 ………………………… 63
非居住者 …………………………… 91
必要経費 …………………………… 84
費用収益対応の原則 ………… 85, 146
費用の帰属年度 …………………… 146
平等概念 …………………………… 7
平等取扱原則 ……………………… 212
比例税率 …………………………… 112

（ふ）

夫婦単位主義 ……………………… 93
賦課課税方式 ……………………… 219
不確定概念 ………………………… 16
付随費用 …………………………… 79
物納 ………………………………… 221
不動産所得 ………………………… 69
不納付加算税 ……………………… 221
扶養控除 …………………………… 109
フリンジ・ベネフィット ………… 60
文理解釈 …………………………… 31

（へ）

別段の定め ………………………… 130

（ほ）

包括的所得概念 ……………… 58, 87
包括的否認規定 …………………… 160

法人擬制説	120
法人実在説	120
法人税	118
法人税と所得税の統合	121
法人成り	156
法定申告期限	221
法定納期限	221
法的安定性	14
法的三段論法	48

(み)

未実現利益	60, 77
みなし課税	26
みなし贈与財産	170, 199

(む)

無償譲渡	78
無償取引課税	148, 151
無申告加算税	221

(め)

明白性の基準	21

(や)

役員給与	135

(ゆ)

有償取引同視説	153

(よ)

予測可能性	14

(り)

リーガルマインド	25
利子所得	68
立法裁量論	21
留保金課税	157

(る)

類似業種比準価額	197

累進税率	112

(れ)

暦年課税	102
連結納税制度	161
連帯納付義務制度	173

(ろ)

路線価方式	187, 192

判例索引

〜昭和40年

最判昭和24年7月9日刑集3巻8号1213号 ……………………………………… 43
最判昭和29年10月20日民集8巻10号1907頁 ……………………………… 92
最判昭和33年9月6日民集15巻8号2047頁 ………………………………… 94
最判昭和38年2月12日刑集17巻3号183頁 ………………………………… 43
最判昭和39年10月15日民集18巻8号1671頁 ……………………………… 124
最判昭和39年10月22日民集18巻8号1762頁 ……………………………… 243
東京高判昭和40年5月12日税資49号596頁 ………………………………… 159

昭和41年〜50年

最(大)判昭和42年11月8日刑集21巻9号1197頁 ………………………… 43
千葉地判昭和46年1月27日判時618号11頁 ………………………………… 235
最判昭和46年11月9日民集25巻8号1120頁 ……………………………… 102,103
最判昭和47年12月26日民集26巻10号2083頁 …………………………… 75
最決昭和48年7月10日刑集27巻7号1205頁 …………………………… 236,240
最判昭和49年9月20日訟務月報20巻12号122頁 ………………………… 38
東京高判昭和49年10月29日行集25巻10号1310頁 ……………………… 159
大阪高判昭和49年12月25日月報21巻1号106頁 ………………………… 230
最判昭和50年5月27日民集29巻5号641頁 ………………………………… 76

昭和51年〜60年

最判昭和53年2月24日民集32巻1号43頁 ………………………………… 104
最判昭和53年4月21日訟月24巻8号1694頁 ……………………………… 159
岡山地判昭和54年7月18日行集30巻7号1315頁 ………………………… 61
最判昭和56年4月24日民集35巻3号672頁 ………………………………… 71
横浜地判昭和57年7月28日訴月29巻2号321頁 ………………………… 200
最判昭和58年9月9日民集37巻7号962頁 ………………………………… 74
最判昭和58年12月6日判時1106号61頁 …………………………………… 74
最(大)判昭和60年3月27日民集39巻2号247頁 ……………………… 3,7,20,72,223

昭和61年〜63年

最判昭和62年11月10日月報34巻4号861頁 ……………………………… 243
大阪高判昭和63年3月31日判夕675号147頁 ……………………………… 61
東京地判昭和63年5月16日判時1281号87頁 ……………………………… 95
最判昭和63年12月20日月報35巻6号979頁 ……………………………… 237

判例索引

平成元年〜10年

福岡高判平成 2 年 7 月18日判時1395号34頁 ……………………………………… 124
東京高判平成 3 年 6 月 6 日訟月38巻 5 号878頁 ………………………………… 101
宮崎地判平成 5 年 9 月17日民集49巻10号3139頁 ………………………………… 155
最判平成 5 年11月25日民集47巻 9 号5278頁 ……………………………… 129,143
最判平成 6 年 9 月16日刑集48巻 6 号357頁 ……………………………………… 129
京都地判平成 7 年 3 月27日判時1554号117頁 …………………………………… 237
東京地判平成10年 2 月24日判タ1004号142頁 …………………………………… 89
東京地判平成10年 5 月13日税資232号 7 頁 ……………………………………… 24

平成11年〜20年

東京高判平成11年 6 月21日高民集52巻26頁 …………………………………… 25
東京高判平成11年 8 月30日税資244号387頁 …………………………………… 189
最判平成13年 7 月13日判時1763号195頁 ………………………………………… 71
東京高判平成14年 3 月14日判時1783号52頁 …………………………………… 129
東京高判平成15年 5 月15日訟月53巻 9 号2715頁 ……………………………… 79
最決平成15年 6 月13日税資253号順号9367 ……………………………………… 25
東京地判平成15年 7 月16日判時1891号44頁 …………………………………… 99
名古屋地判平成16年 8 月30日判タ1196号60頁 ………………………………… 193
名古屋地判平成16年10月28日判タ1204号224頁 ………………………………… 70
最判平成16年11月 2 日判時1883頁 ……………………………………………… 98
最判平成16年12月16日民集58巻 9 号2458頁 …………………………………… 242
最判平成17年 2 月 1 日判時1893号17頁 ………………………………………… 79
最判平成17年 7 月 5 日税資255号順号10070 …………………………………… 98
名古屋地判平成17年12月21日判タ1270号248頁 ………………………………… 70
最判平成18年 1 月24日訟月53巻10号2946頁 …………………………………… 150
最判平成18年 4 月20日判時1933号76頁 ………………………………………… 79
東京高判平成19年10月10日訟月54巻10号2516頁 ……………………………… 126
大分地判平成20年 2 月 4 日民集64巻 7 号1822頁 ……………………………… 181
東京高判平成20年 2 月20日税資258号順号10898 ……………………………… 155
東京高判平成20年 2 月28日判タ1278号163頁 …………………………………… 92
大阪地判平成20年 2 月29日判タ1268号164頁 …………………………………… 74
最判平成20年 9 月12日判時2022号11頁 ………………………………………… 124
福岡高判平成20年11月27日民集64巻 7 号1835頁 ……………………………… 183

平成21年〜

最判平成22年 7 月 6 日判時2079号20頁 ………………………………………… 64
最判平成22年10月15日民集64巻 7 号1764頁 ……………………………… 179,184
最判平成23年 2 月18日判例タイムズ1345号115頁 ……………………………… 45,92
東京高判平成23年 4 月14日税資261号順号11668 ……………………………… 80

257

東京高判平成24年9月19日判時2170号20頁 ……………………………… 85
大阪高判平成25年1月18日判時2203号25頁 ……………………………… 231
名古屋高判平成25年1月24日裁判所ウェブサイト ……………………… 126
東京高判平成25年3月13日訟月60巻1号165頁 ………………………… 126
大阪高判平成25年4月25日裁判所ウェブサイト ………………………… 126
東京地判平成25年10月30日判時2223号3頁 ……………………………… 148
東京高判平成26年2月25日判例集未登載 ………………………………… 126
東京高判平成26年4月23日判例集未登載 ………………………………… 148

編著者紹介

増田　英敏（ますだ　ひでとし）　専修大学法学部教授
　　　第1章 第2章　担当

著者紹介

伊川　正樹（いがわ　まさき）　名城大学法学部教授
　　　第3章 第4章　担当

倉見　智亮（くらみ　ともあき）　同志社大学法学部教授
　　　第5章 第6章　担当

奥谷　健（おくや　たけし）　広島修道大学法学部教授
　　　第7章 第8章　担当

谷口　智紀（たにぐち　とものり）専修大学法学部教授
　　　第9章 第10章　担当

（執筆順）

基本原理から読み解く
租税法入門　　定価（本体2400円＋税）

2014年10月20日　初　版第1刷発行
2025年 4月10日　初　版第4刷発行

編著者　　増　田　英　敏

発行者　　阿　部　成　一

〒169-0051　東京都新宿区西早稲田1-9-38
発行所　　株式会社　成　文　堂
電話03(3203)9201(代)　Fax 03(3203)9206
https://www.seibundoh.co.jp

印刷・製本　藤原印刷

©2014 H. Masuda　　Printed in Japan
☆落丁・乱丁本はおとりかえいたします☆　検印省略
ISBN 978-4-7923-0567-3　C3032